**Die Autorin**

Prof. Dr. Angela Gosch, Dipl.-Psych., Psychologische Psychotherapeutin, ist Professorin an der Fakultät für angewandte Sozialwissenschaften der Hochschule München. Ihre Lehre und ihre Forschungsinteressen beziehen sich auf Themen wie Gesundheit und Gesundheitsförderung im Kindes- und Jugendalter, Entwicklungspsychologie und Beratung.

Angela Gosch

# Gesundheit und Gesundheitsförderung in Kindertagesstätten

Verlag W. Kohlhammer

Dieses Werk einschließlich aller seiner Teile ist urheberrechtlich geschützt. Jede Verwendung außerhalb der engen Grenzen des Urheberrechts ist ohne Zustimmung des Verlags unzulässig und strafbar. Das gilt insbesondere für Vervielfältigungen, Übersetzungen, Mikroverfilmungen und für die Einspeicherung und Verarbeitung in elektronischen Systemen.

Die Wiedergabe von Warenbezeichnungen, Handelsnamen und sonstigen Kennzeichen in diesem Buch berechtigt nicht zu der Annahme, dass diese von jedermann frei benutzt werden dürfen. Vielmehr kann es sich auch dann um eingetragene Warenzeichen oder sonstige geschützte Kennzeichen handeln, wenn sie nicht eigens als solche gekennzeichnet sind.

Dieses Werk enthält Hinweise/Links zu externen Websites Dritter, auf deren Inhalt der Verlag keinen Einfluss hat und die der Haftung der jeweiligen Seitenanbieter oder -betreiber unterliegen. Zum Zeitpunkt der Verlinkung wurden die externen Websites auf mögliche Rechtsverstöße überprüft und dabei keine Rechtsverletzung festgestellt. Ohne konkrete Hinweise auf eine solche Rechtsverletzung ist eine permanente inhaltliche Kontrolle der verlinkten Seiten nicht zumutbar. Sollten jedoch Rechtsverletzungen bekannt werden, werden die betroffenen externen Links soweit möglich unverzüglich entfernt.

1. Auflage 2019

Alle Rechte vorbehalten
© W. Kohlhammer GmbH, Stuttgart
Gesamtherstellung: W. Kohlhammer GmbH, Stuttgart

Print:
ISBN 978-3-17-032731-3

E-Book-Formate:
pdf:     ISBN 978-3-17-032732-0
epub:    ISBN 978-3-17-032733-7
mobi:    ISBN 978-3-17-032734-4

# Inhaltsverzeichnis

Einleitung ............................................................. 9

1 Gesundheit im Kindesalter ....................................... 13
   1.1 Recht auf Gesundheit ....................................... 13
   1.2 Definition von Gesundheit ................................. 14
   1.3 Modelle und Theorien zur Gesundheit ..................... 15
      1.3.1 Salutogenetisches Modell von Antonovsky .......... 15
      1.3.2 Subjektive Theorien der Gesundheit ................ 18
      1.3.3 Schutzfaktoren, Ressourcen und Resilienz .......... 20
      1.3.4 Capability- /Verwirklichungschancen-Ansatz ......... 24
   1.4 Determinanten von Gesundheit ............................ 25
      1.4.1 Soziale Ungleichheit ................................ 26
      1.4.2 Familienform ....................................... 28
      1.4.3 Migrationshintergrund .............................. 29
   1.5 Epidemiologische Daten zur Gesundheit von Kindern im Vorschulalter .................................... 31
   1.6 Zusammenfassung und Diskussion ......................... 33

2 Gesundheitsförderung und Prävention ........................... 35
   2.1 Begriffsbestimmung von Gesundheitsförderung und Prävention ................................................ 35
   2.2 Internationale Entwicklungen – Gesundheitsförderung aus Sicht der Weltgesundheitsorganisation ................ 37
   2.3 Nationale Entwicklungen ................................... 40
      2.3.1 Das Präventionsgesetz .............................. 42
      2.3.2 Kooperationsverbund Gesundheitliche Chancengleichheit .................................. 44
      2.3.3 Gesundheitsförderung auf Landesebene ............. 45
      2.3.4 Kommunale Präventionsketten ...................... 46
      2.3.5 Beschreibung von Gesundheitszielen und Stand der Umsetzung .................................... 47
   2.4 Zusammenfassung und Diskussion ......................... 49

3 Gesundheitsförderung und Prävention in der Kita ............. 51
   3.1 Gesundheitsförderung und Kooperation mit Kitas aus Sicht der Eltern ......................................... 52
   3.2 Gesundheitsförderung aus Sicht der Kinder ............... 54

| | | | |
|---|---|---|---|
| | 3.3 | Gesundheitsförderung aus Sicht des pädagogischen Fachpersonals ........................................... | 56 |
| | 3.4 | Programme zur Gesundheitsförderung in Kitas ............. | 58 |
| | | 3.4.1 JolinchenKids – Fit und gesund in der KiTa ......... | 58 |
| | | 3.4.2 »Komm mit in das gesunde Boot – Kindergarten« ... | 60 |
| | 3.5 | Gesundheitsförderung als Qualitätsentwicklung in Kitas .... | 61 |
| | 3.6 | Zusammenfassung und Diskussion ........................ | 62 |
| 4 | Ernährungsförderung ............................................. | | 64 |
| | 4.1 | Bedeutungen von Essen .................................... | 65 |
| | 4.2 | Elterliche Ernährungsziele ................................. | 66 |
| | 4.3 | Kindliches Ernährungswissen ............................... | 67 |
| | 4.4 | Ernährungsempfehlungen .................................. | 69 |
| | | 4.4.1 Ernährungsempfehlungen auf internationaler und nationaler Ebene ............................. | 69 |
| | | 4.4.2 Ernährungsempfehlungen für das Kindesalter ........ | 71 |
| | | 4.4.3 Ernährungsempfehlungen für Kitas ................... | 73 |
| | 4.5 | Daten zum aktuellen Ernährungsverhalten und zu Übergewicht und Adipositas im Vorschulalter ........... | 75 |
| | | 4.5.1 Daten zur aktuellen Ernährungssituation von Kindern im Vorschulalter ....................... | 75 |
| | | 4.5.2 Epidemiologische Zahlen zu Übergewicht und Adipositas im Vorschulalter .................... | 78 |
| | 4.6 | Ernährungsförderung in Kitas ............................. | 79 |
| | 4.7 | Zusammenfassung und Diskussion ........................ | 82 |
| 5 | Körperliche Aktivität und Bewegungsförderung ................... | | 85 |
| | 5.1 | Begriffsklärung und Empfehlungen für Bewegung und Bewegungsförderung................................... | 86 |
| | 5.2 | Entwicklung der kindlichen Motorik ....................... | 87 |
| | 5.3 | Zusammenhang von Bewegung und körperlicher Aktivität mit Entwicklungsaspekten in der Kindheit ................. | 88 |
| | | 5.3.1 Studien zu Zusammenhängen zwischen Entwicklungsbereichen ............................. | 89 |
| | | 5.3.2 Physische Fitness und der Zusammenhang zur psychosozialen und mentalen Gesundheit ........ | 90 |
| | 5.4 | Epidemiologische Daten zur Bewegung und physischen Aktivität sowie zur Mediennutzung ....................... | 91 |
| | 5.5 | Gesundheitsförderung der motorischen Fähigkeiten ........ | 94 |
| | | 5.5.1 Bewegungsprogramme und Einbezug von Kriterien .. | 96 |
| | | 5.5.2 Bewegter Kindergarten ............................. | 97 |
| | | 5.5.3 Hinweise für pädagogische Fachkräfte und deren Ausbildung ............................. | 101 |
| | 5.6 | Zusammenfassung und Diskussion ........................ | 103 |

| | | | |
|---|---|---|---|
| 6 | | Förderung der psychischen Gesundheit | 106 |
| | 6.1 | Definition und Bedeutung psychischer Gesundheit | 106 |
| | | 6.1.1 Streben nach Lustgewinn und Vermeidung von Unlustzuständen | 107 |
| | | 6.1.2 Bedürfnis nach Bindung | 108 |
| | | 6.1.3 Bedürfnis nach Orientierung und Kontrolle | 109 |
| | | 6.1.4 Bedürfnis nach Selbstwertschutz und Selbstwerterhöhung | 110 |
| | 6.2 | Entwicklungsaufgaben von Kindern im Vorschulalter | 111 |
| | 6.3 | Epidemiologische Daten zur psychosozialen Gesundheit von Kindern | 113 |
| | 6.4 | Programme zur Förderung psychischer Gesundheit | 116 |
| | | 6.4.1 Förderung der emotionalen Kompetenz und Empathie | 124 |
| | | 6.4.2 Förderung der sozialen Kompetenzen | 126 |
| | | 6.4.3 Förderung der Resilienz | 127 |
| | 6.5 | Zusammenfassung und Diskussion | 128 |
| 7 | | Kooperation zwischen Kita und Eltern | 131 |
| | 7.1 | Bedeutung der Eltern für gesunde kindliche Entwicklung | 131 |
| | 7.2 | Pädagogische Vorgehensweisen in der Kooperation mit Eltern | 134 |
| | 7.3 | Elternprogramme mit Fokus auf Gesundheitsförderung in der Kita | 143 |
| | | 7.3.1 wir2 – Das Elterntraining für Alleinerziehende | 145 |
| | | 7.3.2 EFFEKT | 147 |
| | 7.4 | Zusammenfassung und Diskussion | 148 |
| 8 | | Gesundheit des pädagogischen Fachpersonals | 152 |
| | 8.1 | Rahmenbedingungen für Gesundheitsförderung im Arbeitsleben und Bedeutung der Gesundheit des pädagogischen Fachpersonals | 153 |
| | 8.2 | Daten zum Arbeitsbereich Kita und zur Gesundheit des pädagogischen Fachpersonals | 155 |
| | | 8.2.1 Strukturelle Arbeitsbedingungen | 156 |
| | | 8.2.2 Organisatorische Rahmenbedingungen | 157 |
| | | 8.2.3 Arbeitsressourcen | 157 |
| | | 8.2.4 Arbeitsbelastungen | 158 |
| | | 8.2.5 Gesundheit und Krankheit vom pädagogischen Fachpersonal | 160 |
| | 8.3 | Maßnahmen der Gesundheitsförderung | 161 |
| | 8.4 | Gesundheitsförderung in Kitas | 162 |
| | | 8.4.1 Strukturbezogene Interventionen | 163 |
| | | 8.4.2 Individuumsbezogene Maßnahmen | 164 |
| | 8.5 | Zusammenfassung und Diskussion | 166 |

| 9 | Abschließende Diskussion und Fazit | 169 |

Literatur ................................................................ 173

# Einleitung

Gesundheit wird von Menschen als hohes Gut angesehen. Nach ihren Zukunftswünschen befragt, wird an erster Stelle der Wunsch nach Freunden und Familie und an zweiter Stelle der nach einem »langen und gesunden Leben« angegeben. Dies gilt je nach Studie für ungefähr 87 % der Erwachsenen (Birkner, 2016, Hinz et al., 2010, Pokorny, 2017) und 69 % der Jugendlichen und jungen Erwachsenen (Köcher, Hurrelmann & Sommer, 2015). Auch die Gesundheit von Kindern wird als bedeutsam eingeschätzt, und die meisten Eltern beschreiben für ihre Kinder eine positive Gesundheit. Somit kann diese Altersgruppe als gesündeste Bevölkerungsgruppe gelten. Gleichzeitig nehmen seit Jahren vor allem »neue Belastungen«, wie Entwicklungs- und Verhaltensstörungen, Übergewicht und Adipositas, im Kindes- und Jugendalter zu (Hölling, 2013). Damit stellt sich die Frage, wie die Gesundheit von Kindern schon ab einem frühen Alter an sinnvoll gefördert werden kann.

Eine solche Förderung muss aus einer biopsychosozialen Perspektive, d. h. unter Einbeziehung der individuellen, familiären und sozialen bzw. gesellschaftlichen Bedingungen und Möglichkeiten, betrachtet werden. Neben der Prävention von Gesundheitsrisiken sind die körperliche und geistige Entwicklungsförderung von Kindern sowie die ihrer psychischen Gesundheit sowohl im familiären als auch sozialen Umfeld zentral. Walter, Minne und Borutta (2013) beschreiben, dass Gesundheitsförderung und Gesundheitserziehung als »gesellschaftliche Querschnittsaufgabe zu verstehen« sind (S. 7). Damit sind die Familien als erste Sozialisationsinstanz als auch Einrichtungen der Kindertagesbetreuung angesprochen.

In ihren Familien erwerben Kinder erste alltägliche gesundheitsbezogene Gewohnheiten. Diese können durch den Besuch einer Kita weiter geführt oder auch modifiziert und ergänzt werden. Kindertageseinrichtungen haben den Auftrag, die »soziale, emotionale, körperliche und geistige Entwicklung des Kindes« (§22 Abs. 3, SGB VIII) zu fördern, sodass es sich zu einer eigenverantwortlichen und gemeinschaftsfähigen Persönlichkeit entwickeln kann. Im Artikel 24 der UN-Kinderrechtskonvention wird zudem das Recht von Kindern auf ein Höchstmaß an Gesundheit beschrieben. In allen Bildungs- und Entwicklungsplänen der 16 Bundesländer wird das Thema der Gesundheit und Gesundheitsförderung aufgegriffen.

Mittlerweile besucht mit knapp 94 % die Mehrzahl der Kinder in Deutschland eine Kindertageseinrichtung (Kita) oder eine Kindertagespflege (Bertelsmann-Stiftung, 2018).

Damit kann Kindern in Kitas schon ab einem frühen Alter ein gesunder Lebensstil mit einer gesunden Ernährung, Bewegung und der Förderung der psychosozialen Gesundheit (z. B. Regulation von Emotionen, auch im Beisammensein mit anderen Kindern, etc.) vermittelt werden. Das kann im Alltag durch ein spielerisches Handeln und einen spielerischen Wissenserwerb erfolgen. Dafür sind Wissens- und persönliche Kompetenzen des pädagogischen Personals zum Beispiel bezüglich der Ernährung, Bewegungsaktivitäten und der (Selbstfür-)Sorge um die eigene Gesundheit sowie der Gestaltung von sozialen Beziehungen mit anderen von grundlegender Bedeutung.

In den Kitas werden gesundheitsfördernde Maßnahmen (z. B. Händewaschen, Zähneputzen, Obstkorb, etc.) regelhaft und laut Steenbock et al. (2015) in 97 % der Kitas Aktionen im Bereich der Bewegung durchgeführt. Manche dieser alltäglichen Handlungen (z. B. Händewaschen) werden von pädagogischen Fachkräften teilweise nicht unter dem Begriff »Gesundheitsförderung« eingeordnet. Vielmehr nehmen die pädagogischen Fachkräfte in ihrem Gesundheitshandeln »auf ein unklares und diffuses Gesundheitsbild Bezug« (Berliner Kita-Institut für Qualitätsentwicklung, BeKi, 2016, S. 29), sie gehen eher trainingsorientiert und belehrend vor und können weniger als im Bildungsbereich an den Gesundheitsthemen, die Kinder interessieren, anknüpfen und eine ressourcenorientierte und partizipative Lernumgebung gestalten (BeKi, 2016, S. 27ff.). Daher plädieren die Autor*innen dafür, »Konzepte zur frühkindlichen Gesundheitsbildung« zu entwickeln, die wie in anderen Bildungsbereichen die aktive Beteiligung der Kinder und Familien einbeziehen (BeKi, 2016, S. 27).

Während im letzten Jahrzehnt in Kitas oftmals einzelne Gesundheitsprojekte (z. B. zur Ernährung) durchgeführt wurden, wurde bemängelt, dass diese langfristig weder personell noch finanziell gesichert waren. Daher ergibt sich mittlerweile die Forderung nach einer nachhaltigen Gesundheitsförderung in Kitas, bei der die Kooperation mit Eltern[1] und Einrichtungen, Institutionen oder anderen Akteuren im Gemeinwesen und somit deren Expertise bei der Gesundheitsförderung einbezogen wird. Zusätzlich hat die Gesundheit und Gesundheitsförderung des pädagogischen Fachpersonals in den letzten zwei Jahrzehnten angesichts erhöhter Qualitätsanforderungen und dem Ausbau der frühkindlichen Kinderbetreuung an Bedeutung gewonnen. Aktuell wird die Forderung nach einer gesunden Kitas für alle gestellt. Damit wird die Gesundheit von Kindern, dem pädagogischen Personal und auch die von Eltern ins Zentrum gerückt, und es wird von einem »Paradigmenwechsel zu einer gesunden Kita« (Stiftung Kindergesundheit, 2015) gesprochen.

In diesem Buch werden in den folgenden Kapiteln aktuelle Themen der Gesundheit und Gesundheitsförderung in Kitas beleuchtet. Insbesondere wird auf für Kitas relevante Themen der Gesundheitsförderung, wie die der Ernährungs- und Bewegungsförderung, die Förderung der kindlichen psychischen Gesundheit, die Zusammenarbeit mit Eltern und die Förderung der Gesundheit vom pädagogischen Fachpersonal, eingegangen.

---

1 In diesem Buch wird die Bezeichnung Eltern verwendet, womit allerdings alle Sorge- bzw. Erziehungsberechtigte angesprochen werden sollen.

Im ersten Kapitel werden Facetten der Gesundheit beleuchtet: Zunächst werden rechtliche Rahmenbedingungen beschrieben, die das Recht von Kindern auf ein Höchstmaß an Gesundheit festlegen. Was unter Gesundheit verstanden wird und welche Modelle dazu existieren, wird in den weiteren Abschnitten dargelegt. Hier werden Modelle, wie das der Salutogenese von Antonovsky (1979, 1997), subjektive Theorien der Gesundheit, Ansätze zu Schutzfaktoren, Ressourcen und Resilienz sowie der Capability-Ansatz zu Verwirklichungschancen von Menschen, dargestellt. Anschließend werden die Gesundheit beeinflussende Faktoren, sprich Determinanten der Gesundheit, wie die soziale Ungleichheit, die Familienform oder auch die Herkunft, aufgegriffen. Darauf folgt eine Darstellung von ausgewählten epidemiologischen Daten zur Gesundheit von Kindern im Vorschulalter und eine zusammenfassende Diskussion schließt das Kapitel ab.

Im zweiten Kapitel werden die Begriffe Gesundheitsförderung und Prävention inhaltlich beschrieben und voneinander abgegrenzt. Auf unterschiedlichen Ebenen lassen sich mittlerweile eine Reihe von Bemühungen zur Gesundheitsförderung und Prävention aufzeigen. Dazu werden zunächst internationale Entwicklungen skizziert, darauf folgen die auf nationaler Ebene. Es wird auf das Präventionsgesetz eingegangen, danach auf Entwicklungen auf landes- und kommunaler Ebene. Schließlich werden die Gesundheitsziele und deren Stand der Umsetzungen präsentiert. Die bisherigen Bemühungen und Erfolge sowie die weiteren Forderungen für die zukünftige Gesundheitsförderung und Prävention werden diskutiert.

Im dritten Kapitel wird analysiert, wie sich die Gesundheitsförderung und Prävention in der Kita darstellt. Zunächst, im Vorfeld dieser Analyse, wird die Bedeutung der Gesundheitsförderung aus Sicht aller Beteiligten, der Eltern, der Kinder und des pädagogischen Fachpersonals, erörtert. Daran schließt sich die Darstellung ausgewählter Programme zur Gesundheitsförderung in Kitas an, bevor auf Gesundheitsförderung als Aufgabe der Qualitätsentwicklung eingegangen wird. Diese verschiedenen Sichtweisen und bereits umgesetzten Maßnahmen werden abschließend zusammenfassend diskutiert.

Darauf aufbauend erkunden die weiteren Kapitel einzelne Themen der Gesundheitsförderung:

Im vierten Kapitel geht es um die Ernährungsförderung von Kindern. Zunächst werden die grundlegenden Bedeutungen von Essen und Nahrung erläutert. Es schließen sich Beschreibungen über elterliche Ernährungsziele für ihre Kinder sowie zu dem kindlichen Ernährungswissen an, bevor dann auf Ernährungsempfehlungen auf internationaler und nationaler Ebene sowie die für das Kindesalter und speziell für Kitas eingegangen wird. Daran schließt sich eine Darstellung epidemiologischer Daten zur aktuellen Ernährungssituation sowie zum Übergewicht und zur Adipositas im Vorschulalter an. Im Weiteren wird auf die Möglichkeiten der Ernährungsförderung in der Kita eingegangen, dann wird das Beschriebene mit einer zusammenfassenden Diskussion abgerundet.

Im fünften Buchkapitel werden zunächst die Begriffe Bewegung und körperliche Aktivität geklärt und Empfehlungen für diese dargestellt. Eine Übersicht zur Bewegungsentwicklung in der Vorschulzeit anhand ausgewählter Beispiele folgt. Danach werden Studienergebnisse zu Zusammenhängen zwischen körperlicher Aktivität und der körperlichen, intellektuellen und sozial-emotionalen Entwicklung von Kindern präsentiert und anschließend epidemiologische Daten zur Häufigkeit von Bewegung, körperlichen Aktivität sowie zum Mediengebrauch im Vorschulalter vorgestellt. Abschließend werden Möglichkeiten der Bewegungsförderung in Kitas beschrieben und das Beschriebene wird zusammenfassend diskutiert.

Im sechsten Kapitel geht es um die Förderung der psychischen Gesundheit im Kindesalter. Zunächst wird definiert, was unter psychischer Gesundheit zu verstehen ist, und die vier psychischen Grundbedürfnisse wie Streben nach Lustgewinn und Unlustvermeidung, das Bedürfnis nach Bindung, nach Orientierung und Kontrolle sowie nach Selbstwertschutz und Selbstwerterhöhung werden eingehender beschrieben. Es folgt ein Abschnitt über Entwicklungsaufgaben von drei- bis sechsjährigen Kindern. Dem schließt sich ein Überblick über epidemiologische Daten zur psychischen Gesundheit von Kindern unter Einbeziehung von Determinanten der Gesundheit im Vorschulalter an, bevor die Förderung der psychischen Gesundheit in Kitas aufgegriffen wird. Ein Überblick über Programme zur Förderung insbesondere der sozial-emotionalen Entwicklung wird präsentiert, und abschließend wird auch in diesem Kapitel das Dargestellte zusammenfassend diskutiert.

Im siebten Kapitel wird die Zusammenarbeit zwischen pädagogischem Fachpersonal und Eltern thematisiert. Dazu wird zunächst auf die Bedeutung der Eltern für die gesunde Entwicklung ihrer Kinder eingegangen, bevor Möglichkeiten der Kooperation zwischen pädagogischen Fachkräften und Erziehungsberechtigten sowie Gesundheitsförderangebote für Eltern genauer analysiert und diskutiert werden.

Im achten Kapitel wird das Thema der Gesundheitsförderung des pädagogischen Fachpersonals näher beleuchtet. Zunächst wird auf rechtliche Rahmenbedingungen der Gesundheitsförderung und Prävention sowie die Bedeutung der Gesundheit vom pädagogischen Fachpersonal eingegangen. Dann folgen Abschnitte mit Befunden zu strukturellen und organisatorischen Arbeitsbedingungen, zu Ressourcen und Belastungen sowie zur gesundheitlichen Lage des pädagogischen Fachpersonals. Daran schließt sich die Darstellung von Ansätzen der Gesundheitsförderung an, bevor die einzelnen Aspekte zusammenfassend diskutiert werden.

Das Buch schließt mit einem Kapitel, in dem wesentliche, übergreifende Diskussionspunkte aufgegriffen und zukünftige Anforderungen erörtert werden.

# 1 Gesundheit im Kindesalter

In diesem Kapitel werden zunächst rechtliche Rahmenbedingungen zum Thema Gesundheit dargestellt, anschließend wird auf die Begriffsklärung und Definitionen von Gesundheit eingegangen. Es folgen verschiedene Ansätze und Modelle, die sich mit Bedingungen von Gesundheit, deren Herstellung und Aufrechterhaltung beschäftigen. Zu den Einflussfaktoren, die sich auf den Gesundheitszustand und das Wohlbefinden von Menschen auswirken, gehören Determinanten wie beispielsweise der sozioökonomische, der familiäre Status oder auch der Migrationshintergrund. Die Bedeutung ausgewählter Determinanten auf die gesundheitliche Lage wird unter Heranziehung von Studienergebnissen präsentiert. Es folgt ein kurzer Überblick über die allgemeine gesundheitliche Lage von Kindern im Vorschulalter und abschließend wird das Beschriebene zusammenfassend diskutiert.

## 1.1 Recht auf Gesundheit

In Artikel 25 der Menschenrechte wird das Recht eines jeden Menschen »auf eine Lebensführung, die seine und seiner Familie Gesundheit und Wohlbefinden, einschließlich Nahrung, Kleidung, Wohnung, ärztlicher Betreuung und der notwendigen Leistungen der sozialen Fürsorge gewährleistet«, formuliert.

In der 1989 verabschiedeten UN-Kinderrechtskonvention verpflichten sich Staaten dazu, alles zu tun, um Kindern menschenwürdige Lebensbedingungen zu ermöglichen. Das grundlegende Recht auf Leben umfasst dabei das Überleben von Kindern, ihr körperliches und seelisches Wohl sowie ihr gesundes Aufwachsen. So wird in Artikel 3 Abs. 1 festgehalten, dass das Wohl des Kindes bei allen Maßnahmen vorrangig zu berücksichtigen ist und in Artikel 6 Abs. 2, dass die Vertragsstaaten das Überleben und die Entwicklung des Kindes in größtmöglichem Umfang gewährleisten. Das Recht des Kindes auf ein Höchstmaß an erreichbarer Gesundheit wird in Artikel 24 der Kinderrechtskonvention aufgegriffen:

> »Die Vertragsstaaten erkennen das Recht des Kindes auf das erreichbare Höchstmaß an Gesundheit an sowie auf Inanspruchnahme von Einrichtungen zur Behandlung von Krankheiten und zur Wiederherstellung der Gesundheit. Die Vertragsstaaten bemühen sich sicherzustellen, dass keinem Kind das Recht auf Zugang zu derartigen Gesundheitsdiensten vorenthalten wird« (§24 Abs. 1).

# 1 Gesundheit im Kindesalter

Im Grundgesetz der Bundesrepublik Deutschland wird das Recht auf Leben und auf körperliche Unversehrtheit in Artikel 2 beschrieben. Es schützt Menschen vor Eingriffen, welche die Gesundheit beeinträchtigen.

Daneben wird der Gesundheitsschutz von Kindern und Jugendlichen in verschiedenen Büchern des Sozialgesetzbuches und in weiteren Rechtstexten festgehalten. Zum Beispiel wird im Kinder- und Jugendhilfegesetz das Recht von Kindern auf Förderung ihrer Entwicklung (SGB VIII §1) aufgezeigt, und Aufgaben der Jugendhilfe sind die Förderung von Kindern und Jugendlichen in »ihrer individuellen und sozialen Entwicklung« (Abs. 3 S. 1), die Vermeidung und der Abbau von Benachteiligungen sowie der Schutz »vor Gefahren für ihr Wohl« (§1 Abs. 3 S. 3).

Es besteht somit ein Regelwerk von rechtlichen Rahmenbedingungen, mit deren Hilfe die Gesundheit von Kindern und Jugendlichen gefördert, aufrechterhalten, Risiken vermieden oder gemindert (s. auch Präventionsgesetz in Kapitel 2.3.1 in diesem Buch) sowie bei Vorliegen von physischen und psychischen Beschwerden, Krankheiten und Störungen eine Heilung oder Linderung bewirkt werden soll.

## 1.2 Definition von Gesundheit

Die Weltgesundheitsorganisation definiert Gesundheit als einen »Zustand völligen körperlichen, geistigen und sozialen Wohlbefindens und nicht nur das Freisein von Krankheit und Gebrechen« (WHO, 1946). Gewinnbringend ist an dieser Definition der WHO, dass Gesundheit als eigenständiger positiver Zustand und das subjektive Wohlbefinden von Menschen bezogen auf körperliche, geistig-seelische Aspekte in der sozialen Einbettung betrachtet werden. Es wird also keine reine Negativdefinition, die Abwesenheit von Krankheit, formuliert. Zu kritisieren ist, dass der Anspruch eines vollkommenen Wohlbefindens illusionär und zugleich auch deterministisch ist, da neben der Annahme des Zustandes völligen Wohlbefindens impliziert wird, dass es diesen statischen Zustand anzustreben gilt (Klotter, 2009). Darüber hinaus ist das »völlige Wohlbefinden« nur schwer zu definieren beziehungsweise zu operationalisieren. Im Gegensatz zu einem statischen Zustand muss Gesundheit als ein dynamischer Prozess verstanden werden, den es immer wieder von einem aktiven, über Regulations-, Adaptions- und Bewältigungsmechanismen verfügenden Menschen herzustellen gilt (vgl. Antonovsky, 1997).

Konsequenterweise modifizierte die WHO die Gesundheitsdefinition und fasst sie nun zusammen als »ein positiver funktioneller Gesamtzustand im Sinne eines dynamischen biopsychologischen Gleichgewichtszustands, der erhalten bzw. immer wieder hergestellt werden muss« (WHO, 1986). In dieser Beschreibung wird Gesundheit als ein Pol auf einem Kontinuum gesehen, auf dem Menschen sich körperlich, geistig-seelisch und sozial mehr oder weniger wohl fühlen und sich hinsichtlich ihrer Leistungsfähigkeit und Rollenerfüllung sowie ihrer Selbstverwirklichung unterscheiden.

In anderen Gesundheitsdefinitionen gewichten Autoren Aspekte wie die Leistungsfähigkeit und Rollenerfüllung, Flexibilität und Anpassung sowie Gesundheit als Gleichgewichtzustand unterschiedlich (Franke, 2012).

Eine konsensfähige Definition stammt von Hurrelmann und Richter (2013). Danach bezeichnet Gesundheit

> »den Zustand des Wohlbefindens einer Person, der gegeben ist, wenn diese Person sich psychisch und sozial in Einklang mit den Möglichkeiten und Zielvorstellungen und den jeweils gegebenen äußeren Lebensbedingungen befindet. Gesundheit ist das Stadium des Gleichgewichts von Risikofaktoren und Schutzfaktoren, das eintritt, wenn einem Menschen eine Bewältigung sowohl der inneren (körperlichen und psychischen) als auch äußeren (sozialen und materiellen) Anforderungen gelingt. Gesundheit ist ein Stadium, das einem Menschen Wohlbefinden und Lebensfreude vermittelt«.

In der Definition von Hurrelmann und Richter (2013) wird deutlich, dass Menschen ihre Gesundheit kontinuierlich aktiv herstellen, indem sie innere und äußere Anforderungen bewältigen und in Einklang zu bringen versuchen. Die individuelle (Bewältigungs-)Leistung des Individuums angesichts von Risiken unter Heranziehung von Ressourcen und unter Einbeziehung der gesellschaftlichen und sozioökonomischen Faktoren wird betont. Damit wird sowohl eine positive Sichtweise auf Gesundheit (Wohlbefinden und Lebensfreude) präsentiert und ebenfalls die interagierenden inneren und äußeren Bedingungsfaktoren zur Herstellung und Aufrechterhaltung dieser beschrieben.

## 1.3 Modelle und Theorien zur Gesundheit

Gesundheit ist ein hypothetisches Konstrukt, dessen Bedeutung anhand von theoretischen Modellen analysiert werden soll. Dazu werden im Folgenden Modelle vorgestellt, die Gesundheit mit ihren gesellschaftlichen Bezügen erklären und einzubetten versuchen, die die empirische Forschung angeregt haben und aus denen sich Maßnahmen der Gesundheitsförderung und Prävention ableiten lassen. Es handelt sich um das salutogenetische Modell, subjektive Theorien von Gesundheit, den Schutzfaktoren-, ressourcenorientierten und Resilienzansatz sowie den Capability- oder Verwirklichungschancen-Ansatz, der als Erklärungsansatz über die genannten Gesundheitsmodelle hinausgeht.

### 1.3.1 Salutogenetisches Modell von Antonovsky

In seinem Modell zur Salutogenese bzw. zur Gesundheitsentstehung beschäftigt sich Antonovsky (1979, 1997) mit der Fragestellung, was Menschen trotz vieler gesundheitsgefährdender Einflüsse, auch unter schwierigen Lebensbedingungen

## 1 Gesundheit im Kindesalter

gesund erhält. Er setzt sich mit der Entstehung und Aufrechterhaltung von Gesundheit auseinander und geht von einem Kontinuum von Gesundheit und Krankheit aus. Krankheiten, Leiden und Tod sind dem menschlichen Leben inhärent, und jeder Mensch ist andauernd vielfältigen Stimuli ausgesetzt, die eine kontinuierliche Anpassung und aktive Bewältigung erfordern. Von Antonovsky (1997) werden die beiden Endpunkte des Kontinuums Gesundheit und Wohlbefinden (Health-Ease) und Krankheit bzw. körperliches Missempfinden (Dis-Ease, HEDE-Kontinuum) unterschieden, auf dem sich die Menschen als mehr oder weniger gesund einordnen können. Das bedeutet, dass selbst schwer kranke Menschen über gesunde Anteile verfügen. Wichtig ist somit die Verortung auf dem HEDE-Kontinuum und nicht eine dichotome Unterscheidung in gesund oder krank. In Abbildung 1.1 wird das Modell nach Antonovsky (1997) dargestellt.

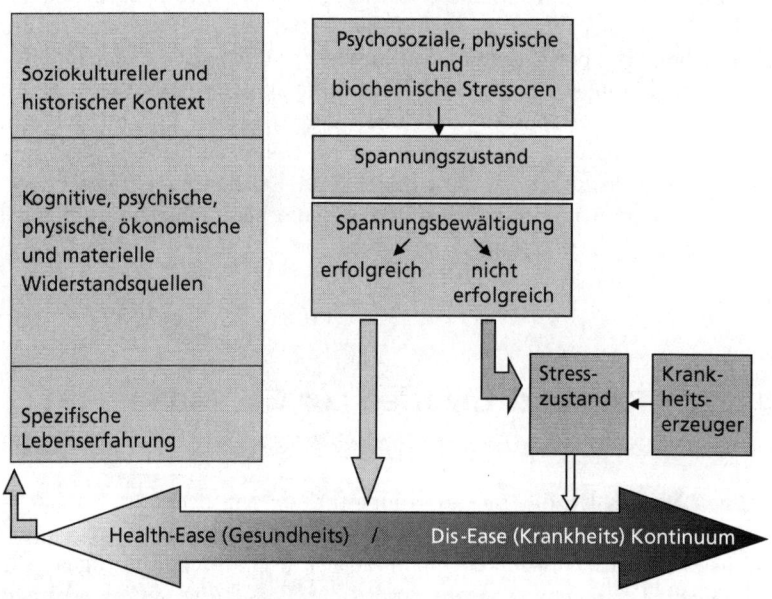

**Abb. 1.1:** Modell der Salutogenese nach Antonovsky (1997)

Die Einordnung auf dem Kontinuum hängt von der Wahrnehmung und dem Umgang mit Stressoren ab. In Anlehnung an das Stressmodell von Lazarus (1966, Lazarus & Folkman, 1984) werden Stressoren nicht per se als belastend angesehen, sondern es wird davon ausgegangen, dass Individuen Reize und Situationen subjektiv unterschiedlich wahrnehmen und einschätzen. Erst wenn ein Reiz oder eine Situation als herausfordernd, gefährdend angesehen wird, kann von Stressoren gesprochen werden, und es werden Strategien zur Bewältigung herangezogen. Deren Bewältigung kann auch dazu führen, dass sich eine Person auf den Health-Ease Pol des HEDE-Kontinuums hinbewegt.

Für den konstruktiven Umgang mit und zur Bewältigung von Stressoren sind generalisierte Widerstandsressourcen (Generalized Resistance Resources, GRR) von Bedeutung, die in der Abbildung 1.1 auf der linken Seite aufgeführt sind. Antonovsky (1997) unterscheidet zwischen gesellschaftlichen (z. B. politische, gesellschaftlich stabile und funktionierende Sozialstrukturen), individuellen (kognitive wie Wissen oder Intelligenz, psychische wie z. B. Selbstvertrauen und Ich-Identität, physiologische Ressourcen wie Konstitution, u. a.) sowie ökonomischen und materiellen Ressourcen. Verfügen Menschen über ausreichende externe und interne Widerstandsressourcen, dann können die gesundheitsschädigenden Wirkungen von Stressoren abgemildert werden. Und die Person kann die Erfahrung machen, dass sie ihnen nicht hilflos gegenübersteht. Diese Lebenserfahrung führt dazu, dass für die Menschen ihre Umwelt mit den Anforderungen verstehbar wird, sie sie meistern können und ihnen ein Sinn innewohnt. Diese drei Komponenten der Verstehbarkeit, Handhabbarkeit und Sinnhaftigkeit bilden das Kohärenzgefühl (Sense of Coherence, SOC) einer Person, ein Gefühl des inneren Zusammenhangs und der Stimmigkeit. Es ist der grundlegende Parameter für die Einordnung auf dem Gesundheitskontinuum.

Für Antonovsky (1997) ist es bedeutsam, dass Menschen die Erfahrung der Kontinuität (z. B. in Beziehungen) und Konsistenz machen, was sich positiv beim Aufbau des Kohärenzsinns auswirkt. Gleichzeitig schafft ein hohes Kohärenzgefühl eine kognitiv-emotionale Voraussetzung, die eine flexible Aktivierung von Widerstandsressourcen und eine flexible Bewältigung von Stressoren ermöglicht. Das bedeutet, dass es nach Antonovsky nicht die richtigen Bewältigungsstrategien (Copingstrategien) gibt, sondern ein Mensch mit einem hohen Kohärenzsinn in der jeweiligen Anforderungssituation flexibel auf die Situation bezogene Bewältigungsstrategien einsetzen kann.

Mittlerweile liegt eine Vielzahl an Studien vor, die den Zusammenhang des Kohärenzgefühls (SOC) mit Gesundheits- und Krankheitsparametern geprüft haben. Während für Antonovksy (1997) im Zentrum seines Ansatzes die physische und weniger die psychische Gesundheit stand, weisen Studien, auch Metaanalysen, regelhaft auf einen engen korrelativen Zusammenhang zwischen dem SOC und der psychischen Gesundheit beziehungsweise psychischen Störungen hin (Bengel, Strittmacher & Willmann, 2001, Cohen & Savaya, 2003, Eriksson & Lindström, 2006, 2007), aber es lässt sich kein eindeutiger Zusammenhang zwischen dem Kohärenzgefühl und der physischen Gesundheit belegen (Flensborg-Madsen et al., 2005). Bengel und seine Mitarbeiterinnen zweifeln daher den direkten Einfluss von dem Kohärenzgefühl auf die physische Gesundheit an und fragen, ob die SOC-Skala mehr oder anderes misst als Verfahren, die Aspekte der psychischer Gesundheit beziehungsweise Krankheit (z. B. Depressivität) erfassen (Bengel, Strittmacher & Willmann, 2001, Bengel & Lyssenko, 2012).

Zusätzlich wird kritisiert, dass Antonovsky auf die Entwicklung des Kohärenzgefühls in der Kindheit und Jugendzeit wenig eingeht und formuliert, dass deren Entwicklung im frühen Erwachsenenalter abgeschlossen ist. Studien belegen jedoch Veränderungen des Kohärenzgefühls im Erwachsenenalter je nach Lebenssituation (Bengel & Lyssenko, 2012).

Franke (2012, S. 171 ff.) bemängelt, dass es sich bei den SOC-Komponenten um reaktive handelt, um mit Anforderungen und Stressoren umgehen zu können.

> »Persönliche und soziale Ressourcen, die nicht im Zusammenhang mit aktiver Bewältigung stehen, sondern eher im Sinne positiver Gefühle, Motivationen und Bedürfnisbefriedigungen Entwicklungen ermöglichen – wie etwa die Fähigkeit, ein positives Lebensgefühl und Wohlbefinden herzustellen, Zielgerichtetheit, Selbstaktualisierungstendenz, Motivation zum Lernen und zur Weiterentwicklung –, finden keinen Eingang in das Modell« (S. 171).

Nach Bengel und Lyssenko (2012) liegen Stärken des salutogenetischen Ansatzes darin, dass auf die Gesundheit und Gesundheitserhaltung (und nicht auf die Krankheit) fokussiert wird, dass eine Vielzahl von Einflussgrößen auf die Gesundheit einbezogen und integriert wird und dass das Modell positive Auswirkungen insbesondere auf die Gesundheitsförderung und Prävention hatte beziehungsweise hat. Allerdings kommen die Autoren nach der ausführlichen Diskussion positiver Aspekte in ihrer kritischen Zusammenschau des aktuellen Forschungsstandes zu dem Schluss, dass das Modell der Salutogenese in den Sozialwissenschaften »meist nur noch als heuristisches Rahmenmodell oder als historischer Impulsgeber gewürdigt« wird (S. 21 ff.).

Trotz dieser Kritik wird das Kohärenzgefühl als personale Ressource weiterhin bei der Resilienz- und Schutzfaktorenforschung als relevant angesehen.

### 1.3.2 Subjektive Theorien der Gesundheit

Gesundheit umfasst objektive und subjektive Phänomene. Der Zugang zu objektiven Phänomenen erfolgt zumeist medizinisch-naturwissenschaftlich über den Organismus und seine Störungen. Der Zugang zu subjektiven Phänomenen vollzieht sich über die Menschen, die ihren gesundheitlichen Zustand wahrnehmen und erfahren, zum Beispiel über ein physisches und psychisches Wohlbefinden oder durch Beschwerden und Krankheiten. Gesundheit wird subjektiv erfahren und hergestellt, muss aber auch in seiner sozialen Einbettung und Bestimmung gesehen werden (Faltermaier, 2016).

Gesundheit wird von Menschen alltäglich hergestellt, das bedeutet, sie haben durch ihre Sozialisation und Erfahrungen Vorstellungen und subjektive Theorien darüber entwickelt, wie sie ihre Gesundheit aufrechterhalten beziehungsweise wie sie Beschwerden und Krankheiten vermeiden oder bewältigen können. In anderen Worten: Menschen entwickeln komplexe Annahmen und Überzeugungen über die Einflussfaktoren auf Gesundheit und über deren Zusammenwirken. Diese subjektiven Theorien werden auf der Basis von Alltagswissen und durch Erkenntnisse und Wissensbestände von Expertinnen und Experten gebildet.

Die Erforschung dieser subjektiven Theorien von Gesundheit und Krankheit erfolgt erst seit wenigen Jahrzehnten. Dabei lassen sich bei Menschen eine Vielfalt an subjektiven Vorstellungen und Modellen von Gesundheit differenzieren (Faltermaier & Kühnlein, 2000, Franzkowiak, Homfeldt & Mühlum, 2011). Unter anderem kann Gesundheit als Reservoir oder als Gleichgewicht angesehen werden, aber auch als funktionale Fitness und als Selbstzwang. Bei den Modellvorstellungen werden das Schalter- (ein Schalter wird an- oder ausgeschaltet, d. h. Menschen fühlen sich entweder gesund oder krank), das Batterie- (die sich im Laufe des Lebens entleert, d. h. dass mit dem Älterwerden die Gesundheit abnimmt und Krankheiten zunehmen), das Akku- (Gesundheit ist regenerierbar, kann durch ein gesundheitsförderliches Verhalten wiederhergestellt werden) und das Generator-Modell (im Laufe des Lebens nimmt die Gesundheit unter optimalen Bedingungen zu) voneinander unterschieden.

Mithilfe von qualitativ-biografischen Interviews mit berufstätigen Erwachsenen haben Faltermaier, Kühnlein und Burda-Viering (1998) zum Teil darüberhinausgehende Modellvorstellungen identifiziert. Sie unterscheiden vier Typen von Gesundheitstheorien: die Risiko-, Ressourcen-, Ausgleichs- bzw. Balance- und Schicksalstheorien.

Den Risikotheorien liegt die Annahme zugrunde, dass die Gesundheit sowohl durch externe Risiken (z. B. Schadstoffe am Arbeitsplatz, in der Umwelt) als auch durch ein individuelles riskantes Verhalten beziehungsweise einen riskanten Lebensstil (z. B. Rauchen, Ernährung, u. a.) gefährdet wird.

Die Ressourcentheorien beschreiben, dass Gesundheit durch interne und externe Ressourcen beeinflusst wird. Wenn interne Ressourcen wie eine beispielsweise körperliche Widerstandfähigkeit und ein gesunder Lebensstil und externe Ressourcen wie hilfreiche soziale Beziehungen und Netzwerke vorhanden sind, können sie zum physischen und psychischen Wohlbefinden beitragen und die Gesundheit kann erhalten bleiben. Sind diese Ressourcen nur unzureichend verfügbar, kann die Gesundheit gefährdet sein.

Ausgleichs- und Balancetheorien beschreiben eine Wechselwirkung von physischen, psychischen und sozialen Risiken und ihrer Bewältigung. Menschen sollten eine Balance zwischen Anforderungen, den eigenen Bedürfnissen und Möglichkeiten herstellen, damit die Gesundheit gefördert und aufrechterhalten werden kann.

Schließlich gehen Schicksalstheorien davon aus, dass die Gesundheit vom Schicksal bestimmt wird, es kann eine Krankheit schicksalhaft auftreten.

Mittlerweile wurden subjektive Gesundheits- und Krankheitstheorien auch für bestimmte Krankheiten (z. B. AIDS, Neurodermitis) und von bestimmten Gruppen (z. B. Kinder- und Jugendliche) untersucht. Nach Franke (2012) bestehen folgende Gruppenunterschiede: Danach betonen Frauen vermehrt das Wohlbefinden, während Männer mehr Wert auf die Leistungsfähigkeit legen und darauf, dass sie ihren Körper nicht negativ spüren (also keine Beschwerden und Symptome haben). Menschen mit niedrigem sozioökonomischen Status kommt es mehr auf das Funktionieren und die Leistungsfähigkeit des Körpers an und älteren Menschen auf das Vorhandensein weniger Funktionseinschränkungen.

Während von Kindern im (Grund-)Schulalter Gesundheit eher als Abwesenheit von Krankheit angesehen wird, beschreiben Jugendliche vermehrt positive Aspekte von Gesundheit.

Die Kenntnis von diesen subjektiven Theorien ist nach Faltermaier (2016) grundlegend, weil sie das eigene Gesundheitshandeln bestimmen. Das gilt für die

Aufrechterhaltung von Gesundheit (Gesundheitsförderung), die Vorbeugung von Krankheiten (Prävention) und die Bewältigung von Krankheiten. Faltermaier (2016) beschreibt neben dem offiziellen Gesundheitssystem ein »Laiengesundheitssystem«, in dem notwendige unterstützende gesundheitsfördernde Leistungen für die Gesellschaft erbracht werden. Darunter ist unter anderem die Unterstützung und Pflege von Mitmenschen und Familienangehörigen zu verstehen, aber auch im weiteren Sinne die Betreuung und (Gesundheits-)Förderung in Kindertagesstätten (Kitas). Hier ist die Kenntnis der subjektiven Theorien vom pädagogischen Personal, welche Faktoren die Gesundheit im Alltag fördern (z. B. Ernährung, Bewegung, Ruhephasen, u. a.) oder auch beeinträchtigen, notwendig, weil sie das Gesundheitshandeln im Umgang mit den Kindern bedingt.

### 1.3.3 Schutzfaktoren, Ressourcen und Resilienz

Bei Ressourcenmodellen geht es darum, den Einfluss von Schutzfaktoren, auch protektive Faktoren genannt, als grundlegende Ressource für eine gelingende Entwicklung und Gesundheit zu beschreiben und empirisch zu prüfen. Personale (im Kind angesiedelte Faktoren), familienbezogene und umweltbezogene Schutzfaktoren stellen generell förderliche Bedingungen für die Entwicklung in verschiedenen Bereichen dar, und sie können bei bestehenden Entwicklungsrisiken mögliche abträgliche Folgen im Sinne eines Puffers kompensieren. So kann ein starker Schutzfaktor, z. B. eine sichere Bindung zu einer Bezugsperson, Risiken wie eine psychische Störung der Eltern abfedern oder gar aufheben. Des Weiteren kann die positive Bewältigung von Entwicklungsanforderungen (z. B. Entwicklungsaufgaben, s. Kapitel 6.2 in diesem Buch) auch auf lange Sicht einen weiteren konstruktiven Entwicklungsverlauf fördern. Die erworbenen Bewältigungsmechanismen können an neue Anforderungen angepasst werden und somit kann ein Repertoire an Bewältigungsmöglichkeiten aufgebaut werden.

Noecker und Petermann (2008) haben protektive Faktoren auf vier Ebenen differenziert, die bei widrigen Lebensbedingungen eine resiliente Entwicklung begünstigen. In der folgenden Tabelle 1.1 werden die von verschiedenen Autoren (Bengel Meinders-Lücking & Rottmann, 2009, Bettge, 2004, Lohaus & Vierhaus, 2015, Noecker & Petermann, 2008, Petermann & Schmidt, 2006, Werner, 2007) genannten Schutzfaktoren entsprechend der vier Ebenen aufgeführt.

**Tab. 1.1:** Schutzfaktoren für eine resiliente Entwicklung[1]

| Personale Merkmale des Kindes |
|---|
| • genetische, epigenetische neurobiologische Ausstattung<br>• körperliche Schutzfaktoren (z. B. eine gute allgemeine Gesundheit)<br>• adaptive Temperamentsmerkmale in der Kleinkindzeit<br>• Intelligenz, kognitive Fertigkeiten (z. B. Aufmerksamkeitssteuerung) und Problemlösefertigkeiten |

**Tab. 1.1:** Schutzfaktoren für eine resiliente Entwicklung[1] – Fortsetzung

- effektive Selbstregulation (z. B. Impulskontrolle), Fertigkeiten zur Emotionsregulation und Verhaltenssteuerung
- Kontrollüberzeugung und eine realistische Selbsteinschätzung
- Grundvertrauen und ein positives Selbstkonzept (mit Selbstvertrauen, positiven Selbstwert und Selbstwirksamkeitserwartung)
- Zielorientierung und Aufbau aktiver Bewältigungsstrategien
- optimistische Einstellung dem Leben gegenüber und die Fähigkeit, ihm einen Sinn zu entnehmen
- Vorliegen sozial positiv bewerteter Persönlichkeitsmerkmale (z. B. Begabungen, Humor) und Attraktivität

### Familienbezogene Faktoren

- eher wenig Streit zwischen den Eltern/Bezugspersonen
- vertrauensvolle Beziehung des Kindes zu mindestens einer Erziehungsperson
- förderlicher Erziehungsstil (am Kind interessiert, fürsorglich, strukturiert, anspruchsvolle und erfüllbare Erwartungen an das kindliche Verhalten)
- strukturierter Alltag (z. B. mit Regeln und Ritualen)
- positive Geschwisterbeziehungen
- erzieherisches Engagement der Eltern und vertrauensvolles Familienklima
- Vorliegen von elterlichem Wohlbefinden und Gesundheit sowie gute Bildung der Bezugspersonen
- sozioökonomische Absicherung und Wohlstand
- Werte und spirituelle Überzeugungen in der Familie

### Netzwerkbezogene Merkmale

- Einbeziehung in psychosoziale Gruppen, eine gute Qualität der Nachbarschaft und Verfügbarkeit sozialer Unterstützung
- beständige, vertrauensvolle Beziehungen zu Erwachsenen, auch außerhalb der Familie, und zu Gleichaltrigen
- niedrige Gewaltbereitschaft in der häuslichen Umgebung
- bezahlbarer Wohnraum bzw. -situation
- Zugang zu Freizeit- und Bildungseinrichtungen, Nutzung der Angebote (z. B. Sport, Musik, Kunst)
- ökologische Bedingungen im Sozialraum (z. B. gute Qualität von Wasser, Luft, etc.)
- gut qualifizierte und engagierte pädagogische Fachkräfte (in Kita, Schule)
- Angebote schulischer Nachmittagsbetreuung
- Unterstützung bei der Inklusion
- Vermittlung beruflicher Perspektiven

### Kulturell-gesellschaftliche Merkmale

- hohe Qualität des Sozial- und Gesundheitssystems
- protektive, gesellschaftliche Rahmenbedingungen für Kinder (z. B. Kinderrechte, Kindergesundheit und Kinderschutz)
- hoher gesellschaftlicher Stellenwert von Gesundheit und Bildung in der Kindheit
- niedrige gesellschaftliche Akzeptanz von Gewalt, Unterdrückung, Vernachlässigung und körperlicher Züchtigung von Kindern

---

[1] Zusammenstellung der Schutzfaktoren in Anlehnung an Bengel, Meinders-Lücking & Rottmann, 2009, Bettge, 2004, Lohaus & Vierhaus, 2015, Noecker & Petermann, 2008, Petermann & Schmidt, 2006, Werner, 2007.

Bei dieser Zusammenstellung handelt es sich um häufig genannte und laut Autoren um empirisch geprüfte Schutzfaktoren.

Es gilt jedoch, dass Schutzfaktoren nicht global einheitlich wirken. Sie sind abhängig von bestimmten Alters- und Entwicklungsstufen, dem kindlichen Geschlecht, ihrer Ausprägung und ihrer Wechselwirkung mit anderen Schutz- oder Risikofaktoren und der Situation. Je nach Kontext können sie auch Risikofaktoren darstellen (»Kehrseite-der-Medaille«- Problematik, Laucht, Esser & Schmidt, 1998). Zum Beispiel wirkt sich ein feinfühliges mütterliches Verhalten bei frühgeborenen Säuglingen positiv aus, während dieser Effekt bei weniger risikobelasteten Kindern weniger relevant ist (Laucht, Esser & Schmidt, 1998). Es werden verschiedene Modelle zur Erklärung der Wirkung von Schutz- und Risikofaktoren diskutiert (Petermann & Schmidt, 2006). Unter anderem werden Schutzfaktoren als Kompensationsfaktoren angesehen, d. h. sie wirken beispielsweise interaktiv als Puffer, um die Wirkungen von Risiken und gefährdenden Entwicklungseinflüssen abzumildern.

Nach wie vor fordern Petermann und Resch (2013) allerdings, dass die multiplen Interaktionen von Risiko- und Schutzfaktoren im Entwicklungsverlauf unter Berücksichtigung ihrer Wirkweise zukünftig intensiver analysiert werden sollten.

## Resilienz

In der Entwicklungspsychologie bzw. -psychopathologie wurden verschiedene Längsschnittstudien durchgeführt, um zunächst den Einfluss von Risiko-, dann zunehmend den von Schutz- beziehungsweise protektiven Faktoren zu untersuchen. Eine frühe, wegweisende Studie stammt von Emily Werner und ihrem Team, die seit 1955 auf der Hawaii-Insel Kauai 698 Kinder von der Geburt bis zum Erwachsenenalter (40 Jahre) in regelmäßigen Abständen untersucht haben. Bei einer kleinen Gruppe von circa 30 % der Kinder lagen mehr als vier Risikofaktoren vor, d. h. es bestanden beispielsweise geburtsbedingte Komplikationen bei den Kindern, und sie wuchsen in sehr armen oder Familien, in denen massive Konflikte, Alkoholprobleme oder psychische Störungen der Eltern vorhanden waren, auf. Von diesen 201 Kindern entwickelten zwei Drittel im Laufe der Zeit Verhaltensauffälligkeiten, hatten Lernschwierigkeiten oder wurden straffällig. Ungefähr ein Drittel dieser Kinder (n=72), die unter schwierigen familiären und sozioökonomischen Bedingungen aufwuchsen, zeigten jedoch eine positive und gesunde Entwicklung. Sie entwickelten sich zu »leistungsfähigen, zuversichtlichen und fürsorglichen Erwachsenen« (Werner 1999, S. 26). Hier wird von Resilienz gesprochen, und Werner (1993) identifizierte eine Reihe von personalen Ressourcen, sozialen und gesellschaftlichen Resilienzfaktoren, die diese positive Entwicklung angesichts widriger Entwicklungsbedingungen fördern.

Der Begriff Resilienz (re-salire [lat.], zurück-springen) stammt aus der Materialwissenschaft und beschreibt die Fähigkeit von Material, nach starken Verformungen die anfängliche Form erneut anzunehmen (z. B. beim Fußball). Übertragen auf Menschen bedeutet das, dass diese sich trotz widriger Lebens-

## 1.3 Modelle und Theorien zur Gesundheit

umstände, Krisen und Katastrophen nicht »aus der Form« (vgl. Franke, 2012) bringen lassen, sondern im Gegenteil eine positive Entwicklung nehmen. Bisher liegt keine allgemein gültige Definition von Resilienz (Franke, 2012) vor, daher soll folgend auf verschiedene Aspekte von Resilienz näher eingegangen werden.

Nach Rutter (1990) ist Resilienz die Fähigkeit einer Person oder eines sozialen Systems (z. B. Familie), sich trotz widriger Lebensbedingungen in einer sozial akzeptierten Weise positiv zu entwickeln. Kernstücke von Resilienz sind damit die Widerstandsfähigkeit gegen die Verletzung der eigenen Integrität bei äußerem Druck und die Fähigkeit, unter widrigen Lebensumständen ein positives Leben aufzubauen. Damit wird nicht nur eine Adaptation an Situationen verstanden, sondern eine darüber hinausgehende positive Bewältigung und aktive Gestaltung des Lebens. Ursprünglich wurde Resilienz ausschließlich angesichts aversiver Lebensbedingungen (z. B. Traumata, familiäre Armut oder Gewalt) gefasst. Mittlerweile vertreten Autoren wie Schär und Steinebach (2015) die Ansicht, dass es bei der Resilienz auch um die konstruktive Bewältigung von Herausforderungen des Alltags geht.

Bei der Beschreibung von Risiken unterscheidet Wustmann (2004) biologische, psychische und psychosoziale Entwicklungsrisiken. Es müssen jedoch noch weitere, wie gesellschaftliche (z. B. Zugang zum Bildungs- und Gesundheitssystem), kulturelle (z. B. Akkulturationsdruck nach Migration und Flucht), ökonomische (z. B. Konsequenzen von Finanz- und Wirtschaftskrisen) und umweltbezogene Risiken (z. B. mit Klimaveränderungen einhergehende Naturkatastrophen), einbezogen werden.

Resilienz wird zudem als dynamisches Konzept im Kontext der Umweltbedingungen verstanden. Zum Beispiel können sich Kinder in gewissen Entwicklungsabschnitten resilient verhalten, während sie in anderen Entwicklungsabschnitten gegenüber Risiken oder belastenden Lebensumständen vulnerabel sind (Lohaus & Vierhaus, 2015). Resilienz muss auch über die Lebensspanne hinweg betrachtet werden. Einerseits lernen Kinder in der Auseinandersetzung mit frühen Entwicklungsaufgaben Bewältigungsmechanismen und können auf diese bei der Lösung späterer Probleme zurückgreifen (Lohaus & Vierhaus, 2015), andererseits bringt jede Lebensphase neue Entwicklungsaufgaben mit sich, die zu bewältigen sind (und somit Risiken mit sich bringen können).

Zu Determinanten der Resilienz werden nach Southwick et al. (2014) genetische, epigenetische, entwicklungsbezogene, demographische, kulturelle, ökonomische und soziale Variablen genannt. Für die Einschätzung der Bedeutung der einzelnen Variablen und deren Zusammenwirken sind laut Autoren weitere multiperspektivische Studien notwendig. Wenn mehr Kenntnisse zu den Determinanten von Resilienz vorliegen, können Ansätze zur Unterstützung der Resilienz für Individuen, Familien, Organisationen, Gesellschaften und Kulturen vorangetrieben werden (Southwick et al., 2014).

Zu dem Resilienzkonzept muss angemerkt werden, dass der Begriff mittlerweile einen hohen Bekanntheitsgrad mit einer positiven Konnotation besitzt, was auch zu einem »inflationären« Gebrauch führt. Es fehlt nach Franke (2012) eine Operationalisierung des Konzeptes und auch theoretische Überlegungen, zum Beispiel zu den grundlegenden Dynamiken und der Interaktion mit weiteren

Faktoren. Der Zusammenhang zwischen Resilienz und psychischer Gesundheit ist durch verschiedene Längsschnittstudien (vgl. Bengel et al., 2009) gut belegt, der zur körperlichen Gesundheit weniger. Die Forschung befasst sich vorwiegend mit der Förderung von Resilienz, und mittlerweile existieren eine Reihe von Programmen zur Resilienzförderung verschiedener Alters- oder weiterer Zielgruppen.

Bei diesen Programmen besteht die Gefahr, dass vor allem personale oder auch familiäre Faktoren gefördert und die komplexen Interaktionen zwischen Individuum und Gesellschaft beziehungsweise die sozial-gesellschaftliche Einbettung vernachlässigt werden. Das kann zur Folge haben, dass diese letztgenannten Risiko- und Schutzfaktoren nicht genügend bei der Förderung oder Veränderung einbezogen werden. Franke (2012) schließt:

> »Individuelle Gesundheit braucht gesellschaftliche Rahmenbedingungen, die Gesundheit ermöglichen. Da, wo Menschen das Recht auf Gesundheit verwehrt wird, halte ich einen Forschungsansatz, der sich ausschließlich auf das individuelle Verhalten konzentriert, für reduktionistisch und ethisch fragwürdig« (S. 260).

### 1.3.4 Capability- /Verwirklichungschancen-Ansatz

In dem Capability-Approach oder Ansatz der Verwirklichungschancen geht es um die Frage, welche Bedingungen für ein gutes, gelingendes Leben von Menschen vorhanden sein müssen (Nussbaum, 2003, Sen, 2000). Damit geht der Ansatz über ein Erklärungsmodell von Gesundheit hinaus, bezieht sie jedoch ein.

Der Ansatz wurde vom Nobelpreisträger für Wirtschaftswissenschaften Sen in der Auseinandersetzung mit der Überwindung von Armut und Ungerechtigkeit entwickelt, und er schreibt:

> »Letztlich ist das individuelle Handeln entscheidend, wenn wir die Mängel beheben wollen. Andererseits ist die Handlungsfreiheit, die wir als Individuen haben, zwangsläufig bestimmt und beschränkt durch die sozialen, politischen und wirtschaftlichen Möglichkeiten, über die wir verfügen. Individuelles Handeln und soziale Einrichtungen sind zwei Seiten einer Medaille. Es ist sehr wichtig, gleichzeitig die zentrale Bedeutung der individuellen Freiheit und die Macht gesellschaftlicher Einflüsse auf Ausmaß und Reichweite der individuellen Freiheit zu erkennen« (Sen, 2000, S. 9f).

Sen (2000) verwendet den Begriff der »Verwirklichungschancen« und beschreibt damit die umfassenden Fähigkeiten und Freiheiten von Menschen, ein für sie wünschenswertes Leben zu führen. Das bedeutet beispielsweise, frei von vermeidbaren Krankheiten zu leben, soziale Kontakte pflegen und am gesellschaftlichen Leben teilnehmen zu können. Das Wohlergehen und die Gesundheit von Menschen sind vom Einkommen, dem Zugang zu materiellen Gütern, von der Bildung und den sozialen Zugehörigkeiten abhängig (Sen, 2000). Es werden Dimensionen der Verwirklichungschancen wie individuelle Potenziale und gesellschaftlich bedingte Chancen (auch instrumentelle Freiheiten) unterschieden. Zu den individuellen Potenzialen gehören finanzielle Potenziale (z. B. Einkommen, Güterausstattung) und nichtfinanzielle Potenziale (z. B. Bildung, Gesundheit, Behinderungen, Alter, Geschlecht). Bei den gesellschaftlich bedingten Chancen handelt es sich um soziale (z. B. Zugang zum Gesundheits- und Bildungssystem,

Infrastruktur für Kinderbetreuung) und ökonomische Chancen (z. B. Zugang zum Arbeitsmarkt), den sozialen Schutz (z. B. soziale Sicherung, Schutz vor Gewalt und Kriminalität), ökologische Sicherheit (z. B. klimatische Belastungen) und politische Chancen.

Die gesellschaftlich bedingten Chancen setzen den Rahmen für die individuellen Verwirklichungschancen beziehungsweise Teilhabe. Nur bei deren Vorhandensein kann ein Mensch entscheiden, ob er sie in Anspruch nehmen will oder nicht. Keupp (2007) bezeichnet das Capability-Konzept als anschlussfähig an Basiskonzepte der Gesundheitsförderung, indem es insbesondere auf den Zusammenhang zwischen der Handlungsbefähigung von Menschen und den objektiv gegebenen Verwirkungschancen fokussiert.

## 1.4 Determinanten von Gesundheit

Die sozialen, ökonomischen und Umweltbedingungen, in denen Menschen leben, sind beeinflussende Faktoren für die Gesundheit und das Wohlbefinden von der Geburt bis zum Alter. Diese sozialen, wirtschaftlichen, ökologischen und auch individuellen Faktoren werden als Determinanten der Gesundheit bezeichnet.

Dahlgren und Whitehead (1991) unterscheiden in ihrem Modell neben den individuellen Faktoren wie Geschlecht, Alter (u. a.) vier weitere Ebenen mit Determinanten, die die Gesundheit beeinflussen (vgl. Tab. 1.2).

**Tab. 1.2:** Gesundheitsdeterminanten nach Dahlgren und Whitehead (1991)

| Ebene: Merkmale des Individuums |
|---|
| • Alter, Geschlecht, genetische Ausstattung<br>• individuelle Faktoren sind kaum beeinflussbar |
| **Ebene: individuelle Lebensweisen/Lebensstil** |
| • gesundheitsförderliche Verhaltensweisen wie regelmäßige körperliche Aktivität, ausreichender Schlaf, gesunde Ernährung (etc.)<br>• gesundheitsbeeinträchtigende Verhaltensweisen wie Rauchen, ein hoher Alkoholgenuss, eine ungesunde Ernährungsweise mit möglichem Übergewicht oder Adipositas (u. a.) |
| **Ebene: soziale und kommunale Netzwerke** |
| • soziale Einbindung von Menschen in Partnerschaften/Familie<br>• soziale Netzwerke im Freundeskreis und auf kommunaler Ebene |
| **Ebene: Lebens- und Arbeitsbedingungen** |
| • Arbeitsbedingungen (z. B. gut bezahlte Beschäftigung versus prekäre Beschäftigungsverhältnisse oder Arbeitslosigkeit) |

**Tab. 1.2:** Gesundheitsdeterminanten nach Dahlgren und Whitehead (1991) – Fortsetzung

- Möglichkeit zur Teilhabe an sozialen, wirtschaftlichen, freizeitorientierten und kulturellen Aktivitäten
- Zugang zur Gesundheitsversorgung, das Vorhandensein von bezahlbarem Wohnraum, eines funktionierenden öffentlichen Verkehrs (u. a.)

**Ebene: allgemeine sozioökonomische, kulturelle und umweltbezogene Bedingungen**

- gesellschaftliche Strukturen wie beispielsweise eine gesundheitsfördernde Gesetzgebung und Umweltpolitik
- ökonomische Stabilität und kulturelle staatliche Angebote
- Frieden

Im Kern des Modells stehen individuelle Faktoren, die die Gesundheit des Individuums mitbestimmen und wie beispielsweise das Alter nicht beeinflussbar sind. Alle weiteren Determinanten wirken sich auf die Gesundheit aus, sie beeinflussen sich wechselseitig und sie sind beeinflussbar bzw. gestaltbar.

Entscheidend für die Gesundheit von Menschen sind ihr Lebensstil und die Lebensbedingungen, unter denen sie leben, d. h. die verhaltensbezogenen und verhältnisbezogenen, sozialen Determinanten.

Im Folgenden wird auf ausgewählte Determinanten näher eingegangen, die für Familien einen besonderen Stellenwert haben: die soziale Ungleichheit, die Familienform und der Migrationshintergrund.

### 1.4.1 Soziale Ungleichheit

Seit langem ist bekannt, dass soziale Ursachen, wie beispielsweise die Arbeits- und Lebensbedingungen und der Zugang zu Gesundheitsdiensten, eine gesellschaftlich ungleiche Verteilung von Gesundheit und Krankheit mitbedingen. Schon im 19. Jahrhunderts hat Robert Virchow auf gesellschaftliche Ursachen von Krankheit und einer frühzeitigen Sterblichkeit hingewiesen.

In Deutschland besteht eine deutliche Ungleichheit der Lebensbedingungen und sozialen Teilhabechancen, die seit Jahren gleichgeblieben beziehungsweise zugenommen hat. So leben mittlerweile circa 21 % der Kinder dauerhaft oder wiederkehrend in Armut und dies über einen Zeitraum von mindestens fünf Jahren (Tophoven et al., 2017).

Nach Richter und Hurrelmann (2018) liegt inzwischen eine große Anzahl von Studien vor, die belegen, dass Gesundheitsbeschwerden, (chronische) Erkrankungen und Risikofaktoren (z. B. Rauchen, Übergewicht) bei sozial benachteiligten Menschen vermehrt auftreten. Sozial benachteiligte Menschen schätzen ihren Gesundheitszustand und ihre gesundheitsbezogene Lebensqualität als niedriger ein als Menschen mit einem höheren sozioökonomischen Status (Saß et al., 2015). Und es geht damit eine niedrigere mittlere Lebenserwartung einher. Bei Frauen liegt die Differenz zwischen der höchsten und der niedrigsten Einkommensgruppe bei 8,4 Jahren und bei Männern bei 10,8 Jahren (Lampert, Kroll & Dunkelberg, 2007).

Der sozioökonomische Status wird zumeist über die schulische und berufliche Qualifikation, die berufliche Stellung und das Einkommen erfasst. In Studien zur Gesundheitsberichterstattung vom Robert Koch-Institut (RKI) wird ein Statusindex eingesetzt, der neben der Bildung, der beruflichen Stellung das Netto-Äquivalenzeinkommen (ein nach Anzahl und Alter der Haushaltsmitglieder bedarfsgewichtetes Haushaltsnettoeinkommen, Lampert et al., 2013) einbezieht, und es werden in der Regel drei Statusgruppen (niedrig, mittel, hoch) unterschieden.

In verschiedenen Modellen wird versucht, die wesentlichen Faktoren sozialer und gesundheitlicher Ungleichheit und deren Zusammenwirken zu präzisieren, unter anderem in dem Modell von Mielck (2005), das in Abbildung 1.2 veranschaulicht wird.

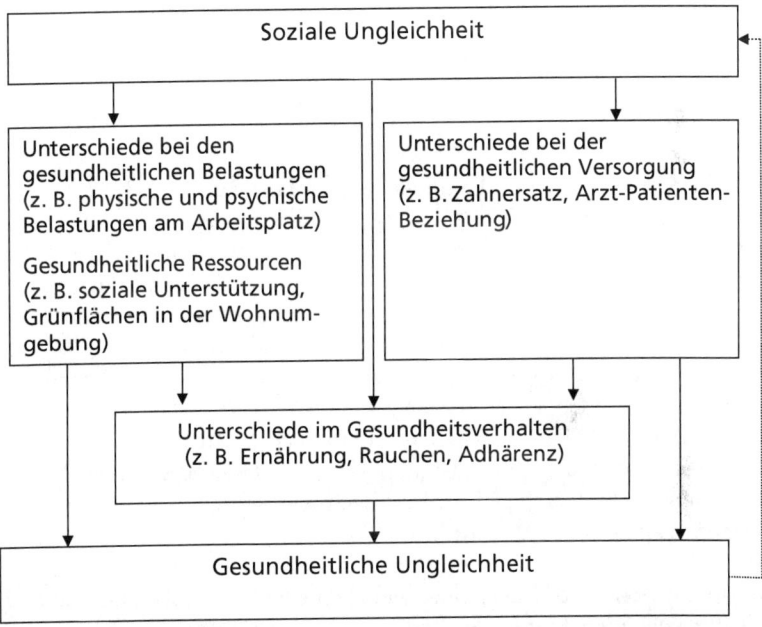

**Abb. 1.2:** Modell zur Erklärung der gesundheitlichen Ungleichheit von Mielck (2005, S. 53)

In seinem Modell betont Mielck (2005), dass das Gesundheitsverhalten von Menschen durch ihre Lebenssituation beeinflusst wird. Studien belegen, dass Menschen mit einem niedrigen sozioökonomischen Status vermehrt gesundheitsgefährdende Verhaltensweisen wie Rauchen zeigen, und es werden häufiger Übergewicht und Adipositas gesehen. Gleichzeitig gehen damit vermehrte Belastungen am Arbeitsplatz einher, wobei oftmals weniger Ressourcen vorhanden sind. Der Zugang zu manchen Bereichen der gesundheitlichen Versorgung, so zeigen neuere Studien, gestaltet sich schwieriger (z. B. durch Zuzahlungen, Ärzte-Patienten-Kommunikation). Nach Mielck und Helmert (2012) ist daher die »kausale Richtung ›Armut macht krank‹ [...] für die Erklärung der gesundheitlichen Ungleichheit wichtiger als die kausale Richtung ›Krankheit macht arm‹ [...] (S. 507).

Die familiäre soziale Ungleichheit wirkt sich auch auf die Gesundheit von Kindern aus (Greiner et al., 2018, Kuntz, Mauz, Lampert, 2018). Unmittelbar durch das elterliche Gesundheitsverhalten, wenn beispielsweise in der Gegenwart von Kindern geraucht wird, oder durch das Nahrungsmittelangebot, welches gesundheitsförderlich oder -beeinträchtigend wirken kann. Indirekt über die gesundheitlichen Belastungen und Ressourcen der Eltern. Beispielsweise können Eltern durch gesundheitliche Belastungen in der Alltagsbewältigung oder in ihrer Ansprechbarkeit für die kindlichen Bedürfnisse eingeschränkt sein. Auch die familiäre soziale Einbindung kann sich ebenfalls auf die Gesundheit und gesundheitsbezogene Lebensqualität von Kindern auswirken. Schließlich wirken sich Unterschiede in der gesundheitlichen Versorgung auf alle Mitglieder der Familie aus.

### 1.4.2 Familienform

Nach dem Statistischen Bundesamt leben im Jahr 2017 19 % der Kinder in Einelternfamilien, davon 87,7 % bei ihren Müttern und 12,3 % bei ihren Vätern (Destatis, 2018). Für Alleinerziehende besteht ein erhöhtes Armutsrisiko. Im Jahr 2016 waren 32,6 % der Alleinerziehenden armutsgefährdet im Vergleich zu 11,0 % der Haushalte von zwei Erwachsenen mit Kind/-ern. Nach Krack-Roberg et al. (2016) waren ca. 37 % aller alleinerziehenden Mütter und 21 % der alleinerziehenden Väter im Jahr 2014 auf staatliche Transferleistungen wie Hartz IV oder Sozialhilfe angewiesen. Alleinerziehende geben im Vergleich zu Eltern in Partnerschaften überdurchschnittlich viel Geld für die Grundversorgung (z. B. Nahrungsmittel, Miete, Energieversorgung, Bekleidung und Bildung) aus. Sie verfügen in der Regel über weniger finanzielle Mittel für die Freizeit, Unterhaltung und Kultur.

Mit 46 % der Mütter und 47 % der Väter unterscheidet sich die Zahl derjenigen, die ihre Elternrolle genießen, nicht voneinander. Allerdings geben 70 % der alleinerziehenden Mütter an, sich mehr Gedanken über die Zukunft zu machen (Väter: 61 %), und jede zweite verfügt über »viel weniger« Geld (Väter: 40 %). Jeweils circa 40 % der alleinerziehenden Mütter befürchten, dass ihnen »alles über den Kopf wächst«, fühlen sich alleingelassen und haben kaum noch Zeit für sich. Dies trifft seltener, auf ungefähr ein Viertel der alleinerziehenden Väter zu (Bundesministerium für Familie, Senioren, Frauen und Jugend, 2008). Schließlich schätzen sich nur 35 % der Alleinerziehenden als völlig und sehr zufrieden mit ihrem Familienleben ein im Vergleich zu 66 % der (Ehe-)Paare mit Kindern (bis sechs Jahren) (Weick, 2016).

Wernberger und Dill (2010) beschreiben als Belastungsfaktoren von alleinerziehenden Müttern und Vätern die »Allzuständigkeit des allein erziehenden Elternteils«, verknüpft mit Zeitmangel und einem höheren Risiko sozialer Isolation sowie dem Druck, den kindlichen Bedürfnissen gerecht werden zu wollen.

Zusätzlich kann ein internalisiertes Bild der traditionellen Familie von zusammenlebenden Eltern und Kindern belastend wirken.

Vor diesem Hintergrund werden bei alleinerziehenden Elternteilen häufiger körperliche und psychische Beeinträchtigungen der Gesundheit sowie gesundheitsriskante Verhaltensweisen vorgefunden (Saß et al., 2015). Beispielsweise attestieren sich 48 % der Eltern von Einelternfamilien eine gute bis sehr gute Gesundheit im Vergleich zu 70 % der Eltern in Kernfamilien (AOK-Familienstudie, 2014). Im Weiteren werden bei alleinerziehenden Müttern bei 24,7 % psychische Erkrankungen gesehen im Vergleich zu 10,9 % der verheirateten Mütter (RKI, 2003), und alleinerziehende Väter haben ein höheres Risiko für Depressionen als in einer Partnerschaft lebende Väter (RKI, Saß et al., 2015). Zusätzlich weisen sie ein höheres Mortalitätsrisiko auf als Frauen und Männer, die in einer (Ehe-)Partnerschaft leben.

Auch für Kinder alleinerziehender Eltern besteht ein höheres Risiko vor allem für das Auftreten von psychischen Problemen. Da in den meisten Fällen dieser Lebensform eine Trennung von der Partnerin oder dem Partner vorausgeht, können als Gründe für diese psychische Belastung von Kindern bei einer vorausgegangenen Trennung eine psychische Überforderung während der Trennung, eine möglicherweise eingeschränkte Bewältigung der Trennungssituation und Adaptation an die neuen Lebensbedingungen (z. B. Umzug) genannt werden (u. a.).

### 1.4.3 Migrationshintergrund

Nach Angaben des Statistischen Bundesamtes leben im Jahr 2016 insgesamt 18,6 Millionen Menschen mit Migrationshintergrund (MH) in Deutschland, was einem Bevölkerungsanteil von 22,5 % entspricht (Destatis, 2017).

Der Migrationsprozess ist laut Bermejo und von Wolff (2009) nicht per se als krankmachend anzusehen, denn es migrieren eher junge, aktive und gesunde Menschen, zumeist um bessere Arbeits- und Lebensbedingungen im Aufnahmeland vorzufinden. Es wird vom Modell des »gesunden Migranten« (healthy migrant effect) gesprochen. Dieses Modell wurde von Richter und Hurrelmann (2016) erweitert zum Modell des gesundheitlichen Übergangs. Es kann zu einem gesundheitlichen Übergang in hoher Geschwindigkeit kommen, wenn die Migration von einem ärmeren in ein wohlhabenderes Land erfolgt. In der Folge sinken die Sterblichkeit und das Erkrankungsrisiko von Menschen mit MH gegenüber dem Herkunftsland aufgrund der besseren hygienischen Verhältnisse und medizinischen Versorgung im Aufnahmeland. Zugleich wirken sich Veränderungen des Lebensstils (z. B. vermehrtes Rauchen, ein körperlich inaktiverer Lebensstil) erst mit längerer Latenz aus (z. B. Krebserkrankungen). Daher können Menschen mit MH beispielsweise auch bei sozioökonomischer Benachteiligung noch gesundheitliche Vorteile aufweisen, was ein Paradox darstellt. Im Weiteren spielt noch der Zeitpunkt der Migration im Lebenslauf einer Person eine bedeutsame Rolle für die Gesundheit. In ihrem Lebenslaufmodell von Spallek, Zeeb und Razum (2011) wird analysiert, welche Bedeutung eine Exposition von Risikofaktoren im Lebenslauf, zum Beispiel vor (z. B. Infektionen), während (z. B. sexuelle Gewalt) und nach dem Migrationsprozess (z. B. veränderter Lebensstil, niedrigerer sozioökonomischer Status, Diskriminierung), und von Ressourcen (z. B. höherer Gruppen- und Familienzusammenhalt) auf die spätere physische und psychische Gesundheit haben kann. Beispielsweise sind Kinder vor der Migration häufiger Virusinfektionen ausgesetzt, die mit späteren spezifischen Erkrankungsrisiken wie Magen- oder Leberkrebs im Aufnahmeland in einen Zusammenhang gebracht werden. Dieses Erklärungsmodell bezieht auch die Gesundheit der zweiten und dritten Nachfolgegeneration ein. Eine familiäre Tradierung und »soziale Transmission« bei den nachgeborenen Generationen können auftreten. Mit Ausnahme von dieser Tradierung (z. B. von Essgewohnheiten) wird bei Menschen mit MH der zweiten und dritten Generation eine Angleichung des Krankheitsspektrums an die Aufnahmegesellschaft gesehen.

Die gesundheitliche Lage von Menschen mit MH weist auf ein vergleichbares Krankheitsspektrum im Vergleich zu der Bevölkerung im Aufnahmeland hin, zugleich bestehen einige Besonderheiten bei Erkrankungsrisiken (RKI, 2008). Insgesamt schätzen ungefähr 70–80 % der Erwachsenen in Deutschland ihre allgemeinen Gesundheit als positiv ein und dies unabhängig davon, ob ein MH vorliegt oder nicht (Rommel et al., 2016).

Das Mortalitätsrisiko von Menschen mit MH ist nach wie vor niedriger als das der deutschen Bevölkerung (Lampert et al., 2016). Für die Morbidität gilt, dass Menschen mit MH, abgesehen von spezifischen Infektionskrankheiten (z. B. Tuberkulose, HIV, Kühne et al., 2015), nach Befunden des Robert Koch-Instituts (RKI, 2008) nicht häufiger von Infektionskrankheiten betroffen sind als die deutsche Bevölkerung. Auch für chronische Erkrankungen und Schmerzen liegen zwischen den verschiedenen Bevölkerungsgruppen nur wenige Unterschiede vor. Eine Ausnahme stellen körperliche Schmerzen für Frauen und Männer türkischer Herkunft dar, die in der zweiten Lebenshälfte mit einem 2,4- bis 3-fach erhöhten Risiko auftreten (Lampert et al., 2016).

Bei den gesundheitsbezogenen Risikoverhaltensweisen fallen höhere Raucherzahlen insbesondere bei den Männern und Frauen mit MH der 2. Generation im Vergleich zu denen ohne MH auf. Es berichten mehr Frauen und Männer mit MH der 1. Generation von einer körperlichen Inaktivität in den letzten drei Monaten (Rommel et al., 2015), und mit zunehmendem Alter (> 44 Jahre) liegen höhere Adipositasquoten vor als bei Menschen ohne MH (Lampert et al., 2016). Als Schutzfaktor kann der niedrigere riskante Alkoholkonsum von Frauen und Männer mit MH angesehen werden.

Zur Prävalenz von psychischen Störungen weisen Studien tendenziell auf ein erhöhtes Risiko von Menschen mit MH hin. Dabei werden bei Erwachsenen mit MH erhöhte Depressionsraten, Angst- und somatoforme Störungen (Glaesmer et al., 2009, Lindert et al., 2009) sowie Psychosen (Schouler-Ocak et al., 2015) berichtet. Für posttraumatische Belastungsstörungen (PTBS) ist die Datenlage schwach, aber Menschen mit MH (33,6 %) erleben nach Glaesmer et al. (2009) mehr potentielle traumatische Erlebnisse als Menschen ohne MH (22,4 %).

Damit kann festgehalten werden, dass sowohl für Erwachsene mit MH die körperliche Gesundheit eher vergleichbar bzw. zum Teil besser ist, während das Risiko für psychische Störungen erhöht erscheint.

## 1.5 Epidemiologische Daten zur Gesundheit von Kindern im Vorschulalter

In den Jahren 2003 bis 2006 wurde erstmals vom Robert Koch-Institut die gesundheitliche Situation von null bis 17-Jährigen umfassend und repräsentativ in Deutschland erfasst. In dem Rahmen wurden in 167 Städten 17641 Kinder und Jugendliche medizinisch untersucht, und sie sowie ihre Eltern beantworteten Fragebögen (Kurth, 2007). In den Nachfolgeuntersuchungen, der KiGGS Welle 1 von 2009 bis 2012 wurden insgesamt 12368 und in der KiGGS Welle 2 von 2014 bis 2017 wurden insgesamt 15023 Kinder und Jugendliche in einer Längs- (wiedereingeladene Kinder-und Jugendliche) und Querschnittstudie (neuaufgenommene Kinder- und Jugendliche) einbezogen (Kurth, 2018).

In allen drei KiGGS-Studien wurde unter anderem der allgemeine Gesundheitszustand und in den ersten beiden Untersuchungen die gesundheitsbezogene Lebensqualität (Health related Quality of Life, HRQOL) und das Vorhandensein einer chronischen Erkrankung jeweils in der Elterneinschätzung erfasst. Der allgemeine Gesundheitszustand wurde mithilfe der Frage »Wie schätzen Sie den Gesundheitszustand Ihres Kindes im Allgemeinen ein?« und einer fünfstufigen Antwortskala von sehr gut bis sehr schlecht erhoben.

Bei der gesundheitsbezogenen Lebensqualität (HRQOL) handelt es sich um ein multidimensionales Konstrukt, mit dessen Hilfe das körperliche, emotionale, mentale, soziale und verhaltensbezogene Wohlbefinden und Komponenten der Funktionsfähigkeit aus subjektiver Sicht beziehungsweise in diesem Fall aus Elternsicht eingeschätzt werden. Dazu wurden die Eltern gebeten, den KIDSCREEN-10, einen kurzen Screeningfragebogen mit zehn Items, auszufüllen (Ravens-Sieberer et al., 2006).

Schließlich wurde mit der Frage »Hat Ihr Kind eine oder mehrere lang andauernde, chronische Krankheiten oder Gesundheitsprobleme?« (Antwortkategorien: »Ja«/»Nein«) das Vorliegen einer chronischen Erkrankung erfasst.

Der allgemeine Gesundheitszustand von drei- bis sechsjährigen Kindern wird von 95,7 % ihrer Eltern als gut bis sehr gut eingeschätzt. Und dieser Anteil hat sich seit der ersten Kinder- und Jugendgesundheitsstudie in allen Altersgruppen erhöht. Für die Gruppe der jüngeren Kinder ist der Anteil, für die eine sehr gute Gesundheit angegeben wird, am höchsten, und er nimmt mit zunehmendem Alter ab (Poethko-Müller et al., 2018).

Bei der Einschätzung des allgemeinen kindlichen Gesundheitszustandes ergaben sich keine signifikanten Unterschiede bezüglich des Geschlechts (KiGGS, Welle 1, RKI, 2015, Welle 2, Poethko-Müller et al., 2018) und der Familienform (KiGGS, Welle 1, RKI, 2015), hier wurde zwischen Kernfamilien, Eineltern- und Stieffamilien differenziert. Signifikante Unterschiede bestehen jedoch bezüglich des familiären Sozialstatus in allen drei KiGGS-Untersuchungen. In der Welle 2-Studie werden beispielsweise für 91,5 % der Kinder aus Familien mit niedrigem Sozialstatus, bei 95,7 % bei mittlerem Sozialstatus und 98,3 % der Kinder aus Familien mit höherem Sozialstatus eine gute bis sehr gute allgemeine Gesundheit berichtet (Poethko-Müller et al., 2018). Darüber hinaus liegen in der KiGGS-Basisstudie auch bezüglich des Migrationshintergrundes bedeutsame Unterschiede vor: für ungefähr 90 % der Kinder aus Familien mit Migrationshintergrund und 96 % aus Familien ohne Migrationshintergrund wird eine (sehr) gute allgemeine Gesundheit berichtet (Lange et al., 2007).

Eine positive gesundheitsbezogene Lebensqualität (HRQOL) geben Eltern für mehr als 90 % ihrer Kinder an, und chronische Krankheiten liegen insgesamt bei 13,8 % der drei- bis sechsjährigen Kinder vor, wobei sich der Anteil der Mädchen (14,4 %) nur wenig von dem von Jungen (13,3 %) unterscheidet und keine Unterschiede zwischen den familiären sozioökonomischen Statusgruppen bestehen (Neuhauser, Poethko-Müller & KiGGS Study Group, 2014).

Für die beiden genannten Gesundheitsmaße liegen jedoch signifikante Unterschiede je nach Familienform vor (KiGGS Welle 1, Rattay et al. 2014), die der Abbildung 1.3 zu entnehmen sind.

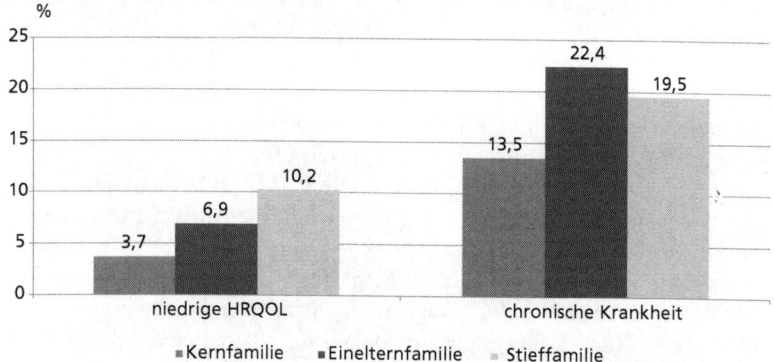

**Abb. 1.3:** Prävalenzzahlen einer niedrigen gesundheitsbezogenen Lebensqualität (HRQOL) und dem Vorhandensein einer chronischen Krankheit von drei- bis zehnjährigen Kindern in verschiedenen Familienformen (auf Grundlage von KIGGS Welle 1, Rattay et al., 2014, S. 864f.)

In Einelternfamilien (6,9 %) und vor allem in Stieffamilien (10,2 %) wird signifikant häufiger von einer niedrigen gesundheitsbezogenen Lebensqualität der Kinder berichtet – im Gegensatz zu 3,7 % in Kernfamilien. Auch eine chronische Erkrankung wird häufiger in Eineltern- (22,4 %) und Stieffamilien (19,5 %) als in Kernfamilien (13,5 %) gesehen. In Einelternfamilien sind besonders Jungen von einer chronischen Krankheit betroffen (26,1 %) (Rattay et al., 2014).

Die Autoren haben auch Ressourcen wie ein gutes familiäres Miteinander erfragt, das von der Mehrzahl der Eltern als gut und sehr gut eingeschätzt wird. Danach schätzen 96,4 % der Eltern von Kernfamilien das Miteinander als gut bis sehr gut ein. Im Vergleich dazu sind dies 92,3 % der Einelternfamilien und nur 88,9 % der Stieffamilien (Rattay et al., 2014).

## 1.6 Zusammenfassung und Diskussion

Auf internationaler und nationaler Ebene werden durch gesetzliche Rahmenbedingungen grundlegende Aspekte der Gesundheit wie das Recht auf Leben sowie dessen Schutz, das Recht auf ein Höchstmaß erreichbarer Gesundheit und der Zugang zum Gesundheits- und Versorgungssystem geregelt.

Zur Beantwortung der Frage, was unter Gesundheit zu verstehen ist, liegen Definitionen vor, die eine positive inhaltliche Beschreibung liefern. Es wird von dem physischen und psychischen Wohlbefinden unter Berücksichtigung des sozialen Umfeldes gesprochen. Wenn es Individuen gelingt, Anforderungen unter Heranziehung von Ressourcen zu bewältigen, gehen damit in der Regel ein höheres Wohlbefinden und eine Lebensfreude einher. Menschen stellen ihre Gesundheit tagtäglich aktiv her, wobei dieser Prozess durch die sozialen, kulturellen, wirtschaftlichen und Umweltbedingungen beeinflusst wird.

Es liegen zwischenzeitlich verschiedene Modelle und Theorien vor, die das Konstrukt Gesundheit in seiner vielfältigen Bedeutung und seinen Bezügen zu erklären versuchen. Wesentlich ist, dass Gesundheit als dynamischer Prozess und als Kontinuum verstanden wird. Die meisten der vorgestellten Erklärungsansätze beziehen sich auf das Stressmodell von Lazarus (1966, Lazarus & Folkman, 1984), in dem davon ausgegangen wird, dass Individuen Reize und Situationen subjektiv unterschiedlich wahrnehmen und einschätzen. Erst wenn ein Reiz oder eine Situation als herausfordernd, gefährdend angesehen wird, kann von Stressoren gesprochen werden, und es werden Strategien zur Bewältigung herangezogen. Ausgehend von Studien werden derweil zur Bewältigung des Alltags neben personalen (z. B. Coping) soziale und gesellschaftliche Ressourcen unterschieden. Abhängig von dem Ausmaß, in dem es einem Individuum gelingt, Anforderungen und Risiken unter Heranziehung von Ressourcen zu bewältigen, werden sich Menschen mehr oder weniger gesund einschätzen. Gelingt es Individuen, unter aversiven Lebensbedingungen gesund zu bleiben, wird von Resilienz gesprochen.

Positiv an diesen Erklärungsansätzen ist, dass Gesundheit als aktiver, dynamischer Prozess beschrieben wird und einzelne Risiken sowie Ressourcen genauer analysiert werden. Damit erhalten diese Erklärungsansätze einen hohen Anwendungsbezug; das bedeutet, es können Gesundheitsförderprogramme abgeleitet werden. Als kritisch ist zu sehen, dass die komplexen Wechselwirkungen von Einflussfaktoren noch nicht ausreichend geklärt sind. Bei dem Stress- und Resilienzmodell wird zudem der Blick zumeist auf das Individuum mit seinen Ressourcen und Bewältigungsfähigkeiten gesetzt, und es wird vernachlässigt, dass es Belastungsfaktoren gibt, die fast alle Menschen belasten oder auch erkranken lassen. Eine solche Fokussierung auf das Individuum birgt die Gefahr, Menschen, die bestimmte Anforderungen nicht bewältigen, zu stigmatisieren. Es kann bei Kindern, Jugendlichen und Erwachsenen heißen, dass sie sich nicht genügend angestrengt haben oder nicht genug Willenskraft zeigen und daher »selbst schuld sind«. Außerdem kann ein solch ein eingeengter Blick dazu führen, dass »ungesunde Verhältnisse« nicht verändert werden. In dem Capability-Ansatz wird explizit darauf eingegangen, indem beschrieben wird, dass individuelle Verwirklichungschancen von gesellschaftlich bedingten Chancen abhängen.

Dies wird auch durch genauere Betrachtung der Determinanten von Gesundheit verdeutlicht. Es handelt sich um Faktoren, die größtenteils beeinflussbar sind und sich bedeutsam auf die gesundheitliche Lage von Erwachsenen und deren Kindern auswirken. Das gilt vor allem für die soziale Lage von Menschen. Für alle beschriebenen Determinanten, wie soziale Ungleichheit, die Familienform und der Migrationshintergrund, ergeben sich bedeutsame Auswirkungen, auch Einschränkungen der Gesundheit.

Dies bildet sich ebenfalls bei der Gesundheit von Kindern ab. Insgesamt können Kinder im Vorschulalter als sehr gesunde Altersgruppe mit einer hohen gesundheitsbezogenen Lebensqualität beschrieben werden. Allerdings liegt ein sozialer Gradient bezüglich der allgemeinen Gesundheit vor, d.h. Kinder aus Familien mit niedrigem sozioökonomischen Status weisen eine eingeschränkte allgemeine Gesundheit auf im Vergleich zu anderen Familien. Zusätzlich wirkt sich die Familienform (Eineltern- und Stieffamilien) beeinträchtigend auf die gesundheitsbezogene Lebensqualität der Kinder aus und geht mit einer erhöhten Rate chronischer Erkrankungen in dieser Altersgruppe einher.

Wenngleich die Familienform oder der Migrationsstatus nicht direkt beeinflussbar sind, so sind es doch die Rahmenbedingungen, unter denen die Familien leben.

Somit ist Gesundheit auf individueller Ebene herzustellen, aber genauso wichtig ist die Schaffung der Lebens- und gesellschaftlichen, ökonomischen und ökologischen Rahmenbedingungen, unter denen das Leben stattfindet.

# 2 Gesundheitsförderung und Prävention

Im letzten Jahrhundert haben chronische und lebensstilbedingte Erkrankungen in der Bevölkerung zugenommen. Dies gilt, wenn auch im geringeren Umfang, für Kinder im Vorschulalter. Im Allgemeinen handelt es bei drei- bis sechsjährigen Kinder um eine vergleichsweise gesunde Bevölkerungsgruppe, und dennoch gewinnen die Gesundheitsförderung und Prävention an Bedeutung, weil Kinder in diesem Alter gesundheitsbezogene Verhaltensweisen lernen und einen Lebensstil aufbauen, der dauerhaft bestehen bleiben kann.

In diesem Kapitel erfolgt zunächst die Begriffsbestimmung und -abgrenzung von Prävention und Gesundheitsförderung. Danach werden internationale Bemühungen zur Gesundheitsförderung von der Weltgesundheitsorganisation beschrieben, bevor auf nationale Entwicklungen eingegangen wird: Zunächst wird das Präventionsgesetz, daran anschließend die Aktivitäten zur Gesundheitsförderung durch den Kooperationsverbund Gesundheitliche Chancengleichheit, die gesundheitsfördernden Aktivitäten auf Landes- sowie kommunaler Ebene (kommunale Präventionsketten) sowie die Gesundheitsziele für Kinder und der Stand ihrer Umsetzung präsentiert. Dieses Kapitel schließt mit einer zusammenfassenden Diskussion ab.

## 2.1 Begriffsbestimmung von Gesundheitsförderung und Prävention

Die gesundheitsbezogene Prävention und Gesundheitsförderung beschreiben zwei unterschiedliche gesellschaftliche Aufgabenstellungen und Umsetzungsstrategien, wobei beide die Verbesserung der Gesundheit anstreben. Mit Prävention ist die Reduktion bzw. Vermeidung von Belastungen und Vorbeugung von Krankheiten gemeint (vgl. Bundesministeriums für Gesundheit, BMG, 2015) und mit der Gesundheitsförderung die Erhöhung der Bewältigungsressourcen und das selbstbestimmte gesundheitsorientierte Handeln von Menschen. Wichtig ist, dass die beiden Ansätze ergänzend und sich nicht ausschließend betrachtet werden sollten.

Im Bereich der Prävention wird zwischen Primär-, Sekundär- und Tertiärprävention unterschieden (BMG, 2015). Bei der Primärprävention geht es um Sicherung der Gesundheit und Vermeidung von Krankheit. Sie setzt also ein, bevor Krankheiten auftreten, unter anderem durch Früherkennungs- beziehungsweise Vorsorgeuntersuchungen und durch die Meidung beziehungsweise Minimierung gesundheitsschädigender Faktoren.

Bei der Sekundärprävention wird angestrebt, sich entwickelnde Krankheiten in einem frühen Stadium durch eine zeitige Diagnostik und Behandlung abzuwenden oder zu minimieren.

Die Tertiärprävention zielt auf eine Wiederherstellung der Gesundheit nach einem Krankheitsereignis. Zum Beispiel durch rehabilitative Angebote sollen Folgeschäden verhindert werden.

Neben dieser Unterscheidung von Präventionsarten wird zwischen der universellen, selektiven und indizierten Prävention sowie zwischen der Verhaltens- und Verhältnisprävention unterschieden.

Mithilfe der universellen Prävention sollen alle Mitglieder der Gesellschaft (z. B. nationale Plakataktionen der Bundeszentrale für gesundheitliche Aufklärung, BZgA: »Mach‹s mit« zur Vorbeugung von AIDS oder »Kenn dein Limit« zum Thema Alkohol) oder einer Gruppe (z. B. Untersuchungen der Zahngesundheit von Kindern in einer Kita) erreicht werden. Bei der selektiven und indizierten Prävention werden gezielte Maßnahmen für ausgewählte (z. B. Bindungsförderung bei Alleinerziehenden) bzw. betroffene Gruppen (z. B. Training zur Impulskontrolle bei impulsiven/aggressiven Kindern) angeboten.

Die Verhaltensprävention setzt bei dem Individuum an, es geht um die Förderung von Ressourcen und Kompetenzen (z. B. Life Skills, s. Kap. 2.2.) und letztlich um eine Änderung des individuellen (Risiko-)Verhaltens hin zu einem gesundheitsförderlichen Verhalten.

Die Verhältnisprävention zielt auf eine Änderung der Rahmen- und Umweltbedingungen, die ein gesundes Leben ermöglichen beziehungsweise fördern. Dies kann in Lebenswelten (Settings) wie der Kita, Schule, bei der Arbeit und in der Freizeit, auf der kommunalen oder gesellschaftlichen Ebene erfolgen. Es sollen somit auf verschiedenen Ebenen Lebensbedingungen geschaffen werden, die allen Menschen ein gesundes Leben ermöglichen. Während die Strategien der Verhaltensprävention bedeutsam und unverzichtbar sind, zeigen Maßnahmen der Verhältnisprävention zum Teil weiterreichende Erfolge (z. B. Abnahme der Zahl der Rauchenden seit Einführung der Nichtraucherschutzgesetze, BZgA, 2017). Daher wird in den letzten Jahrzehnten besonders die Bedeutung der Gesundheitsförderung im Setting hervorgehoben.

## 2.2 Internationale Entwicklungen – Gesundheitsförderung aus Sicht der Weltgesundheitsorganisation

Eine der grundlegenden Aufgaben eines Staates ist es, die Gesundheit der eigenen Bevölkerung zu fördern. Das bedeutet, es müssen Rahmenbedingungen (z. B. saubere Luft, sauberes Wasser, gesunde Nahrungsmittel, etc.) für ein gesundes Leben ermöglicht und Menschen in ihrer Entscheidungs- und Handlungskompetenz für einen gesunden Lebensstil gestärkt werden.

Das Konzept der Weltgesundheitsorganisation (WHO) zur Gesundheitsförderung wurde in den 1980er Jahren entwickelt und mündete in die 1986 verabschiedete Ottawa-Charta zur Gesundheitsförderung. Nach Kaba-Schönstein und Trojan (2018) umfasst die Ottawa-Charta nicht nur die bis dann stattgefundene Konzeptentwicklung, sondern wird als Schlüsseldokument der weiteren konzeptionellen Entwicklung angesehen. In den nachfolgenden Konferenzen sind diese Handlungsfelder spezifiziert (Adelaide 1988, Sundsvall 1991) und die Ziele der Gesundheitsförderung hin zu einer globalen und nachhaltigen Perspektive (Bangkok, 2005, Shanghai 2016) erweitert worden.

Nach der Ottawa-Charta (WHO, 1986), dem Aktionsprogramm zur Verwirklichung der Ziele »Gesundheit für Alle«, ist Gesundheitsförderung bestrebt, »allen Menschen ein höheres Maß an Selbstbestimmung über ihre Gesundheit zu ermöglichen und sie dadurch zur Stärkung ihrer Gesundheit zu befähigen« (WHO, 1986). Und in der Jakarta-Erklärung wird ergänzt:

> »Gesundheit ist ein grundlegendes Menschenrecht und für unsere soziale und ökonomische Entwicklung unabdingbar. [...] Durch Investitionen und Maßnahmen kann Gesundheitsförderung einen entscheidenden Einfluss auf die Determinanten für Gesundheit ausüben. Ziel ist es, den größtmöglichen Gesundheitsgewinn für die Bevölkerung zu erreichen, maßgeblich zur Verringerung der bestehenden gesundheitlichen Ungleichheiten beizutragen, die Menschenrechte zu stärken und soziale Ressourcen aufzubauen« (WHO, 1997).

In diesem Sinne wird Gesundheit als ein wesentlicher Bestandteil des alltäglichen Lebens verstanden und nicht als ein Lebensziel, das zu einem späteren Zeitpunkt erreicht wird. Gesundheitsförderung zielt nach der Ottawa-Charta (WHO, 1986) auf die Veränderung und Förderung individuellen Verhaltens und auf die gesundheitsfördernde Veränderung der Lebensverhältnisse ab. Gesündere Lebensweisen werden unterstützt, und das umfassende Wohlbefinden soll durch angemessene gesellschaftliche Rahmenbedingungen gefördert werden. Somit liegt die Verantwortung für Gesundheitsförderung nicht nur in dem Gesundheitssektor, sondern betrifft alle Politikbereiche. In der Ottawa-Charta (WHO, 1986) werden drei Handlungsstrategien und fünf Handlungsfelder der Gesundheitsförderung beschrieben. Bei den drei Handlungsstrategien handelt es sich um die Vertretung von Interessen beziehungsweise die Anwaltschaft für Gesundheit (Advocate for Health), das Befähigen und Ermöglichen (Enable Change) sowie die Vermittlung und Vernetzung (Mediate through Partnership).

Bei der Interessenvertretung im Sinne der Gesundheit gilt es, Einfluss auf politische Prozesse, biologische und soziale Faktoren auszuüben. Eine Reduktion von Unterschieden in dem Gesundheitszustand von Menschen und der Verwirklichung ihres Gesundheitspotentials sollen durch eine Kompetenzförderung ermöglicht werden. Dieses wird gefördert durch Vermittlung und Vernetzung von den Akteuren inner- und außerhalb des Gesundheitswesens.

Es ergeben sich fünf Handlungsfelder der Gesundheitsförderung auf verschiedenen Ebenen, die in der Abbildung 2.1 dargestellt sind:

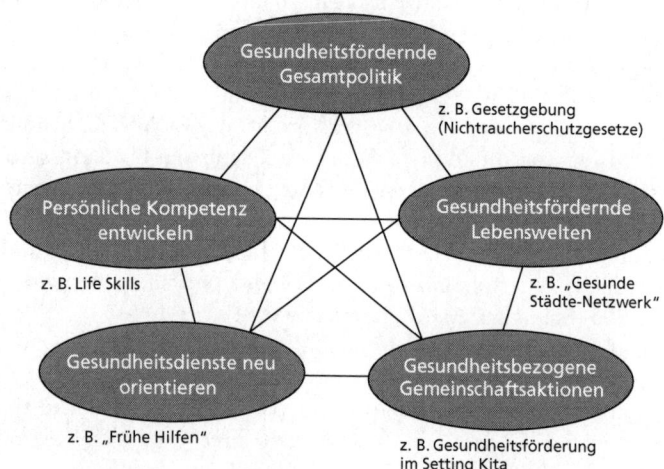

**Abb. 2.1:** Fünf Handlungsfelder der Gesundheitsförderung nach der Ottawa-Charta (auf Grundlage von WHO, 1986)

Bei dem ersten Handlungsfeld, eine gesundheitsfördernde Gesamtpolitik zu etablieren, wird gefordert, Gesundheit auf allen Ebenen und in allen Politikbereichen zu integrieren. Damit wird Gesundheitsförderung über die medizinische und soziale Versorgung hinaus gesehen.

Das zweite Handlungsziel thematisiert gesundheitsfördernde physische und soziale Lebenswelten, d. h. es geht um die Lebens-, Arbeits- und Freizeitbedingungen von Menschen. Ziel ist eine Schaffung von sicheren, stimulierenden und befriedigenden Arbeits- und Lebensbedingungen. Bei der Konferenz in Sundsvall, Schweden (1991), wurde dieses Handlungsfeld weiter spezifiziert, und es wurde an Gemeinden, Städte, Länder und Regierungen appelliert, unterstützende Umwelten zu schaffen, in denen eine gesundheitliche Chancenungleichheit und Armut abgebaut und Zugang zur medizinischen Versorgung gesichert werden.

Da Gesundheitsförderung durch Aktivitäten von Menschen in ihrer Gemeinde (drittes Handlungsziel) umgesetzt wird, sollen Nachbarschaften und Gemeinden finanziell und durch den Zugang zu Informationen für die Schaffung von gesundheitsorientierten Lernmöglichkeiten unterstützt werden.

Bei dem vierten Handlungsfeld geht es darum, Gesundheitsdienste neu zu orientieren beziehungsweise im Gesundheitsversorgungssystem stärker als bisher die Förderung von Gesundheit zu integrieren. Gesundheitsdienste werden aufgefordert, Wünsche und Bedürfnisse von verschiedenen sozialen und kulturellen Gruppen nach einem gesünderen Leben vermehrt zu beachten, Gesundheitsforschung und Aus- bzw. Fortbildungsangebote zu unterstützen sowie die Zusammenarbeit zwischen dem Gesundheitssektor und anderen sozialen, politischen, ökonomischen Akteuren zu koordinieren.

Das fünfte Handlungsfeld adressiert die persönliche Kompetenzentwicklung, vor allem der Lebenskompetenzen (Life Skills, s. auch Exkurs). Durch gesundheitsbezogene Informationsvermittlung und lebenslanges Lernen, durch die Förderung sozialer Kompetenzen und lebenspraktischer Fertigkeiten sollen Menschen unterstützt werden, mehr Einfluss auf ihre eigene Gesundheit auszuüben, auch durch Veränderungen ihres Lebensalltags und -stils im Sinne der Gesundheit. Zusätzlich sollen sie gestärkt werden, mit eventuell auftretenden chronischen Erkrankungen und Behinderungen umgehen zu können.

Zur Gewichtung der fünf Handlungsziele fasste Margaret Chan, Generaldirektorin der WHO, in ihrer Rede in Shanghai (2016) zusammen, dass die Veränderung von ungesunden Lebenswelten mehr dazu beiträgt, Gesundheit zu fördern als einzelne Kampagnen mit Gesundheitsbotschaften. Ein Ziel der WHO ist zum Beispiel die Beendigung von Adipositas bei Kindern. Hier wirbt Chan für eine Besteuerung von zuckerhaltigen Getränken und betont: »The oft-heard argument that lifestyle behaviours are a matter of personal choice does not apply to children. Obesity in children is society's fault, not theirs« (Chan, 2016). Daher sind für eine nachhaltige Entwicklung angesichts der heutigen komplexen gesundheitlichen Herausforderungen vermehrt nationale und internationale multisektoriale Kooperationen notwendig.

> **Exkurs: Definition und Förderung von kindlichen Lebenskompetenzen**
>
> Der Begriff der Lebenskompetenzen (Life Skills) beschreibt die psychosozialen Kompetenzen von Individuen, um erfolgreich mit Ansprüchen und Herausforderungen des Alltags umzugehen. Es ist die Fähigkeit einer Person, das eigene psychische Wohlbefinden aufrechtzuerhalten und dieses adaptive und positive Verhalten in der Interaktion mit anderen Menschen, der eigenen Kultur und der Umwelt zu zeigen (WHO, 1994).
>
> Es werden zehn bedeutsame Kernkompetenzen (Core Life Skills) definiert. Danach ist lebenskompetent, wer
>
> 1. sich selbst kennt und mag (z. B. Selbstwahrnehmung und Akzeptanz von Stärken und Schwächen, Wünschen und Abneigungen),
> 2. empathisch ist (z. B. Einnahme eines Perspektivenwechsels, der hilft, andere zu verstehen und zu akzeptieren),
> 3. kreativ denkt, dies bei der Entscheidungsfindung und konstruktiven Problemlösung nutzen kann,

4. kritisch denkt (z. B. Analysieren von Informationen und Erfahrungen, Erkennen von Einflussfaktoren auf Einstellungen),
5. durchdachte Entscheidungen trifft (u. a. Einbeziehen verschiedener Handlungsoptionen und deren Folgen für das Treffen konstruktiver, gesundheitsförderlicher Entscheidungen),
6. erfolgreich Probleme löst (Fertigkeiten, situationsgerechte Lösungen für alltägliche Probleme zu finden, u. a.),
7. effektiv kommunizieren (u. a. an sozialen und kulturellen Kontext angepasste verbale und nonverbale Kommunikation) und
8. Beziehungen führen kann (z. B. Freundschaften aufbauen und fortführen),
9. Gefühle (z. B. Gefühle erkennen und Fähigkeit zur Selbstregulation) und
10. Stress bewältigen kann (z. B. Erkennen von Stress im Alltag, dazu Lösungs- und Bewältigungsstrategien zu entwickeln und situationsadäquat einzusetzen) (Bühler & Heppekausen, 2005, WHO, 1994).

Das Konzept der Life Skills wurde seit Ende der 1970er Jahre in den USA entwickelt und gewinnt seit den 1990er Jahren in Deutschland zunehmend als Strategie der Gesundheitsförderung an Bedeutung. Mittlerweile wurden für das Kindes- und Jugendalter für verschiedene Altersgruppen und Zielsetzungen Programme entwickelt, eingesetzt und evaluiert (Bühler & Heppekausen, 2005, Fröhlich-Gildhoff & Rönnau-Böse, 2013, Jerusalem & Meixner, 2009). Hallmann (2015) fordert, dass zukünftig Lebenskompetenzprogramme für weitere Anwendungsbereiche (z. B. im Jugend- und Sportbereich) sowie unter stärkerer Beachtung von geschlechtsspezifischen und soziokulturellen Aspekten sowie gemeindeorientierten Maßnahmen entwickelt werden sollten. Gleichzeitig bescheinigt Hallman (2015), dass Lebenskompetenzprogramme »derzeit als die effektivsten verhaltensbezogenen Programme« gelten (S. 622). Ein enger Zusammenhang zwischen dem Lebenskompetenzansatz und dem Resilienzkonzept wird von Bühler und Heppekausen (2005) insofern hergestellt, indem sie die Lebenskompetenzförderung als eine »potentielle Resilienzförderung« beschreiben (S. 20). Auf dieser Basis haben Fröhlich-Gildhoff und Rönnau-Böse (2013) ihr Programm zur Förderung der Lebenskompetenz und Resilienz in Kindertageseinrichtung und Grundschule entwickelt (s. auch Kap. 6).

## 2.3 Nationale Entwicklungen

Konzepte wie die Ottawa-Charta (WHO, 1986) und Empfehlungen der Weltgesundheitsorganisation (WHO) sowie deren Programme (z. B. das aktuelle gesundheitspolitische Rahmenprogramm »Gesundheit 2020«) haben seit Mitte der 1980er-Jahre einen bedeutsamen Einfluss auf die Entwicklung der Gesundheitsförderung in der Bundesrepublik Deutschland genommen.

Mittlerweile sind Konzepte und Ansätze zur Gesundheitsförderung und Prävention bezogen auf Lebenslagen, Lebensphasen und Lebenswelten von Menschen, Handlungsbereiche und für Querschnittsthemen sowie Qualitätsaspekte von verschiedenen Akteuren entwickelt worden (Kaba-Schönstein & Trojan, 2018). Insgesamt wirkt das Feld der Prävention und Gesundheitsförderung mit den Aufgaben, unterschiedlichen Zuständigkeiten (z. B. Bund/Länder) und Finanzierungen (z. B. Krankenkassen, Stiftungen, u. a.) unübersichtlich.

In den föderalen Strukturen Deutschlands liegt die Gesundheits- und Gesundheitsförderungspolitik vorrangig in der Länderverantwortung (z. B. bei Gesundheits- oder Sozialministerien, u. a.). Auf Länderebene bestehen neben den zuständigen Behörden nichtstaatliche Landeszentralen und Landesvereinigungen für Gesundheit und Gesundheitsförderung, die Maßnahmen anregen und umsetzen und mit nationalen, regionalen und lokalen Kooperationsverbünden zusammenarbeiten.

Auf Bundesebene wird die Gesundheitsförderung vorwiegend durch die Sozialgesetzgebung beeinflusst. So liegen verschiedene Rechtsgrundlagen wie zum Beispiel die zur gesetzlichen Krankenversicherung (GKV, SGB V), zur sozialen Pflegeversicherung (SPV, SGB XI), zur gesetzlichen Unfallversicherung (GUV, SGB VII), zur gesetzlichen Rentenversicherung (GRV, SGB VI), zum Arbeitsschutz (ArbSchG), zum betrieblichem Eingliederungsmanagement (§ 84 (2), SGB IX, Rehabilitation und Teilhabe behinderter Menschen, u. a.) und seit wenigen Jahren das Präventionsgesetz (PrävG) vor.

Weitere Einflussmöglichkeiten hat der Bund durch Förderung von Forschung und Entwicklung (z. B. Förderinitiative »Gesund – ein Leben lang« des Bundesministeriums für Bildung und Forschung, BMBF) sowie die Beauftragung von Gutachten und Berichten. In diesem Rahmen ist die Arbeit des Robert Koch-Instituts (RKI) als nationales Public-Health-Institut zu nennen, das zur Erkennung, Verhütung und Bekämpfung von Krankheiten und für die Gesundheitsberichterstattung (z. B. Kinder- und Jugendgesundheitsstudie, KiGGS) zuständig ist. Als weitere Behörde im Geschäftsbereich des Bundesministeriums für Gesundheit (BMG) übernimmt die Bundeszentrale für gesundheitliche Aufklärung (BZgA) Aufgaben der Prävention und Gesundheitsförderung auf Bundesebene. Es werden Konzepte, Strategien und Maßnahmen gemeinsam mit Kooperationspartnern entwickelt und umgesetzt. Zum Beispiel wird seit Anfang der 2000er Jahre die gesundheitliche Chancengleichheit, die Gesundheitsförderung bei Menschen in sozial benachteiligten oder schwierigen Lagen in dem Kooperationsverbund der BZgA gefördert. In den letzten Jahren hat die Gesundheitsförderung für alle Lebensphasen, auch bei Übergängen im Lebensverlauf (Transition zum Beispiel von der Kita zur Schule), an Bedeutung gewonnen und führte zu der Entwicklung von Präventionsketten beziehungsweise integrierten kommunalen Gesundheitsstrategien (»Gesundheit für alle«).

Prävention und Gesundheitsförderung wird des Weiteren auf nationaler und Länderebene durch die Zusammenarbeit von Kooperationsverbünden und Stiftungen vorangetrieben. In der Kooperation von Bund, Ländern, Kranken- und

Rentenversicherungen und weiteren Akteuren im Gesundheitswesen sind nationale Gesundheitsziele als weiteres Steuerungsinstrument im Gesundheitswesen erarbeitet und abgestimmt worden (z. B. Gesund aufwachsen: Lebenskompetenz, Bewegung, Ernährung, Bundesministerium für Gesundheit, BMG, 2010). Durch die Zusammenarbeit mit Stiftungen können Studien, Interventionsprogramme und Modellprojekte finanziert werden (z. B. Stiftung Kindergesundheit).

### 2.3.1 Das Präventionsgesetz

Nach jahrelangen Entwicklungs- und Veränderungsprozessen trat am 25. Juli 2015 das Gesetz zur Stärkung der Gesundheitsförderung und der Prävention (Präventionsgesetz – PrävG) in Kraft. Hierin wird die Zusammenarbeit der Akteure, wie Sozialversicherungsträger, Länder und Kommunen, für die gemeinsame Umsetzung von Maßnahmen zur Präventions- und Gesundheitsförderung gestärkt, denn diese sollen dort stattfinden, wo »Menschen leben, lernen und arbeiten« (z. B. in der Kita) (PrävG, 2015).

In dem Präventionsgesetz wird zwischen Primärprävention und Gesundheitsförderung (s. Kap. 2.1) und zwischen drei Leistungsarten unterschieden: zum einen Leistungen, die sich auf die individuelle Verhaltensprävention beziehen, zweitens Leistungen zur Gesundheitsförderung und Prävention in Lebenswelten (Settingansatz) und schließlich drittens Leistungen der betrieblichen Gesundheitsförderung (Gesundheitsförderung und Betrieb) (§ 20 Abs. 4 SGB V). Diese Leistungen sollen eine sozialbedingte und geschlechtsbezogene Ungleichheit von Gesundheitschancen mindern.

Der Spitzenverband der gesetzlichen Krankenkassen (GKV-Spitzenverband) soll acht Gesundheitsziele berücksichtigen: beispielsweise das Auftreten von Krankheiten und psychischen Störungen soll verhindert, früh erkannt und behandelt und die Lebensqualität der Betroffenen erhöht werden. Ferner sollen das gesunde Aufwachsen (Lebenskompetenz, gesunde Ernährung, Bewegung) und Älterwerden sowie die gesundheitliche Kompetenz von Patienten gestärkt werden (§20 Abs. 3). In Paragraph 20a wird die Gesundheitsförderung und Prävention in der Lebenswelt (z. B. Kindertagesstätten oder andere Einrichtungen der Kinder- und Jugendhilfe) insbesondere durch den »Aufbau und die Stärkung gesundheitsförderlicher Strukturen« beschrieben.

Für einen differenzierten Überblick wird auf die einzelnen Paragraphen des Präventionsgesetzes oder die Beiträge von Gerlinger (2016) sowie Geene und Reese (2016) verwiesen.

Im Folgenden wird noch auf Maßnahmen im Kinder- und Jugendbereich eingegangen: Kinder und Jugendliche haben bis zum 18. Lebensjahr einen Anspruch auf Früherkennungsuntersuchungen, mit deren Hilfe Krankheiten erkannt werden, die ihre »körperliche, geistige oder psycho-soziale Entwicklung in nicht geringfügigem Ausmaß gefährden« (§26 Abs. 1). In anderen Worten: Neben der physischen, kognitiven, sozial-emotionalen Gesundheit werden vor allem Risiken, die im Zusammenhang mit der »Neuen Morbidität« (Hölling, 2013) gesehen werden, adressiert. Hier handelt es sich um Störungen des Verhaltens und der Emotionen, der funktionellen Gesundheit (z. B. Sprache, Motorik, kognitive Leistungsfähigkeit), Adipositas und Essstörungen sowie Substanzmittelgebrauch und Sucht.

In Paragraph 26 (Abs. 1) wird festgehalten, dass gesundheitliche Risiken erfasst und bewertet und der Impfstatus der Kinder und Jugendlichen geprüft werden sollen. Kindliche (d. h. auch familiäre und sozialräumliche, u. a.) Belastungs- und Risikolagen sollen aktiv (z. B. unausgewogene Ernährung bei Adipositas) einbezogen und bei der Einschätzung der gesundheitlichen Lage von Kindern und Jugendlichen beachtet werden. Mediziner*innen vermitteln diese Befunde dann in einer präventionsorientierten Beratung mit Information zu altersbedingten und individuellen Gesundheitsrisiken, kindlichen Gesundheits- und Entwicklungsfördermöglichkeiten und Hinweisen zu regionalen Unterstützungsangeboten (z. B. Frühe Hilfen).

Im Weiteren wird im Gesetz gegebenenfalls eine Präventionsempfehlung (in Form einer ärztlichen Bescheinigung) für Eltern und Kinder für eine verhaltenspräventive Maßnahme (§20 Abs. 5) gegeben. Angesprochen werden können Kinder, Jugendliche, Eltern oder andere Sorgeberechtigte. Besonders bei Kindern im Säuglings- und Kleinkindalter sollen Eltern oder andere Sorgeberechtigte zur Erhöhung ihrer gesundheitsbezogenen Elternkompetenz angesprochen werden (Geene & Reese, 2015). Schließlich wird im Präventionsgesetz festgehalten, dass im Rahmen der Früherkennungsuntersuchungen auch solche zur Prüfung der Mundgesundheit zu fassen sind, die bis zum vollendeten sechsten Lebensjahr durchgeführt werden.

Nach Gerlinger (2016) hat sich in den letzten Jahrzehnten in der Gesellschaft und Politik das Bewusstsein für eine wirksame Prävention und Gesundheitsförderung erhöht, und das Präventionsgesetz kann als Resultat dieses Prozesses angesehen werden. Mit dem Präventionsgesetz werden zudem »institutionelle Strukturen für eine bessere Zielorientierung und Handlungskoordination« geschaffen (Gerlinger, 2016). Neben den Säulen der Kuration, Rehabilitation und Pflege wird die Verabschiedung eines eigenständigen Präventionsgesetzes positiv bewertet (vgl. auch Geene & Reese, 2016).

Bemängelt wird, dass sich das Gesetz hauptsächlich auf Leistungen der Krankenkassen bezieht und andere Akteure wie der Bund, Länder und Sozialversicherungsträger nicht in die Finanzierung eingebunden werden. Somit wird die in der Ottawa-Charta (1986) geforderte gesamtgesellschaftliche Aufgabe der Gesundheitsförderung mit dem Gesetz (der »kleinen Lösung«) nach Gerlinger (2016) nicht realisiert. Auch die bisherige Umsetzung des Gesetzes verlaufe nicht konfliktfrei, sie sei durch eine Dominanz der Krankenkassen sowie verschiedene Interessen der beteiligten Akteure gekennzeichnet. Schließlich wird im Gesetz die Verhaltensprävention genannt, aber Gesundheitsförderung im Setting ist unbefriedigend beschrieben: Indem das Gesetz »Lebenswelten eher als Räume zu verstehen scheint, in denen Präventionsbotschaften vermittelt werden (›Prävention und Gesundheitsförderung in Lebenswelten‹ – § 20a Abs. 1 SGB V), denn als Räume, die selbst der Veränderung bedürfen« (Gerlinger, 2016, S. 806).

## 2.3.2 Kooperationsverbund Gesundheitliche Chancengleichheit

Von der Bundeszentrale für gesundheitliche Aufklärung (BZgA, 2007, 2010) wurde im Jahr 2001 der Kooperationsverbund »Gesundheitsförderung bei sozial Benachteiligten« gegründet. In Zusammenarbeit mit 66 Partnerorganisationen wie Spitzenverbänden der Krankenkassen, Wohlfahrtsverbänden, Landesvereinigungen für Gesundheit, dem Deutschen Städtetag, Verbänden der Ärzteschaft (u. a.) werden Projekte zur Förderung der Gesundheitlichen Chancengleichheit unterstützt. Arbeitsfelder des Kooperationsverbundes sind die Bereitstellung einer Internet-Plattform zur Information der Öffentlichkeit und die einer Online-Datenbank, in der Praxisprojekte gesammelt werden, um so Transparenz über die Praxis zu verschaffen, die Einrichtung von Regionalen Knoten in den Bundesländern und die Förderung der Qualität durch die Entwicklung von Good Practice Kriterien für Projekte (BZgA 2011, 2017).

In der Projektdatenbank sind mittlerweile 3059 Gesundheitsförderprojekte in Deutschland enthalten (Stand: Januar 2019). Es können eine themengebundene Prävention und Interventionen (z. B. AIDS-Beratung, Bewegungsförderung, Adipositasprävention), Prävention und Beratung für bestimmte Zielgruppen (z. B. Gewaltprävention für Jungen und Männer, Fahrradfahren für Migrantinnen, Beratung für Folteropfer), Maßnahmen im Bereich Arbeit und Teilhabe (z. B. Beschäftigungsprojekte, Arbeitstraining für psychisch Kranke), Maßnahmen zum Leben und Wohnen (z. B. Mehrgenerationenhaus, ambulant betreutes Wohnen für Menschen mit Sucht) und Sozialraumprojekte für verschiedene Altersgruppen (z. B. Freizeitmaßnahmen für sozial benachteiligte Jugendliche, u. a.) unterschieden werden.

Von den Projekten erfüllen 122 die 12 Kriterien guter Praxis, die von der BZgA erarbeitet wurden (2010, 2017) und in der folgenden Abbildung aufgelistet sind.

Diese 12 Kriterien legen eine Basis guter Praxis mit der Festlegung einer Konzeption und des eigenen professionellen Selbstverständnisses, der Adressierung von bestimmten Zielgruppen und der Einbettung in definierte Settings (z. B. Kita). Es findet ferner durch die explizite niedrigschwellige Arbeitsweise, einen hohen Grad an Partizipation und dem Empowerment eine klare Zielgruppenorientierung statt. Durch die Umsetzung von Kriterien wie eine innovative und nachhaltige Einbettung des Programms in das Setting und den Sozialraum, auch unter Einbeziehung von Multiplikator*innen, sowie mit der Vernetzung mit anderen Akteuren soll zur Qualitätsentwicklung beigetragen werden. Dazu gehören auch das Durchführen eines Qualitätsmanagement, eine Dokumentation und Evaluation sowie die Berechnung von Kosten-Nutzen-Relationen. Für jedes dieser Kriterien liegt ein umfangreicher Katalog mit Definitionen und Umsetzungsstufen (z. B. sechs Stufen der Partizipation) vor. Diese Operationalisierungshilfen können Praktiker*innen sensibilisieren sowie bei der praktischen Umsetzung und der Reflexion unterstützen. Zudem wird deutlich, dass es sich bei der Umsetzung der Kriterien um einen fortlaufenden Prozess handelt (BZgA, 2017). Auf der Basis dieser Handlungsempfehlungen wurde eine Weiterentwicklung zum kommunalen Partnerprozess und dem Aufbau von Präventionsketten in Gang gesetzt.

| Konzeption, Selbstverständnis | Zielgruppe | Settingansatz | Multiplikatorenkonzept |
|---|---|---|---|
| **Basis guter Praxis bei sozial Benachteiligten** | | | |
| Innovation und Nachhaltigkeit | niedrigschwellige Arbeitsweise | Partizipation | Empowerment |
| **Zielgruppenorientierung** | | | |
| integriertes Handlungskonzept/ Vernetzung | Qualitätsmanagement/-entwicklung | Dokumentation und Evaluation | Kosten-Nutzen-Relation |
| **Nachhaltigkeit und Qualitätsentwicklung** | | | |

**Abb. 2.2:** Die 12 Kriterien guter Praxis (auf Grundlage von BZgA, 2011, 2017)

### 2.3.3 Gesundheitsförderung auf Landesebene

In der Mehrzahl der Bundesländer bestehen Organisationen, die sich für die Gesundheit und die Gesundheitsförderung engagieren. Dabei unterscheidet sich die Art der Organisation je nach Bundesland, so bestehen Landesvereinigungen für Gesundheitsförderung in verschiedenen Bundesländern, Zentren (z. B. Kompetenzzentrum in Niedersachsen oder Präventionszentrum in Bayern) oder Arbeitsgemeinschaften (z. B. Hamburgische Arbeitsgemeinschaft für Gesundheitsförderung, u. a.). Die Interessen dieser Landesvereinigungen und -zentren werden auf Bundesebene von der Bundesvereinigung für Prävention und Gesundheitsförderung e. V. vertreten. Je nach Bundesland werden Schwerpunkte bei der Gesundheitsförderung – auch für bestimmte Zielgruppen (z. B. Familien, ältere Menschen, Menschen mit Migrationshintergrund, u. a.) – gesetzt. In der Regel wird das Thema der Gesundheitsförderung in Kitas durch die Initiierung von Gesundheitsförderangeboten in dem Setting, durch Begleitung und Unterstützung der Angebote, thematische Fort- und Weiterbildungsangebote sowie Fachtage, Vernetzung der Akteure in der Stadt bzw. Region und durch das Angebot von Netzwerktreffen sowie Dokumentation (z. T. Evaluation) der Aktivitäten umgesetzt.

Im letzten Jahrzehnt wurde Kritik an der Implementation von zeitlich begrenzten Einzelprojekten in Kitas geäußert, die nach einer Modellphase und -förderung nicht weitergeführt werden (»Projekttitis«). Daher bestehen mittlerweile Bestrebungen, Akteure im Gesundheits- und Bildungsbereich sowie andere Partner (z. B. Sportverein, u. a.) zu vernetzen und Gesundheitsförderung nachhaltig in der Kita mit einer Einbettung im Sozialraum zu implementieren, zum Beispiel auch durch kommunale Präventionsketten.

### 2.3.4 Kommunale Präventionsketten

Ausgehend von dem »Kommunalen Partnerprozess gesund Aufwachsen für alle« sind seit 2011 integrierte kommunale Gesundheitsstrategien und Präventionsketten zur Unterstützung von Menschen in schwierigen sozialen Lebenslagen und zum Aufwachsen in Wohlergehen entwickelt und aufgebaut worden. Ab dem Herbst 2015 wurde eine Ausweitung auf alle Lebensphasen unter dem Namen »Gesundheit für alle« vereinbart (Kaba-Schönstein & Trojan, 2018).

In Kommunen und Städten werden in der Regel eine Palette von Maßnahmen zur Förderung der Gesundheit und Prävention für Menschen verschiedenen Alters, in unterschiedlichen Lebenslagen und für verschiedene Settings angeboten. Diese Angebote und die Zuständigkeiten sind mehr oder minder aufeinander abgestimmt und vernetzt. Ziel von Präventionsketten ist es, eine für die Kommune oder Stadt integrierte und umfängliche Strategie zu entwickeln und zu fördern, in der die vielfältigen, bereits bestehenden Unterstützungsangebote dauerhaft miteinander verbunden, aufeinander abgestimmt und ergänzt werden. Eine ressort- und handlungsfeldübergreifende Vernetzung, Planung und Zusammenarbeit werden angestrebt. Damit sollen die kommunalen Ressourcen für alle Bevölkerungsgruppen zugänglich gemacht werden, »um so unterschiedlichen Bedarfen gerecht zu werden, individuelle, familiäre und soziale Eigenressourcen zu stärken sowie Chancengleichheit zu fördern« (Richter-Kornweitz, Holz & Kilian, 2017). Dies gilt gerade für Übergänge (z. B. Übergang von der Krippe in die Kita oder Kita in die Schule), bei denen Familien eine Begleitung und Unterstützung brauchen.

Als charakteristische Merkmale einer Präventionskette werden im Werkbuch Präventionskette (Niedersächsische Koordinierungsstelle Gesundheitliche Chancengleichheit – LVG & AFS & BZgA, 2013) folgende genannt: danach ist eine Präventionskette

- biografisch angelegt (lückenlose Begleitung/Angebote von der Schwangerschaft bis zum Berufseintritt)
- kindzentriert angelegt (orientiert an den Entwicklungs- und Bildungsbedürfnissen von Mädchen und Jungen)
- baut auf Netzwerken auf (interdisziplinäre und fachbereichsübergreifende Vernetzung)
- praxisbezogen (adressiert Handlungsfelder der jeweiligen Altersphasen unter Einbeziehung der Familie, Kindertagesbetreuung, Schule, Ausbildung, etc.)

- lebensweltorientiert und partizipativ arbeitend (niedrigschwellig, wohnortnah und bei aktiver, partizipativer Einbeziehung von Mädchen, Jungen und ihren Eltern).

Zum Beispiel umfassen Präventionsketten über die Zeitspanne von der Schwangerschaft bis zur Berufsausbildung die jeweiligen Akteure und Institutionen, deren Aufgabe es ist, vernetzt und lebensphasenorientiert zusammenzuarbeiten. Zu den Akteuren zählen Fachkräfte aus dem medizinischen, pflegerischen und sozialen Bereich, die sich rund um die Schwangerschaft und Geburt um die Mutter und die Familie kümmern, anschließend pädagogische und weitere Fachkräfte in Kinderkrippen, Kitas, der Grundschule und weiterführenden Schulen sowie solche der Berufsausbildung (Niedersächsische Koordinierungsstelle Gesundheitliche Chancengleichheit – LVG & AFS & BZgA, 2013). Von diesen Fachkräften sollen Übergänge zwischen den einzelnen Lebensabschnitten vorbereitet, begleitet und gesichert werden. All dies erfolgt durch Tätigkeiten wie Betreuung, Beratung, Unterstützung, Förderung und Bildung sowie der Partizipation und des Schutzes von Mädchen, Jungen und deren Familien. Stange (2013) beschreibt Bildungs- und Erziehungspartnerschaften als Teil von Präventionsketten und fordert, dass Elternbegleitung als ein gezielter Ansatz verstanden werden sollte, um Familien im Zusammenhang mit kommunaler Prävention frühzeitig und stetig einzubeziehen. Zusätzlich sollte die Elternbegleitung als ein integrierter Baustein in der Präventionskette ein qualifizierter Bestandteil der Jugendhilfeplanung werden. Nach Stange (2012) werden »effektive Gesamtwirkungen« nur »über systematische, dauerhafte, umfassende und permanente Präventions- und Bildungsketten« erreicht (S. 30).

In dem Werkbuch Präventionsketten wird beschrieben, wie diese in einer Kommune etabliert werden können. Es werden Bestandteile und Phasen dieses Konzepts in Anlehnung an den Public Health Action Cycle (PHAC, Aktionszyklus, Rosenbrock, 2004) beschrieben, wobei der jeweilige Aufbau einer Präventionskette für jede Kommune individuell gelagert ist. Die Schritte des PHAC bzw. die Weiterentwicklung von Richter-Kornweitz und Altgeld (2015) können eine Orientierung für Kommunen bieten: in einem ersten Schritt wird eine Bestandsaufnahme und Problemanalyse durchgeführt. Dieser folgen die Festlegungen von Zielen und eine Maßnahmenplanung, bevor eine Entscheidung über die Umsetzung von Maßnahmen getroffen und sie in der Folge implementiert bzw. umgesetzt und abschließend evaluiert bzw. bewertet werden (s. auch Kap. 3.5). Damit lassen sich die Qualitätsdimensionen wie die Planungs- und Konzeptqualität, Struktur- sowie Prozess- und Ergebnisqualität ableiten.

## 2.3.5 Beschreibung von Gesundheitszielen und Stand der Umsetzung

In dem Kooperationsverband gesundheitsziele.de sind 140 Akteure des Gesundheitswesens (z. B. Bund, Länder und Kommunen, Selbstverwaltungsorganisationen, Fachverbände, Wissenschaft, u. a.) beteiligt. Gemeinsam werden Gesundheitsziele für die Verbesserung der Gesundheit der Bevölkerung vereinbart. Diese Empfehlungen oder Maßnahmenkataloge basieren auf wissenschaftlichen Erkenntnissen und sollen von den beteiligten Akteuren langfristig und nachhaltig umgesetzt werden. Dazu werden Zeiträume für die Umsetzung festgelegt und schließlich wird die Umsetzung evaluiert.

Für Kinder wurde das Gesundheitsziel »Gesund aufwachsen: Lebenskompetenz, Bewegung, Ernährung« formuliert und wird im Setting »Gesundheitsfördernde Kindertagesstätte« evaluiert. Eine frühe Förderung des Gesundheitsverhaltens im Setting Kita erscheint sinnvoll und notwendig und in diesem Rahmen wurden folgende Ziele formuliert: es soll/sollen:

- Lebenskompetenzen von Kindern und Jugendlichen gesteigert,
- Belastungen und belastende Einflüsse für Kinder, Jugendliche und Familien vermindert,
- Bewegung von Kindern und Jugendlichen gefördert,
- eine gesunde Ernährung in Kita/Familien angeregt und eine Fehlernährung reduziert sowie
- Rahmenbedingen und Strukturen für Gesundheitsförderung in Kita, Schule, Familie / Umfeld erhöht werden.

Geene, Kliche und Borkowski (2016) haben eine Expertise über die Erfolgsabschätzung und Ableitung eines Evaluationskonzepts für die Gesundheitsziele im Setting Kita erarbeitet. Positiv ist ihrer Ansicht nach, dass die Gesundheitsziele in den Bildungsplänen der Länder verankert sind, dazu Fort- und Weiterbildungen, Materialien wie beispielsweise Handreichungen vorliegen, Interventionsansätze und Projekte (auch Good Practice Projekte), Internetplattformen und Qualitätskriterien vorhanden sind. Auch bezüglich der Umsetzung in Kitas wird von Fortschritten berichtet. Dies zeigt sich an der gestiegenen Zahl durchgeführter Projekte, dem Einsatz von Unterstützungsmaterialien und Qualitätssicherungsmaßnahmen.

Im Kontrast zu diesen vielseitigen Bemühungen und Veränderungen stehen die wenig veränderten Ergebnisse (Outcomes) in den einzelnen Gesundheitsbereichen: Während bezüglich der Prävalenz des Übergewichts und Adipositas in den letzten Jahren eine Stagnation beziehungsweise ein leichter Rückgang in Kitas zu verzeichnen ist (Moss et al., 2011), liegen solche positiven Veränderungen beispielsweise beim Bewegungsverhalten und bezüglich der psychischen Gesundheit von Kindern und dem pädagogischen Fachpersonal nicht vor. Zusätzlich sind Ziele, wie die gesundheitliche Chancengleichheit von sozial benachteiligten Kindern zu fördern, unverändert virulent (Bettge, Oberwöhrmann & Meinlschmidt, 2016). Zur Gesundheit von pädagogischen Fachkräften werden zukünftig weitere Belastungen durch neue gesellschaftliche Aufträge (neue Aufgabenbereiche, Ausbau des Krippenbereichs) und einem Fachkräftemangel (Verschlechterungen bezüglich eines adäquaten Betreuungsschlüssels) erwartet. Entsprechend fordern Geene, Kliche und Borkowski (2016) unter anderem, dass Gesundheitsförderung als umfangreiche Querschnittsaufgabe der Kitas in der Zusammenarbeit mit relevanten Akteuren etabliert werden sollte. Es sollten einfache, leicht erfassbare Qualitätskriterien der Gesundheitsförderung und eine gemeinsame, handlungsorientierte Bildungs-, Gesundheits- und Sozialberichterstattung zur Verfügung gestellt werden. Zusätzlich braucht das pädagogische Fachpersonal bei der Umsetzung des Inklusionsauftrags mehr Unterstützung, zum Beispiel bei der Entwicklung von Maßnahmen in der Arbeit mit Kindern mit chronischen Krankheiten und/oder Behinderungen. Schließlich kommt der Betrieblichen Gesundheitsförderung des pädagogischen Fachpersonals angesichts bestehender Belastungen besondere Bedeutung zu (z. B. auch bei Beachtung von alternsgerechten Arbeitsbedingungen).

## 2.4 Zusammenfassung und Diskussion

Während Prävention seit vielen Jahrzehnten praktiziert wird (z. B. durch Schutzimpfungen), hat das Thema der Gesundheitsförderung, auch angesichts steigender Lebenserwartung und der Zunahme von lebensstilbedingten Krankheiten, an Bedeutung gewonnen.

Von der Weltgesundheitsorganisation wurden Konzepte zur Gesundheitsförderung und Prävention erarbeitet und den globalen Entwicklungen entsprechend in den letzten Jahrzehnten fortlaufend weiterentwickelt. Wegweisend war die Ottawa-Charta (1986), in deren Zentrum einerseits die Ermächtigung von Menschen hin zu einem gesundheitsförderlichen Verhalten und andererseits die Veränderung der Verhältnisse, in denen Menschen leben und arbeiten, standen. Ermächtigung oder auch Verhaltensprävention bedeuten, Individuen bei einem selbstbestimmten gesundheitsorientierten Handeln zu unterstützen, sodass sie aktiv einen gesunden Lebensstil leben können. Gesundheit hat neben dieser individuellen Komponente eine sozial-politische und somit stehen Gesellschaften in der Verantwortung, für ihre Bürgerinnen und Bürger Bedingungen zu schaffen, die ein gesundes Leben ermöglichen (Verhältnisprävention).

Die Befähigung zu gesundheitsförderlichen Entscheidungen bedeutet jedoch auch, dass mündige Individuen sich im Einzelfall gegen ein gesundheitsförderliches Verhalten entscheiden können. Die Aufgabe des Staates und anderen gesellschaftlichen Institutionen kann es nur sein, neben Rahmenbedingungen Anreize für ein gesundheitsbewusstes Verhalten zu schaffen (z. B. Bonusheft von Krankenkassen) oder sie z. B. zu einem gesunden Verhalten hinzuführen (z. B. durch Platzierung von gesundem Essen auf Augenhöhe in der Kantine, vgl. Nudge, Thaler & Sunstein, 2008). Aus dieser kurzen Beschreibung wird der Spagat zwischen hilfreichem Angebot und paternalistischem Verhalten sowie einem unzulässigen Eingriff in die Entscheidungsfreiheit von Individuen deutlich. Daher sollten vor allem gesetzliche gesundheitsfördernde Maßnahmen gut abgewogen werden und aus einem gesellschaftlichen Diskurs resultieren.

Die Konzepte der WHO sind auf nationaler und Länderebene in Deutschland umgesetzt worden. Als Rahmenbedingung gelten verschiedene gesetzliche

## 2 Gesundheitsförderung und Prävention

Regelungen, zu denen das 2015 in Kraft getretene Präventionsgesetz zählt. Das Gesetz regelt Präventionsziele und -leistungen sowie deren Finanzierung. Kritisch gesehen werden muss, dass allein die gesetzlichen Krankenkassen in die Pflicht genommen werden und der Gedanke der Ottawa-Charta (1986), Gesundheitsförderung als gesamtgesellschaftliche Aufgabe zu sehen, geschwächt worden ist. Auch wird bemängelt, dass das Gewicht stärker auf die Verhaltensprävention gelegt wird und Maßnahmen der Verhältnisprävention mit der Übermittlung von Präventionsbotschaften zu kurz kommen bzw. zu wenig differenziert sind.

Neben der Schaffung gesetzlicher Rahmenbedingungen besteht auf Bundes- und Länderebene eine Vielzahl an Maßnahmen, um die Gesundheitsförderung zu stärken und eine gesundheitliche Chancengleichheit zu gewährleisten. Mittlerweile sind viele Gesundheitsförderprogramme entwickelt worden, und von der BZgA (2011, 2017) liegen auch Kriterien guter Praxis für die Einschätzung und die Programmentwicklung vor. In den letzten Jahren wurde deutlich, dass die Durchführung einzelner kurzfristiger Programme zum Beispiel in Kitas langfristig wenig effektiv ist. Daher bestehen Bestrebungen, Gesundheitsfördermaßnahmen in die Qualitätsentwicklung von Kitas einzubeziehen und eine Vernetzung mit anderen Partnern, Einrichtungen und Institutionen aufzubauen, sodass dieses Netzwerk gemeinsam Angebote zur Gesundheitsförderung anbieten kann. In einer weiteren Entwicklung, den kommunalen Präventionsketten, werden diese Maßnahmen in der Kommune gebündelt und dies auch über verschiedene Entwicklungsabschnitte hinweg.

Die Einbeziehung von Gesundheitsförderung in die Qualitätsentwicklung von Kitas sollte weitergeführt und Unterstützungsbedarfe von Kitas bei diesem Prozess sollten z. B. durch Angebote von Krankenkassen unterstützt werden. Bei den Gesundheitszielen werden die Förderung von Ernährung, Bewegung und der psychischen Gesundheit formuliert. Bisherige Ergebnisse weisen darauf hin, dass mit wenigen Ausnahmen die Erfolge der Kitas bei der Umsetzung der Gesundheitsziele begrenzt ausfallen. Hier ist mehr Forschung darüber notwendig, welche der gesundheitsfördernden Aktivitäten ein positiveres Outcome bei der Erreichung der Gesundheitsziele produzieren. Zusätzlich sollten in einem weiteren Schritt bereits bestehende Konzepte der Gesundheitsförderung darauf hin geprüft werden, ob mit ihnen das Ziel der Inklusion verwirklicht werden kann. Hier sind Erweiterungen und Modifikationen von Konzepten und Programmen notwendig, zudem sollte das Thema bei der Vernetzung und bei kommunalen Präventionsketten explizit einbezogen werden.

# 3 Gesundheitsförderung und Prävention in der Kita

In den letzten Jahren wird die Bedeutung der Gesundheitsförderung im Setting (z. B. Kita) hervorgehoben (vgl. Pkt 2.1), und es wurde herausgestellt, dass die Veränderung der Lebenswelten mehr zur Gesundheit beiträgt als einzelne Kampagnen (Chan, 2016). Dabei unterscheiden sich Gesundheitsförderstrategien in Kitas: Es kann der Einsatz einzelner Programme mit einzelnen oder mehreren Themenbereichen erfolgen, oder ein Qualitätsentwicklungsprozess, der die gesamte Kita einbezieht, kann initiiert und umgesetzt werden. Und schließlich können beide Strategien miteinander kombiniert werden.

Für eine optimale Gesundheitsförderung von Kindern im Vorschulalter ist nicht nur das Vorgehen in der Kita sowie die Vernetzung mit verschiedenen Akteuren wie Fachstellen der Jugendhilfe, medizinischem, anderen therapeutischem und ernährungswissenschaftlichem Fachpersonal, Sportvereinen (u. a.) bedeutsam, sondern auch die Zusammenarbeit aller in der Kita Beteiligten. Und grundlegend dafür ist die Kenntnis, wie wichtig den Beteiligten die Themen Gesundheit und Gesundheitsförderung sind, über welches Wissen und welche Handlungskompetenzen (health literacy) sie verfügen. Darüber hinaus stellt sich bei den Eltern die Frage, welchen Stellenwert für sie bei der Gesundheitsförderung die Zusammenarbeit mit Kitas hat. Während Erziehungsberechtigte als wichtige Partner für die Gesundheitsförderung akzeptiert werden, wird die Perspektive von Kindern oftmals vernachlässigt. Schließlich sind auch die Einstellungen, das Wissen und die subjektiven Theorien von Gesundheit (s. Kap. 1.3.2) des pädagogischen Fachpersonals bedeutsam für die Umsetzung von Gesundheitsthemen in ihrer Arbeit.

In diesem Kapitel werden einerseits die Perspektiven von den Kita-Beteiligten auf die Themen Gesundheit und Gesundheitsförderung und andererseits Maßnahmen der Gesundheitsförderung in Kitas präsentiert. Zunächst wird die kindliche Gesundheitsförderung und Kooperation mit Kitas aus Sicht der Eltern beschrieben, bevor in den darauffolgenden Punkten auf die Perspektiven von Kindern im Vorschulalter und vom pädagogischen Fachpersonal eingegangen wird.

In den beiden weiteren Punkten werden als erstes Programme zur Gesundheitsförderung in Kitas und anschließend die Gesundheitsförderung als Maßnahme der Qualitätsentwicklung dargestellt.

## 3.1 Gesundheitsförderung und Kooperation mit Kitas aus Sicht der Eltern

Der Familie als erster Sozialisationsinstanz kommt bei der Gesundheitsförderung von Kindern eine besondere Bedeutung zu. Eltern bringen ihre eigenen biografischen Erfahrungen mit in die Erziehung, ihre Erziehungsziele, ihre Einstellungen, ihr Wissen zu und ihre Kompetenz im Umgang mit gesundheitlichen Themen (health literacy), ihre Erziehungskompetenz, ihren Lebensstil sowie ihr eigenes Gesundheitsverhalten als Modell in die Förderung ihrer Kinder ein.

Im Bereich der Erziehung nennt LeVine (1974) das physische Überleben und die Sicherung der Gesundheit ihrer Kinder als universell gültiges Erziehungsziel. In Studien zu Erziehungszielen von Eltern wird eine gesunde Lebensweise allerdings gar nicht (BAT Freizeit-Forschungsinstitut, 2006) oder nachrangig mit 62 % Zustimmung an achter Stelle nach Zielen wie Höflichkeit und einem guten Benehmen (88 %) oder Durchsetzungsvermögen (ca. 74 %) (Statista, 2017) bzw. mit 61 % an 13. Stelle (Institut für Demoskopie Allensbach, 2015) genannt. Demgegenüber fanden Reutlinger et al. (2015) in ihrer Studie bei Vorgabe des Nürnberger Fragebogens zur elterlichen Zielorientierung an 203 befragten Eltern, dass die Skala zum Wohlbefinden im Vergleich zu den anderen drei Zielorientierungs-Skalen (Lernen, Performanz und Angst vor Überforderung) die höchste Zustimmung fand. Die Wohlbefindensskala umfasst sieben Items, die einen positiven emotionalen Zustand des Kindes für die meiste Zeit des Tages in der Kita erfasst.

In verschiedenen AOK-Familienstudien (2007, 2010, 2014, 2018) wurde die gesundheitliche Situation von Eltern und Kindern in Deutschland sowie der Zusammenhang von Merkmalen des Familienlebens mit der kindlichen Gesundheit untersucht. In der AOK-Familienstudie aus dem Jahr 2007 konnten positive Auswirkungen von Alltagsroutinen, geregelten Abläufen sowie Ritualen auf das körperliche und seelische Wohlbefinden der Kinder nachgewiesen werden. Positiv wirken sich danach ebenfalls »gemeinsame familiäre Aktivitäten, ein autoritativer Erziehungsstil oder auch die Integration der Familie in das soziale Umfeld« aus (AOK-Familienbericht, 2007, vgl. auch AOK, 2018). Als gesundheitsförderlich für Kinder werden in den AOK-Familienstudien (2010, 2014, 2018) neben einer gemeinsamen Familien- und Bewegungszeit die Zufriedenheit mit dem Familienleben und die elterliche Zufriedenheit mit der Partnerschaft, das Vorhandensein von Ressourcen (z. B. Zeit für die Familie, für eigene Interessen) und ein Unterstützungsnetzwerk, eine Reglementierung der Mediennutzung sowie die Zufriedenheit mit der Kinderbetreuung genannt.

Als Risiken für die gesundheitliche Situation von Kindern gelten unter anderem Merkmale des elterlichen Lebensstils (z. B. elterliches Übergewicht), die familiäre sozioökonomische Lage, die Familienform, zeitliche und psychische elterliche Belastungen sowie ein nicht ausreichendes familiäres Unterstützungsnetzwerk (AOK-Familienstudie, 2014, 2018). Ferner beeinflusst das familiäre Ernährungs- und Bewegungsverhalten das kindliche (Über-)Gewicht, und eine Eltern-Kind-Interaktion, die durch eine mangelnde Aufmerksamkeit oder Zuwendung der Eltern gekennzeichnet ist, kann als Risikofaktor für die kindliche psychische Entwicklung gelten.

Insgesamt bezeichnen sich 94 % der Mütter und 96 % der Väter als eher beziehungsweise sehr sicher in der Rolle als Elternteil (AOK, 2018). Das gilt für die Sprach-, Bewegungsförderung, die Förderung der psychischen Entwicklung und die Bewältigung von Problemen sowie die Ernährung der Kinder. Diese Einschätzung hat sich im Vergleich zu den vorhergehenden AOK-Familienstudien (2010, 2014) nicht verändert.

Zur täglichen Umsetzung gesundheitsfördernder Maßnahmen im Alltag haben Gosch und Pankau (2013) 1311 Eltern von Kindern im Rahmen einer Einschulungsuntersuchung befragt: Dabei gaben jeweils mehr als 90 % der befragten Eltern an, täglich Maßnahmen wie für einen ausreichenden Schlaf (94,6 %), eine Stunde Bewegung (94,6 %), Alltagsroutinen/Rituale (94,1 %), Zähneputzen (92,9 %) sorgen zu können. Eine tägliche Spielzeit ihrer Kinder (87 %), die Mediennutzung von weniger als eine Stunde (66 %) und ein Angebot von fünf Portionen Obst und Gemüse (take five, 56,9 %) können Eltern weniger regelmäßig gewährleisten.

Auch wenn Eltern ein hohes Maß an Umsetzungskompetenz bezüglich der kindlichen Bewegung angeben, weist die AOK-Familienstudien (2018) darauf hin, dass de facto nur 57 % der Eltern sich täglich mit ihren Kindern bewegt, wobei von einer »…Vielfalt an niedrigintensiver Bewegung, die nach Möglichkeit in den Alltag integriert wird« (S. 15), gesprochen wird. Somit zeigt sich eine Diskrepanz zwischen der eigenen Kompetenzeinschätzung und der Realisierung der gesundheitsfördernden Maßnahmen im Alltag. Das Bild differenziert sich weiter, wenn Eltern statt zur Erziehungskompetenz Fragen zu ihrer Unsicherheit bezüglich der Erziehung oder ihrer Unzufriedenheit mit sich selbst als Eltern gestellt werden. In der forsa-Studie im Auftrag von der Zeitschrift ELTERN (2014) wurden 1006 Mütter und Väter von Kindern bis 12 Jahre gefragt, wie oft sie ihren eigenen Ansprüchen nicht gerecht werden. Immerhin 15 % der Eltern sind häufig und 55 % gelegentlich mit sich selbst als Mutter/Vater unzufrieden. In der Studie vom Bundesinstitut für Bevölkerungsforschung (2017) zu Familienleitbildern bejahten 78 % der Eltern die Aussage, man könne »bei der Erziehung vieles falsch machen, daher muss man sich gut informieren«. Insgesamt äußern 56 % der Eltern allgemein einen hohen Beratungsbedarf bei Erziehung und Bildung (Institut für Demoskopie Allensbach 2015). Sie wünschen sich mehr Kenntnisse darüber, wie sie ihr Kind beim Lernen individuell begleiten und frühzeitig eine förderliche Lernumgebung im Familienalltag schaffen können (Bundesministerium für Familie, Senioren, Frauen und Jugend, 2005).

Wenn es darum geht, sich über die Gesundheit oder Gesundheitserziehung ihres Kindes zu informieren, nennen die Eltern an erster Stelle mit 58,5 % Ärzte, dann folgt das Internet als Informationsquelle (33,8 %) oder Gespräche mit anderen Eltern (32,6 %), und nachrangig an vorletzter Stelle wird pädagogisches Fachpersonal (10,5 %) genannt (AOK-Familienstudie, 2010).

In der Studie »Was heißt hier eigentlich gesund? Und wie können Kinder in ihrem Gesundsein gestärkt werden?« wurden die Perspektiven von Eltern, Kindern und dem pädagogischen Fachpersonal in Berlin Neukölln Nord erhoben (BeKi-Studie, 2016). Mit insgesamt 30 Müttern und Vätern wurden zu den genannten Themen, zu ihrem eigenen Wissen und ihrer Handlungskompetenz, zu der Nutzung und der Zufriedenheit mit gesundheitsfördernden Angeboten in der Kita beziehungsweise im Sozialraum Fokusgruppendiskussionen in fünf Kitas durchgeführt. Das Thema Ernährung wurde in allen Gruppendiskussionen als relevant und vor allem frisch zubereitete und ausgewogene Mahlzeiten als wichtig angesehen. Von Eltern wurde eine ausreichende Ernährungsaufnahme betont (u. a. Sorge, dass das Kind genug isst), wobei es weniger um das individuelle Hungergefühl des Kindes ging. Auch wurde Essen als Mittel zur Beruhigung genannt. Das kindliche Ernährungsverhalten und die Bedeutung des Essens für die Identifikation mit der Familie wurden positiv eingeschätzt, allerdings werden Kinder wenig bei der Zubereitung beteiligt. Die Autoren schließen, dass die »eigenen Ansprüche [...] oftmals mit den Umfeldbedingungen, den Erwartungen der Großeltern sowie den medizinischen und pädagogischen Fachkräften« kollidieren (BeKi-Studie, 2016, S. 34). Die präventive Funktion von Ernährung und auch die Beziehung zu den Eltern (als verlässliche und sichere Ansprechpersonen) werden deutlich. Demgegenüber wird Bewegung eher auf das »Auspowern« gesehen, damit Kinder gut schlafen können, und weniger als gesundheitsfördernde Aktivität. Hinzu kommen fehlende Bewegungsmöglichkeiten im Sozialraum (z. B. verschmutzte Spielplätze), sodass Kinder in ihren Bewegungsaktivitäten und -abläufen eingeschränkt werden.

Schließlich weisen die Fokusgruppendiskussionen darauf hin, dass das Familienleben getrennt von dem Kitaalltag erlebt wird, wobei die Arbeit der pädagogischen Fachkräfte in Kitas im Sinne der Entwicklungs- und Sprachförderung respektiert wird. Das pädagogische Personal in Kitas wird von Eltern begrenzt als kompetente Ansprechpartner und auch Kitas werden wenig als Akteure für die Gesundheitsförderung der Kinder angesehen. Eltern geben an, sich bei Fragen zur Gesundheit ihrer Kinder an ärztliches Fachpersonal zu wenden. Zusätzlich sehen sich Eltern beim Thema Ernährung als Expert*innen an und kritisieren die Mittagsmahlzeiten in Kitas (als zu wenig variantenreich, etc.). Zudem wird die Bedeutung von Bewegung für die Gesundheitsförderung von Kitas zu wenig thematisiert, und die Autoren schließen, dass insgesamt gesundheitsförderliche Aktivitäten für Eltern in Kitas zu wenig transparent gemacht werden.

## 3.2  Gesundheitsförderung aus Sicht der Kinder

Bei Kindern im Vorschulalter liegt eine Reihe von Studien zum Körperwissen und zum Wissen über Körperfunktionen (Lohaus & Vierhaus, 2015), zu Krankheiten und Gesundheit oder zum Wissen zu Abläufen beim Arztbesuch vor. Darüber hinaus sind ab dem Schulalter Studien zur Health Literacy durchgeführt worden (Okan et al., 2015, Zamora et al., 2015), diese fehlen aber für das Vorschulalter. Erste Studien liegen dazu vor, wie Gesundheitsförderung in Kitas von Kindern erlebt wird. In der BeKi-Studie (2016) wurden mit 20 Kindern im Alter von fünf Jahren leitfadengestützte Interviews in fünf Kitas in Berlin Neukölln Nord durchgeführt. Die Kinder wurden zu Wirkungen von gesundheitsfördernden Maßnahmen in der Kita (z. B. zur Ernährung, Bewegung, Zahngesundheit, Explorationsverhalten und Sprache) befragt sowie über ihre Einstellung zur Kita (Brüggemann & Franzen, 2016). Kinder beschreiben die Kita neben der Familie als Lebenswelt für sich, die sie gut kennen und in der sie sich wohlfühlen. Den Tagesablauf untergliedern sie in pädagogische bzw. Spielphasen und die Mahlzeiten. Während sie die Spielphasen als frei gestaltend beschreiben, werden die Mahlzeiten als starr und regelorientiert wahrgenommen, wobei die Regeln von dem pädagogischen Personal vorgegeben werden. Die Autoren unterscheiden offene, teiloffene und geschlossene gesundheitsrelevante Situationen. In den offenen Situationen können die Kinder selbständig aktiv werden (z. B. bei Trinkstation: den Zeitpunkt und die Menge bestimmen), bei den teiloffenen Situationen können Kinder zum Beispiel vom Obstteller die Art des ausgewählten Obstes festlegen, aber sind wenig bei der Zubereitung involviert, und bei den geschlossenen Situationen wird eine Handlung durchgeführt, ohne dass Kinder eine Alternative dazu haben (z. B. Zähneputzen, Weggestaltung zur Kita, Gestaltung der Wandertage, Spaziergänge). Insgesamt wird beim Ansprechen von Themen wie Bewegung, Entspannung und Ernährung deutlich, dass die teiloffenen und geschlossenen Situationen überwiegen. Kinder verfügen zu jedem der genannten Themen über Wissensbestände, wobei sie mehr von offenen Handlungssituationen profitieren und bei teiloffenen nur das für die Bewältigung der Situation nötige Wissen erwerben. Somit schließen die Autorinnen, dass »die Beteiligung von Kindern im Alltag [...] eindeutig bessere Lernbedingungen [schafft] als eine sogenannte Scheinpartizipation beim Obstkorb (d. h., Kinder sollen beteiligt werden, aber das Obst suchen häufig die Eltern aus, stecken es dem Kind in den Rucksack, und in der Kita packt es der/die Pädagog_in wieder aus)« (Brüggemann & Franzen, 2016, S. 42).

Es wird also für eine vermehrte Partizipation der Kinder plädiert und ausgehend von dem Wissen, dass Kinder sich mehr für Dinge interessieren, die sie selbst erforschen, wurden beispielsweise für die Themen Sichtbarkeit im Straßenverkehr, Stolpern – Rutschen – Stürzen, Hygiene und Hautschutz, Haushaltsgifte und Lärm Module mit Experimenten entwickelt, mit deren Hilfe Kinder zu Prävention forschen können (Hauke, Becker & Brüggemann-Prieshoff, 2017).

## 3.3 Gesundheitsförderung aus Sicht des pädagogischen Fachpersonals

In allen Bildungs- und Erziehungsplänen der 16 Bundesländer werden Ziele der gesundheitlichen Förderung genannt (z. B. zur Ernährung und Bewegung, Hygiene, Unfallvermeidung). In ihrer Studie hat Walter (2017) pädagogisches Fachpersonal (n=77) gebeten, für die elf Förderbereiche des bayerischen Bildungs- und Erziehungsplans (BEP) ein Wichtigkeits-Ranking vorzunehmen. Danach nimmt das Thema Gesundheit Platz vier (14,3 %) von 11 Förderbereichen ein. An erster Stelle stehen die Förderung der Emotionaliät, der sozialen Beziehungen und der Umgang mit Konflikten (57,9 %), folgend auf Platz zwei die Förderung von Sprache und Literacy mit 31,2 % sowie auf Platz drei die Förderung einer Werteorientierung und Religion mit 16,9 %.

Hier wird deutlich, dass die Gesundheitsförderung vom pädagogischen Fachpersonal durchaus als relevant eingeschätzt wird. In der BeKi-Studie (2016) wurden Fokusgruppendiskussionen mit vier Kitaleitungen und fünf Erzieher*innen in Berlin Neukölln Nord geführt. Es wurden Fragen dazu gestellt, was für die Fachkräfte ein gesundes Kind ausmacht, welche Bedingungen dafür ausschlaggebend sind und wie sie die Gesundheit der 2009 geborenen Kinder einschätzen. Aus den Diskussionen ließen sich vier Themenbereiche identifizieren: die Kitas als Chance und Ressource für Kindergesundheit, der Bildungsanspruch versus Gesundheitsverständnis, der begrenzte Einfluss der pädagogischen Fachkräfte auf Eltern und die Einschätzung des Sozialraums, welcher schlechte Bedingungen für gesundes Aufwachsen bietet.

Im Folgenden werden nur ausgewählte Ergebnisse berichtet: Die Kita-Leiterinnen haben sich theoretisch mit der sozialen Lage von Familien im Sozialraum und den Auswirkungen für die Kitas auseinandergesetzt, was zu mehr Verständnis gegenüber den Eltern führte, als es die Erzieher*innen äußerten.

Das Gesundheitsverständnis des pädagogischen Fachpersonals entspricht dem der WHO, mit der Einbeziehung der körperlichen, psychischen und sozialen Gesundheit und einem ressourcenorientierten Blick auf die Kinder. Auch ist sich das pädagogische Fachpersonal über die Bedeutung seiner Rolle für das gesunde Aufwachsen der Kinder in der Kita bewusst. Die pädagogischen Fachkräfte bemühen sich, ein gesundes Kita-Umfeld bereit zu stellen, und sie haben ihr »Handeln so verinnerlicht, dass sie es gar nicht als ihre Leistung/ihren Beitrag zum gesunden Aufwachsen der Kinder hervorheben« (S. 23). Sie arbeiten kompensatorisch und verstehen dies auch als ihren Auftrag (einem Kind z. B. das Zähneputzen zu vermitteln, wenn es das nicht kennt). Sie beraten Eltern intensiv, und diese Beratung wird auch von Eltern angefragt. Somit stellen sie eine Ressource für Familien und für die Förderung der Kindergesundheit dar. Sie beschreiben zudem eine gute Vernetzung mit Akteuren im Sozialraum, die in der Intensität variiert.

Als einschränkend für ihr Engagement werden Rahmenbedingungen der Kitas, wie zu wenig Platz, eine fehlende Küche oder veraltete Waschräume (u. a.), erlebt. Auch beschreiben sie »Defizite« im elterlichen Handeln, insbesondere wenn es um das Essen (z. B. Mitgeben ungesunder Nahrungsmittel), eine mangelnde Zahnhygiene oder den Umgang mit kranken Kindern geht. Dies wird auch als einschränkend für ihre gesundheitliche Förderung betrachtet.

Gerade beim Thema der gesunden Ernährung fällt auf, dass das pädagogische Personal und Eltern nur eine ungenaue Vorstellung darüber haben, wie die jeweils anderen Mahlzeiten zubereiten und die Esssituation gestalten: »Beide Gruppen misstrauen einander und sehen die Defizite des jeweils anderen. Besonders diskrepant sind die negativen Beschreibungen der Pädagog_innen über das Essverhalten und die Ernährungszusammensetzung in den Familien« (BeKi-Studie, 2016, S. 29).

Zum Thema Bewegung werden vielfältige Angebote im Alltag umgesetzt, sodass die pädagogischen Fachkräfte kaum Handlungsbedarf zur weiteren Unterstützung der kindlichen Bewegungslust sehen. Es fällt auf, dass Themen wie Rückzug und Entspannung weniger im Blick des pädagogischen Personals stehen.

Insgesamt konnte beobachtet werden, dass pädagogische Fachkräfte Unsicherheiten bei ihrem Gesundheitsverständnis haben, beispielsweise gehörten das kindliche Explorationsverhalten und die Sprachentwicklung für sie nicht dazu. Auch bestehen Unsicherheiten darüber, was eine gesunde Lebensführung ausmacht und welchen Beitrag eine gesunde Ernährung, Bewegung und Exploration zum Gesundbleiben leisten. Darüber wurde bemerkt, dass Kitas wenig konsistente Konzepte zur Ernährung (die sich z. B. an die Empfehlungen der Deutschen Gesellschaft für Ernährung anlehnen) und Gestaltung von Mahlzeiten haben und insgesamt gesundheitsbezogene Konzepte wenig thematisiert bzw. fachlich reflektiert werden. Das eigene gesundheitsbewusste Handeln wird von den Autor*Innen der BeKi-Studie (2016) als unklar und diffus beschrieben und vor allem durch eigene Werte und Erfahrungen bestimmt, dies auch in Gesprächen mit Eltern. Zusätzlich gilt:

»Wenn die Pädagog_innen berichten, wie sie Einfluss nehmen auf das Gesundheitshandeln der Kinder oder Familien, dann bedienen sie sich einer trainingsorientierten und belehrenden Einführung, die dem Bildungsverständnis und der Ressourcenorientierung [...] widerspricht. Wo sie sonst Kindern viel Spielraum lassen für eigene Fragen, geht es bei Ernährung, Bewegung und insbesondere Hygiene scheinbar nur mit Training und Belehrung« (BeKi-Studie, 2016, S. 30).

Konsequenterweise wird gefordert, dass Konzepte zur frühkindlichen Gesundheitsbildung entwickelt werden sollten, die auf Grundhaltungen der Beteiligung (Partizipation), Ressourcenorientierung sowie der Achtung der kindlichen Autonomie basieren.

Wenngleich die Ergebnisse der BeKi-Studie (2016) aufgrund der wenigen Befragten eines bestimmten Sozialraums (Berlin Neukölln Nord) mit Vorsicht betrachtet werden müssen und sich nicht ohne weiteres auf andere Regionen übertragen lassen, bieten sie interessante Aufschlüsse für die Praxis, für Aus- und Fortbildungen sowie angewandt-wissenschaftliche Arbeit.

## 3.4 Programme zur Gesundheitsförderung in Kitas

Kliche, Mayer und Scheithauer (2016) haben in verschiedenen Studien den präventiven Versorgungsstand in Kitas in Deutschland erhoben. Danach führten mehr als 90 % der Kitas Maßnahmen zur Hygieneerziehung, Sprach- und Entwicklungsförderung sowie Bewegungsförderung und circa 66 % solche zur Mundgesundheitspflege und Ernährungserziehung, circa 50 % zur Verkehrs- und Sicherheitserziehung sowie Unfallverhütung durch (Jordan et al., 2011). In der repräsentativen Studie an Kitas in den Jahren 2010-2011 gaben 35,6 % der Befragten an, Maßnahmen zur Förderung der seelischen Gesundheit mithilfe eines Programms anzubieten.

Mittlerweile liegen unzählige Programme und Kampagnen für einzelne Themen der Gesundheitsförderung vor. Laut Projektdatenbank des Kooperationsverbundes Gesundheitliche Chancengleichheit können ca. 150 Projekte zur Gesundheitsförderung in Kitas für vier- bis fünfjährige Kinder identifiziert werden (Kooperationsverbund Gesundheitliche Chancengleichheit, Stand: Januar 2019). Davon erfüllen 17 die zwölf Kriterien guter Praxis (BZgA, 2011, 2015). Kritisiert wird bei Einzelprogrammen oftmals eine zeitlich begrenzte Entwicklung, Durchführung bzw. Finanzierung von Projekten, die dann zum Teil aus finanziellen oder personellen Gründen nicht regelhaft in die Arbeit der Kita übernommen werden können. In der Konsequenz kann ein Projekt nach dem anderen folgen, ohne dass eine nachhaltige Verankerung in der Kita stattfindet.

Neben Programmen, die einzelne Themen aufgreifen (z. B. Bewegung, Resilienz), existieren Programme, die sowohl die Ernährung als auch die Bewegungsförderung adressieren. Dazu sei auf nationaler Ebene beispielhaft der Nationale Aktionsplan »IN FORM – Deutschlands Initiative für mehr Bewegung und gesunde Ernährung« der Bundesregierung (IN FORM, o.J.) genannt, mit dessen vielfältigen Aktivitäten ein gesunder Lebensstil mit einer ausgewogenen Ernährung und viel Bewegung erreicht werden soll (vgl. Kap. 4.4.1 in diesem Buch).

Darüber hinaus sind mittlerweile einige übergreifende Programme zur Gesundheitsförderung entwickelt, implementiert und zum Teil evaluiert worden. Diese Gesundheitsförderprogramme beziehen in der Regel mehrere Förderthemen im Sinne eines Baukastens mit verschiedenen Modulen ein und sind über einen längeren Zeitraum geplant. Nachfolgend werden exemplarisch zwei Programme dargestellt, die entweder bundes- und landesweit durchgeführt werden und zusätzlich die Kriterien guter Praxis (BZgA, 2017) erfüllen beziehungsweise ausgezeichnet wurden (z. B. als Modellprojekte von IN FORM).

### 3.4.1 JolinchenKids – Fit und gesund in der KiTa

Bei diesem bundesweiten Präventionsprojekt handelt es sich um ein Nachfolgeprogramm von Tigerkids (Bayer et al., 2009, Herbert & Koletzko, 2011, Strauß et al., 2011). Das Programm wurde von der AOK-Gesundheitskrankenkasse zusammen mit Expertinnen und Experten aus Wissenschaft und Praxis entwickelt.

Es integriert evaluierte Module von Tigerkids (Bewegung, Ernährung) und zusätzlich wurden weitere Module (z. B. Förderung der seelischen Gesundheit) entwickelt, um einen gesunden Lebensstil von Kindern unter Mitwirkung der Eltern und dem pädagogischen Fachpersonal zu unterstützen und im Alltag zu leben. Damit stehen neben der Kindergesundheit auch die Gesundheit der Eltern und des pädagogischen Fachpersonals in der Kita im Mittelpunkt des Programms. JolinchenKids besteht aus fünf Modulen: Mithilfe von den drei Modulen zur Ernährung, Bewegung und zum seelischen Wohlbefinden sollen Lebenskompetenzen von Kindern aufgebaut werden, mithilfe des Moduls Elternpartizipation sollen Eltern in ihrer Rolle gestärkt und darin unterstützt werden, Gesundheitsthemen aktiv in den Familienalltag einzubauen, und schließlich soll mit dem Modul zur Erzieherinnengesundheit neben der Gesundheitsförderung auch eine gesundheitsförderliche Gestaltung der strukturellen Rahmenbedingungen in der Kita erreicht werden.

Jedes der Module beinhaltet mehrere Bausteine, die jeweils die Kita-Umgebung (z. B. beim Modul Ernährung mit Einrichtung einer Trinkoase, Angebot von täglichem Rohkost- und Obstteller), Kartenboxen (z. B. beim Modul Bewegung der »Fitmach-Dschungel« mit Übungen/Spielen für die wöchentliche Bewegungsstunde und die täglichen Bewegungserlebnisse) und weitere Angebote (z. B. beim Modul Ernährung der Drachenzug mit Waggons für Nahrungsmittelgruppen entsprechend der aid-Ernährungspyramide), Elternaktionen, Workshops und einen Newsletter (u. a.) einbeziehen. Eine wichtige, motivierende Identifikationsfigur ist das grüne Drachenkind Jolinchen, das die Kinder in dem Kita-Alltag begleitet.

Dieses Programm wird im Sinne einer Qualitätsentwicklung gesehen, und die fünf Module sollen in dem Zeitraum von drei Jahren flexibel je nach den Bedarfen der einzelnen Kita eingesetzt und langfristig, nachhaltig implementiert werden. Es existieren ein Leitfaden-Ordner und verschiedene Materialien, sodass nach einer Schulung des Kita-Teams sowie einer langfristigen Betreuung durch die AOK die Module verwirklicht werden können. Die Materialien sowie die Kosten für die Schulung und Betreuung werden durch die AOK getragen.

In der Prozessevaluation von Steenbock et al. (2015) wurde pädagogisches Fachpersonal telefonisch (n=50) und in Fokusgruppen (n=13) unter anderem zum Implementierungsstand sowie zu programmförderlichen und -hinderlichen Aspekten befragt. Ein Großteil der Kitas (78 %) hatte bereits mit der Umsetzung mehrerer Module begonnen, zumeist mit dem Modul »Ernährung« (70 %) und darauf folgend mit dem Modul »Bewegung« (60 %). Während nach sechs Wochen in 91 % der Kitas die JolinchenKids Handpuppe zum Einsatz kam, hatten 85 % der Kita-Teams die Kompaktschulung erhalten, und eine Bedarfsanalyse war in 55 % der Kitas durchgeführt worden. Die Elternbeteiligung wurde von 97 % der Befragten als wichtig eingeschätzt, allerdings gestaltete sich die Umsetzung des Moduls (z. B. aufgrund von Zeitmangel von Eltern) als schwierig und zeitaufwändig. Insgesamt wurden die Flexibilität des Programms als förderlich, die Themen als relevant, die Materialien als hilfreich und alltagstauglich eingeschätzt. Als hinderlich wurde der hohe Zeitaufwand zu Beginn der Projektimplementierung angesehen. Eine Studie zur Ergebnisevaluation wird derzeit durchgeführt.

JolinchenKids ist auf der Bildungsmesse didacta 2017 ausgezeichnet worden und ist in dem Netzwerk der Initiative IN FORM des Nationalen Aktionsplans (Bundesministerium für Ernährung und Landwirtschaft und Bundesministerium für Gesundheit) aufgenommen worden. (Informationen zu dem Projekt sind unter www.aok.de zu finden).

### 3.4.2 »Komm mit in das gesunde Boot – Kindergarten«

Dieses landesweite Präventionsprojekt wurde 2006 von der Baden-Württemberg Stiftung zusammen mit Expertinnen und Experten aus Wissenschaft (z. B. interdisziplinäres Team des Universitätsklinikums Ulm) und Praxis (Kindertageseinrichtungen) in Baden-Württemberg entwickelt. Ziel ist, Kinder in der Entwicklung eines gesunden Lebensstils zu unterstützen. In Kitas werden die drei Module »ausreichende Bewegung«, »gesunde Ernährung« und eine »sinnvolle Freizeitgestaltung« vom pädagogischen Fachpersonal über den Zeitraum von mehr als einem Jahr durchgeführt. Das Programm ist theoriebasiert nach dem Intervention-Mapping-Ansatz (vgl. Wartha et al., 2016, s. Kap. 3.5 in diesem Buch) entwickelt worden. Als theoretischer Rahmen für das Präventionsprogramm wurden die sozial-kognitive Theorie nach Bandura (2001, mit Bestandteilen der Wissensvermittlung, des Modelllernens, der Selbstevaluierung, der Verstärkung, der Förderung der Selbstwirksamkeit und dem Setzen von Zielen) und der sozioökologische Ansatz nach Bronfenbrenner (1979, Bedeutung der Einbeziehung von Eltern und des sozialen Umfeldes) herangezogen. Mittlerweile liegen umfangreiche Materialien für 20 Bewegungsstunden, 15 Ernährungseinheiten, 15 Bewegungs- und Freizeiteinheiten vor. Zusätzlich stehen 56 Bewegungskarteikarten für zwei tägliche Übungen von fünf Minuten Dauer zur Verfügung. Das Programm wird von den beiden Identifikationsfiguren, den Piratenkindern »Fine« und »Finn«, begleitet. Materialien für die Elternarbeit beinhalten fünf Elternbriefe, und es sollen zwei Elternabende durchgeführt werden. Kitas, die das Präventionsprojekt in ihrer Kita durchführen wollen, nehmen an einer mehrteiligen Fortbildung teil, wobei die Kosten von der Baden-Württemberg-Stiftung übernommen werden. Diese werden von Multiplikatorentandems, d. h. erfahrenen pädagogischen Fachkräften, zwei Mal pro Jahr in der Region angeboten. Dazu wurde ein landesweites Multiplikatorensystem gebildet, das zusätzlich zwei Mal pro Jahr von dem interdisziplinären Projektteam der Universität Ulm geschult und betreut wird.

Nach einer ersten Evaluation von De Bock und Fischer (2011) wurde das Präventionsprojekt weiterentwickelt. Zurzeit wird für eine Prozessevaluation der gesamte Programmverlauf in den teilnehmenden Kitas dokumentiert, und es findet eine Ergebnisevaluation seit 2016 statt, an der 59 Kindergärten, 368 Erzieherinnen und Erzieher, 1007 Kinder mit Eltern in einem randomisierten Warte-Kontrollgruppendesign teilnehmen.

Das Präventionsprojekt »Komm mit in das gesunde Boot« hat mehrere Preise erhalten und wurde mit dem IN FORM Siegel der Bundesministerien für Ernährung und Landwirtschaft sowie für Gesundheit auf der Bildungsmesse Didacta ausgezeichnet. (Informationen zu dem Projekt sind unter www.gesundesboot.de zu finden).

## 3.5 Gesundheitsförderung als Qualitätsentwicklung in Kitas

Kitas haben den Auftrag, die Qualität in ihrer Einrichtung sicherzustellen und weiterzuentwickeln (§ 22a SGB VIII). Im Bereich der Gesundheitsförderung wird eine Orientierung an dem Aktionszyklus (Public Health Action Cycle, PHAC, Rosenbrock, 1995, Hartung, 2015) von verschiedenen Autoren empfohlen. Dabei handelt es sich um ein zyklisches Vier-Phasen-Modell, das für die Planung und Umsetzung von Gesundheitsinterventionen auf unterschiedlichen Ebenen (z. B. Modul- oder Organisationsebene) anwendbar ist. Zunächst geht es in der ersten Phase um die Analyse der Ausgangssituation (Assessment), eine Bestandsaufnahme, Ursachen- und Bedarfsanalyse. Diese können laut Ruckstuhl, Somaini und Twisselmann (1997) von folgenden Fragen begleitet werden: Warum eine Intervention notwendig und ob diese gerechtfertigt ist, was sie bringen könnte, ob bereits Strategien oder vergleichbare Interventionen durchgeführt wurden (u. a.). In der zweiten Phase (Policy Development) geht es um die Formulierung von Zielen und Umsetzungsstrategien sowie die Auswahl von (evidenzbasierten) Methoden. In der dritten Phase werden die ausgewählten Strategien (Assurance) unter Beachtung der Bedingungen, die den Erfolg erhöhen, umgesetzt. Schließlich werden in der vierten Phase die Ergebnisse hinsichtlich der Akzeptanz und Wirksamkeit geprüft (Evaluation).

Bartholomew et al. (2006) haben diesen Aktionszyklus im Intervention-Mapping-Ansatz auf sechs Schritte erweitert, und diese Schritte wurden in dem Projekt »Kitas bewegen – für die gute gesunde Kita« explizit auf den Kita-Alltag umgesetzt: 1. wird ein gemeinsames Verständnis entwickelt, 2. Transparenz geschaffen und ein Ausgangspunkt bestimmt, 3. Stärken und Entwicklungsfelder benannt, 4. Ziele gesetzt, 5. Maßnahmen festgelegt und umgesetzt und schließlich 6. Ergebnisse überprüft und die weitere Entwicklung fortgesetzt (Bertelsmann Stiftung, 2012).

Diese Prozesse können im Ergebnis zu einer neuen Problembestimmung führen, sodass der Zyklus in der Folge von neuem durchgearbeitet wird. Die Wiederholung, mit der Formulierung neuer Ziele, dem Einsatz weiterer Interventionen und der erneuten Evaluation ist als fortlaufender Prozess des Qualitätsmanagements anzusehen.

Diese Qualitätsentwicklung können Kitas eigenständig oder auch mit Unterstützung von Kooperationspartnern (z. B. Landeszentralen für Gesundheit) durchführen.

Zusätzlich existiert das Netzwerk Gesunde Kita, das sich als Qualitätsgemeinschaft bezeichnet mit dem Ziel, »Gesundheitsförderung nachhaltig in den

Arbeits-, Lern- und Spielräumen von Kitas« zu verankern (Netzwerk Gesunde Kita, 2010). Träger des Netzwerkes ist Gesundheit Berlin-Brandenburg e. V. Kitas werden bei der Qualitätsentwicklung unterstützt, es werden Wissen und Standards der guten Praxis für bestimmte Themen wie gesunde Ernährung, Bewegung, die psychosoziale Gesundheitsförderung bereitgestellt, die zur Orientierung genutzt werden können.

Zusätzlich bietet das Netzwerk eine Zertifizierung an. Diese Auditierung zur Gesunden Kita erfolgt entlang der fünf Schritte der Selbstbewertung, Qualitätsbericht, Fremdbewertung, Zertifikatsvergabe und Evaluation.

## 3.6 Zusammenfassung und Diskussion

Eine erfolgreiche Gesundheitsförderung hängt sowohl von den Einstellungen und Kompetenzen des pädagogischen Fachpersonals als auch den Einschätzungen und Perspektiven von Eltern und den Kindern selbst ab.

Bei Eltern rangiert das Thema Gesundheit(sförderung) ihrer Kinder nicht an erster Stelle. Zur Umsetzung einzelner gesundheitlicher Aktivitäten im Alltag befragt, geben sie eine hohe Kompetenz an, und gleichzeitig weicht von dieser Selbsteinschätzung die tatsächliche Umsetzung ab: Zum Beispiel im Bereich der Bewegungsförderung bewegt sich etwas mehr als die Hälfte der Eltern täglich mit ihren vier- bis siebenjährigen Kindern. Zusätzlich wird das pädagogische Fachpersonal eher nachrangig als Ansprechpartner*innen für die Gesundheitsförderung angesehen, und Eltern fehlt es an Transparenz über gesundheitsfördernde Aktivitäten in Kitas. Kinder schätzen die Lebenswelt der Kita und können Tagesabläufe mit Spielphasen und Mahlzeiten gut beschreiben. Bei den Beschreibungen wird jedoch deutlich, dass das pädagogische Fachpersonal bei gesundheitsbezogenen Aktivitäten Vorgaben macht und weniger als in anderen Entwicklungsbereichen die Selbstexploration oder Partizipation der Kinder fördert.

Gesundheitsförderung ist als Thema in allen Bildungsplänen der Länder enthalten. Es rangiert in der Wichtigkeit aus Sicht des pädagogischen Personals an vierter Stelle. Bei der Gesundheitsförderung stellt das pädagogische Personal in der BeKi-Studie (2016) gesundheitsfördernde und auch kompensatorische Bedingungen in der Kita her, die Kindern eine gesunde Ernährung und Bewegung sowie Exploration erlauben. Das pädagogische Personal greift den elterlichen Bedarf an Beratung auf und erlebt sich dabei als Ressource für die Familie und die Gesundheitsförderung. Auch wird eine gute Vernetzung im Sozialraum angegeben. Gleichzeitig beschreiben die Befragten hinderliche Rahmenbedingungen der Gesundheitsförderung (z. B. fehlende oder veraltete Räume). Auch ihre Unsicherheiten bzw. fehlende Konzepte zum Gesundheitshandeln in der Kita werden als Hindernis beschrieben. Dies führt dazu, dass die Befragten ihre Erfahrungen als Maßstab anlegen, z. B. auch in Elterngesprächen und im pädago-

## 3.6 Zusammenfassung und Diskussion

gischen Handeln eher trainingsorientiert und belehrend vorgehen (BeKi-Studie, 2016).

Insgesamt fällt eine Diskrepanz zwischen der elterlichen Einschätzung und der des pädagogischen Fachpersonals zu der Rolle der Kita bei der Gesundheitsförderung auf: In der Wahrnehmung des pädagogischen Personals wird die eigene Bedeutung höher eingeschätzt als von Eltern. Aus Sicht der Eltern sollten Kitas ihre Gesundheitsförderaktivitäten transparenter gestalten, um somit für Eltern eher als Ansprechpartner*innen für diese Themen gesehen zu werden. Es findet bereits eine Einbeziehung von Eltern bei Gesundheitsförderaktivitäten statt, gleichzeitig sollte überlegt werden, wie diese Partizipation und vor allem die der Kinder noch stärker gefördert werden kann. Genau wie bei anderen Bildungsthemen sollten für Gesundheitsthemen pädagogische Vorgehensweisen entwickelt werden, die bei Beobachtungen des kindlichen Verhaltens ansetzen und mit unterstützenden Maßnahmen daran anknüpfen, sodass Kinder entwicklungsangemessen gesundheitliche Themen selbständig explorieren können. Diese »Konzepte zur frühkindlichen Gesundheitsbildung« (BeKi-Studie, 2016) sollten dann in die Aus- und Fortbildung pädagogischen Personals fließen, um sie theoretisch und in ihrer Handlungssicherheit zu stärken.

Möglichkeiten, um die Gesundheit von Kindern, Eltern und dem pädagogischen Personal in der Kita zu fördern, können durch die Implementation von Programmen, die mehrere Module einbeziehen und bedarfsgerecht in der Kita eingesetzt werden können, erfolgen und/oder einen Prozess der Qualitätssicherung. In den letzten Jahren sind Projekte zunehmend erweitert, fachlich und wissenschaftlich fundierter sowie praxisbezogen entwickelt worden.

Es bestehen mittlerweile bundes-, landesweite oder auch regionale Programme, die neben der Kindergesundheit und Einbeziehung der Eltern auch die Gesundheit des pädagogischen Personals fokussieren. Je nach Programm wird eine regionale Vernetzung unterstützt oder auch eine Anbindung an bereits bestehende Strukturen geboten (z. B. »Komm mit ins gesunde Boot« in Baden-Württemberg). Diese Programme gewährleisten ein bedachtes und strukturiertes und zugleich ein an den Bedürfnissen der Kita angepasstes Vorgehen. In einem nächsten Schritt erscheint die regionale bzw. kommunale Vernetzung durch Präventionsketten hilfreich, um so auch Übergänge von einer zur nächsten Lebensphase, die Risiken für Kinder und Familien darstellen können, besser zu begleiten. Wenn Maßnahmen der Gesundheitsförderung angesprochen werden, müssen auf jeden Fall entstehende Kosten für die Kitas (durch die zeitliche Vorbereitung und Durchführung) und die Personalsituation diskutiert werden. Hier sind Träger und die Gesellschaft gefordert, Rahmenbedingungen zu schaffen, die es Kitas überhaupt ermöglichen, die formulierten Ansprüche an die Gesundheitsförderung von Kindern umzusetzen.

# 4 Ernährungsförderung

Angesichts steigender Zahlen von betreuten Kindern in Kindertageseinrichtungen (Statistisches Bundesamt, Destatis, 2017) gewinnt das Thema einer altersangemessenen gesunden Ernährung in Kitas an Bedeutung, und eine solche wird auch von Eltern eingefordert.

Eine gesunde Ernährung in der Kindheit hat zudem kurz- und langfristige Auswirkungen auf die Gesundheit und bestimmt das spätere Ernährungsverhalten mit.

In der BeKi-Studie (2016) bestand Einigkeit bei den einbezogenen pädagogischen Fachkräften darin, dass frisch gekochtes Essen mit Gemüse zu bevorzugen ist ebenso wie Vollkornbrot und Milchprodukte. Gleichzeitig bemerken die Autor*innen der Studie (BeKi-Studie, 2016), dass das pädagogische Fachpersonal bezüglich der Ernährung über kein konsistentes Gesundheitsverständnis verfügt und sich nicht auf akzeptierte Standards (z. B. der Deutschen Gesellschaft für Ernährung, DGE) oder Ansätze zur Ernährung in Kitas stützen, sondern vielmehr die Mahlzeiten und deren Gestaltung auf ihrem Alltagswissen basieren. In einer weiteren Studie wurde gefunden, dass 47,2 % der pädagogischen Fachkräfte die DGE Empfehlungen kennen und nur 29,6 % der Kitas diese im Kita-Alltag umsetzen (Bundesministerium für Ernährung und Landwirtschaft, BMEL, 2016).

In diesem Kapitel wird das Thema der Ernährung und Ernährungsförderung in Kitas von verschiedenen Perspektiven her betrachtet. Zunächst wird die Bedeutung von Essen veranschaulicht, und danach werden elterliche Ernährungsziele sowie das kindliche Ernährungswissen präsentiert. Dem folgen allgemeine Ernährungsförderungsempfehlungen auf internationaler und nationaler Ebene, bevor auf die Empfehlungen für eine gesunde Ernährung im Kindesalter und in der Kita eingegangen werden. Es schließt sich Darstellung von Daten zum aktuellen Ernährungsverhalten sowie epidemiologische Zahlen zu Übergewicht und Adipositas im Vorschulalter an. Die gesunde Ernährung in der Kindertagesstätte und pädagogische Handlungsansätze zur Ernährungsförderung werden thematisiert und schließlich werden die Ergebnisse zusammenfassend diskutiert.

## 4.1 Bedeutungen von Essen

Essen und Trinken sind physiologische Grundbedürfnisse. Für das kindliche Wachstum und Überleben ist die Nahrungsaufnahme, die Aufnahme von Nährstoffen (z. B. Makronährstoffe wie Kohlenhydrate, Fette, Proteine und Mikronährstoffe wie Vitamine, Mineralstoffe), grundlegend. Hierzu liegen Empfehlungen von der Deutschen Gesellschaft für Ernährung (DGE, 2018) vor, die eine Gewichtung der verschiedenen Nährstoffe in der täglichen Ernährung vorschlägt und diese Eltern und auch Kitas bereitstellt. Neben dieser überlebenswichtigen gehen weitere soziale und gesellschaftliche, kulturelle, religiös-ethische und historische sowie politische Bedeutungen mit dem Essen einher, die im Folgenden aufgegriffen werden.

*Essen als Mittler beim Aufbau von Bindungen*: Wenn ein Kind zur Welt kommt, ist es abhängig von der Versorgung, der Pflege und dem Schutz von Bezugspersonen. Ein sicherer Bindungsaufbau kann gefördert werden, indem das Kind mit seinem (Nahrungs-)Bedürfnis wahr- und ernstgenommen wird und die Erfahrung einer sinnlichen Befriedigung seines Bedürfnisses nach Nahrung, Sicherheit und Schutz erfährt.

*Essen als Geben und Nehmen verknüpft mit der Erfahrung von Selbstwirksamkeit*: Für Kinder ist die Nahrungsaufnahme ein Annehmen, das aktiv erfolgt. Hier werden Prozesse wie das Erleben von Selbstwirksamkeit (»ich kann etwas bewirken: indem ich ein Bedürfnis äußere, folgt eine darauf bezogene Handlung«), der Befriedigung des Bedürfnisses nach Nahrung und von Körperlichkeit und der sozialen Interaktion berührt. Analog erleben Eltern das kindliche Annehmen von Nahrung in der Regel als befriedigend. Sie erfahren sich ebenfalls als selbstwirksam und werden in ihrem Verhalten von dem Kind verstärkt.

*Essen als sinnliches, emotionales und ästhetisches Erlebnis*: Sinnlich-ästhetisch, weil neben dem Geruchs- und Geschmackssinn der visuelle (z. B. schön angerichtetes Essen), der auditive (z. B. beim Mohrrüben- oder Chips-Essen), weitere Sinne mehr oder weniger bewusst (z. B. Beschaffenheit und Textur der Nahrung) angesprochen werden. Die Nahrungsaufnahme kann als positives oder negatives emotionales Erlebnis – auch langfristig – gespeichert werden.

*Essen als Vermittler und Unterstützer in sozialen Interaktionen*: Dies zeigt sich bei besonderen Anlässen wie Geburtstags- und anderen Feiern, aber auch bei der Versorgung Bedürftiger (z. B. Tafeln zur Versorgung mit Lebensmitteln und Essen) und bei verschiedenen Aktionen (z. B. Spenden-Gala mit Essen).

*Essen im kulturellen Kontext*: In allen Kulturen werden bestimmte Nahrungsmittel bevorzugt oder kaum gegessen oder haben auch eine besondere kulturelle Bedeutung (z. B. »Nationalgericht«). Dies kann sich allerdings im Laufe der Zeit ändern. Während beispielsweise Algen vor Jahren vornehmlich der ostasiatischen Küche zugehörig gesehen wurden, werden sie mittlerweile in Deutschland bekannter, als gesund beworben und in verschiedenen Darbietungsformen angeboten.

*Essen im religiösen Kontext*: Hiermit gehen oftmals Nahrungsmittelver- und -gebote einher. So werden Kühe im Hinduismus als heilig angesehen, und zusätzlich ernähren sich viele Hindus vegetarisch, da eine gewaltlose Ernährung, d. h. ein Nichttöten von Lebewesen, für die Befriedigung körperlicher Bedürfnisse und für eine spirituelle Entwicklung als grundlegend angesehen werden.

*Essen im Zusammenhang mit der ökonomischen Situation einer Person, Familie oder auch Gesellschaft*: Während laut Welthunger-Index 2016 der Hunger in Entwicklungsländern seit dem Jahr 2000 um 29 % reduziert werden konnte, bestehen zwischen (z. B. Nahrungsmittelangebot) und innerhalb von Ländern große Unterschiede (von Grebmer et al., 2016). So konnte beispielsweise in Deutschland gezeigt werden, dass Menschen mit einem niedrigeren sozioökonomischen Status bezogen auf die Gesamtenergiezufuhr weniger Obst und Gemüse sowie Lebensmittel mit einem höheren Fettanteil und mehr Süßprodukte verzehren (Giskes et al., 2010, Finger et al., 2013, Rabenberg & Mensink, 2011, RKI, 2017).

*Nahrung in seiner politisch-normativen Dimension*: Damit geht zum Beispiel einher, welche politischen und gesetzlichen Regelungen es zum Schutz von Bürger*innen und auch zum Anbau, Verkauf und Angebot von Nahrungsmitteln gibt.

## 4.2   Elterliche Ernährungsziele

Da das Ernährungsverhalten von Kindern im Vorschulalter durch die familiäre Ernährung und im letzten Jahrzehnt auch zunehmend durch das Angebot in der Kindertageseinrichtung bestimmt wird, werden die Ernährungsziele von Eltern und deren Umsetzung beschrieben.

In der Nestle-Studie (2011) zum aktuellen Essverhalten in Deutschland sind 10000 Menschen im Alter über 16 Jahre einbezogen worden. Von den Befragten, die ein Kind unter 16 Jahren haben, wird von 66 % eine gesunde Lebensweise als Erziehungsziel bejaht. Hier ist ein deutlicher Einfluss des familiären sozioökonomischen Status zu beobachten. Während es 76 % der Eltern mit hohem sozioökonomischem Status wichtig ist, ihre Kinder zu einer gesunden Lebensweise zu erziehen, sind dies in den Gruppen mit mittlerem 62 % und mit niedrigem sozioökonomischen Status 47 % der Eltern.

Weitere Ergebnisse zu Ernährungszielen und zu Unterschieden nach den jeweiligen sozioökonomischen Statusgruppen sind in der folgenden Abbildung 4.1 aufgeführt.

Von mehr als der Hälfte der Eltern werden als wichtige ernährungsbezogene Erziehungsziele gute Tischmanieren und ein regelhaftes Essen am Esstisch sowie das Lernen einer gesunden und ausgewogenen Ernährung im Kindergarten (mit Ausnahme der Gruppe mit niedrigem SÖS mit 45 %) angesehen. Die Hälfte der Eltern und weniger je nach sozioökonomischer Statusgruppe stimmen der Aussage zu, darauf zu achten, ein Vorbild bei der Ernährung für ihr Kind zu sein. Von weniger als 18 % der Eltern wird angegeben, auf das Aufstellen und Einhalten fester Regeln bei der Ernährung des Kindes zu achten (Nestle, 2011).

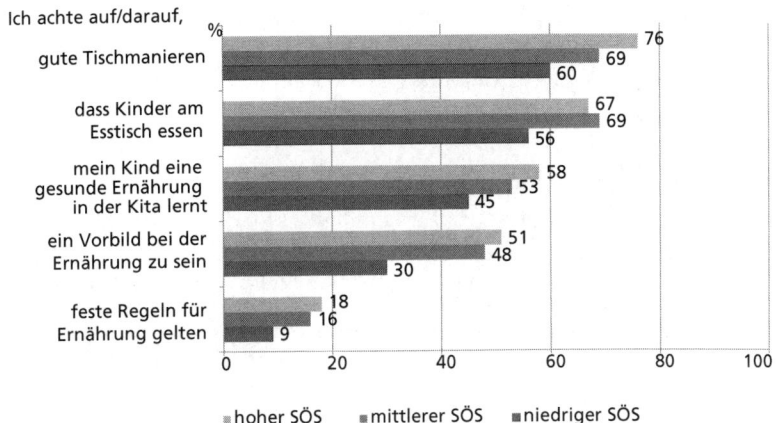

**Abb. 4.1:** Prozentuale Zustimmungsrate von Eltern zu angestrebten Erziehungszielen bei der kindlichen Ernährung je nach sozioökonomischen Status der Familie (SÖS) (auf Grundlage der Nestle Studie, 2011, S. 9)

Die Eltern mit einem höheren sozioökonomischen Status geben bei den meisten ernährungsbezogenen Erziehungszielen die höchste Zustimmungsrate an (Ausnahme: Essen am Esstisch), gefolgt von den Eltern mit mittleren und danach mit niedrigem sozioökonomischen Status.

Hieraus wird ersichtlich, dass die meisten genannten Erziehungsziele als wichtig angesehen werden, die Zustimmung jedoch mit dem familiären sozioökonomischen Status von Eltern korreliert. Außerdem wird eher begleitenden Verhaltensweisen (z. B. Tischmanieren) ein hoher Wert zugemessen als dem eigenen Vorbildverhalten. Von Interesse ist in diesem Rahmen auch die elterliche Einschätzung, inwieweit die Eltern Ziele des Gesundheits- beziehungsweise Ernährungsverhaltens mit ihren Kindern umsetzen können. Dazu haben Gosch und Pankau (2012) in ihrer Studie Eltern bzw. Erziehungsberechtigte von 1311 Kindern im Vorschulalter bei der Einschulungsuntersuchung gefragt, wie sehr sie gesundheitsbezogene Maßnahmen bei ihrem Kind umsetzen können. Dabei schätzen 10,5 % der Eltern, dass sie mit ihren Kindern das Essen von fünf Portionen Obst und Gemüse täglich und 46,4 % dass sie dieses Verhalten oft umsetzen können.

## 4.3 Kindliches Ernährungswissen

Wenn über kindliches Essen im Vorschulalter gesprochen wird, dann werden zumeist das Verhalten (z. B. Essgewohnheiten) oder Einstellungen (z. B. Vorlieben, Abneigungen) thematisiert. Wenig Forschung liegt zur Entwicklung des Er-

## 4 Ernährungsförderung

nährungswissens im Kindes- und Jugendalter vor (Reinehr et al., 2004), und dies gilt insbesondere für das Vorschulalter. In der folgenden Tabelle werden unter Bezug auf Studien entwicklungspsychologische Aspekte des Ernährungswissens aufgeführt.

**Tab. 4.1:** Entwicklung des Ernährungswissens im Vorschulalter

| Alter (Jahre) | Aspekte des Ernährungswissens |
|---|---|
| ca. 2 | Erkennen und Benennen von Lebensmitteln, > 80 % der 2-Jährigen sprechen Begriffe wie Ei, Milch, Banane, Apfel, Brot, Keks, Wasser, Wurst, Verben wie essen und trinken, Adjektive wie kalt, heiß oder hart (Grimm & Doll, 2006); 2,5–4-Jährige verstehen Begriffe wie hungrig (Flehmig et al., 1973) |
| ab 3 ½ | Zuordnung zu Kategorien: Identifikation von verunreinigtem/gefährlichem Essen und Unterscheidung von Ess- und Nichtessbarem (Krause & Saarnio, 1993, Rozin, Fallon & Augustoni-Ziskind, 1985), 83 % der 3–4-Jährigen wissen, dass verschimmeltes Brot nicht essbar ist (Siegal & Share, 1990), Unterscheidung zwischen gesundem und »Junk-food« (Nguyen, 2007) |
| | Zusammenhang von Nahrungsaufnahme und körperlichem Befinden: 77 % der 3–4-Jährigen geben an, dass das Trinken eines verunreinigten Getränks sie krank machen würde (Siegal & Share, 1990) |
| | Wissen um Körperstrukturen und -funktionen: der Mund, die Speiseröhre, der Magen und Anus werden erkannt (Teixeira, 2000), 3–4-Jährige meinen, dass die Nahrung im Körper bleibt (Teixeira, 2000) (z. B. 4-Jährige: »Das Essen geht vom Magen in die Füße«) |
| ab 4 | Wissen um die Bedeutung von Nahrung: > 40 % der 4- und > 90 % der 7-Jährigen wissen, dass Essen wichtig für das Wachstum ist (Nguyen, 2007), im Vorschulalter wird die Menge der Nahrung und mit dem Schulalter die Quantität und Qualität der Nahrung mit Wachstum verknüpft, 87 % der > 4-Jährigen erkennen die negativen Effekte, wenn jemand nicht isst (Toyoma, 2000a) |
| | Wissen darüber, welches Essverhalten sozial akzeptabel ist, z. B. 41 % der 4-Jährigen meinen, dass heruntergefallenes Essen in der Vorschule nicht mehr gegessen werden soll (Toyama, 2000b) |
| ab 5 | Unterscheidung von Lebensmittelgruppen (z. B. Lebensmittelampel), gesunde (grüne) werden seltener korrekt benannt als ungesunde (rote) Lebensmittel (Graziano, 2015) und der Zusammenhang mit Wachstum, Gesundheit und Überleben wird hergestellt, ohne Beschreibung kausaler Mechanismen (Slaughter & Ting, 2010), Erklärungen, warum etwas nicht gesund ist, werden kaum gegeben |
| ab 6 | Nahrungsmenge wird in Zusammenhang mit dem Körpergewicht gebracht und die Qualität der Nahrungsmittel mit der Gesundheit (Wellman & Johnson, 1982) |

Im Vorschulalter erwerben und erweitern Kinder ihren aktiven und passiven Wortschatz zu Nahrungsmitteln und Tätigkeiten wie auch Einstellungen zum Essen. Sie können Lebensmittel zunehmend kategorisieren, dies gilt vor allem für die Identifikation von kontaminierten sowie die Unterscheidung von gesunden bzw. ungesunden Nahrungsmitteln. Sie können ansatzweise beschreiben, wo das Essen im Körper verarbeitet wird und den Zusammenhang zu Wachstum und Gesundheit herstellen. Diese Erklärungen sind zumeist beschreibender Natur (biologische Assoziationen), ohne dass kausale Zusammenhänge erklärt werden können. Auf der Basis ihrer Übersichtsarbeit schließen Schultz und Danford (2016), dass Kinder bereits im Vorschulalter eine Menge über Essen wissen, wobei ihre Einstellungen und Erfahrungswissen (tacit knowlegde) ihr Essverhalten stärker bestimmen kann als gelernte Fakten (deklaratives Wissen) über Essen und Nahrung, den Körper oder Gesundheit.

Zusätzlich wird Kindern in ihren Familien und in der Kita sozial-kulturelles Wissen vermittelt, z. B. Essensregeln, Essen als Förderung des sozialen Miteinanders und nicht als Wettkampf (z. B. gemeinsamer Genuss von Essen) und Kennenlernen von Sitten und Tischkulturen aus anderen Kulturen.

Autoren betonen, dass die Vermittlung von Erfahrungen beim Essen und von Ernährungswissen für die Prävention und Behandlung von Übergewicht und Adipositas einen wichtigen Baustein darstellt (Reinehr et al., 2004).

## 4.4  Ernährungsempfehlungen

Um eine gesunde Ernährung und mehr Bewegung zu gewährleisten, sind auf verschiedenen Ebenen vielfältige Bemühungen und Initiativen eingeleitet worden. Diese Empfehlungen werden in den folgenden Abschnitten vorgestellt: zunächst werden internationale und nationale Empfehlungen dargestellt. Darauf folgen die für das Kindesalter und die für Kitas.

### 4.4.1  Ernährungsempfehlungen auf internationaler und nationaler Ebene

Die Weltgesundheitsorganisation mahnt, dass die meisten Länder der europäischen Region von vermeidbaren, nichtübertragbaren Krankheiten schwer betroffen sind. Das belegt sie damit, dass bei mehr als 50 % der Bevölkerung in 46 von 53 Ländern Übergewicht und Adipositas der Bevölkerung vorliegen. Vor diesem Hintergrund wurde der Europäische Aktionsplan Nahrung und Ernährung 2015–2020 (WHO, 2014) entwickelt, und es werden fünf Einzelziele propagiert: Erstens sollen Umfelder für gesundheitsförderliches Essen und Trinken geschaffen werden. Das bedeutet, das beispielsweise der Einsatz gesundheitsförderlicher Lebensmittel in öffentlichen Einrichtungen unterstützt, auch die Vermarktung von kalorienhaltigen, sehr salzigen und zuckerhaltigen Lebensmitteln verringert sowie die Information der Verbraucher durch leicht verständliche Hinweise gestärkt werden soll.

Zweitens gilt es, die Bevölkerung bei einer lebenslangen gesunden Ernährung (von der Schwangerschaft an und insbesondere für gefährdete Bevölkerungsgruppen), zum Beispiel durch die Befähigung zu gesundheitsförderlichen Entscheidungen, zu stützen. Dies soll auch drittens durch den Ausbau der Gesundheitssysteme erfolgen, die eine gesundheitsbewusste Ernährung empfehlen (z. B. durch Ernährungsberatung). Viertens sollen Staaten den aktuellen Stand der Bemühungen und der Veränderungen durch epidemiologische Studien und weitere Forschungen beobachten und überwachen (z. B. Entwicklung der Adipositasprävalenz im Kindesalter). Als fünftes Ziel wird ein gesamtstaatlicher Ansatz angestrebt, durch den Bündnisse, Netzwerke und Führungsstrukturen zur Förderung einer gesunden und nachhaltigen Ernährungskultur gestärkt werden.

Um diese genannten Einzelziele zu erreichen, ist auf nationaler Ebene vom Bundesministerium für Ernährung und Landwirtschaft (BMEL) und dem Bundesministerium für Gesundheit (BMG) im Jahr 2008 Deutschlands Initiative für gesunde Ernährung und mehr Bewegung (IN FORM) gegründet worden. Der Bund, die Länder und Kommunen arbeiten mit Projektpartnern aus allen Lebensbereichen zusammen, um die o. g. fünf Handlungsfelder zu unterstützen. Es gilt, bewegungsförderliche, attraktive Umwelten zu schaffen, in denen Menschen leben, arbeiten, spielen oder lernen. Auch sollen allgemein anerkannte, verständliche und leicht umsetzbare Informationen über Ernährung und Bewegung angeboten werden. Mehr Menschen essen heutzutage außer Haus (z. B. Kita). Daher sollen diese Einrichtungen durch Qualitätsstandards und Qualifizierungsmaßnahmen unterstützt werden, eine ausgewogene, bedarfsgerechte und qualitativ hochwertige Verpflegung anzubieten. Schließlich soll die Grundlagen- und angewandte Forschung gestärkt werden, damit konkrete Handlungsempfehlungen erfolgen können, und zusätzlich sollen Programme und Projekte evaluiert und deren Qualität gesichert werden (IN FORM, o. J.). Auf ihrer Internetseite bietet die Initiative IN FORM (https://www.in-form.de) Informationen über sich und die Akteure, Projekte, Fachbeiträge, praktische Tipps und Materialien zu den Themen gesunde Ernährung und mehr Bewegung an.

Eine Übersicht über nationale Bündnisse, Vereine und Projekte für die Förderung einer gesunden und vollwertigen Ernährung sowie eines gesunden Lebensstils sind in der nachfolgenden Tabelle 4.2 aufgelistet.

Tab. 4.2: Entwicklung des Ernährungswissens im Vorschulalter

| Initiative/Projekt | Beschreibung |
| --- | --- |
| IN FORM | Deutschlands Initiative zur nachhaltigen Verbesserung des Ernährungs- und Bewegungsverhalten bis zum Jahr 2020. Nationaler Aktionsplan IN FORM ist eine Initiative von den Bundesministerien für Ernährung und Landwirtschaft (BMEL) und für Gesundheit (BMG) (https://www.in-form.de/) |
| Kinderleicht-Regionen. Besser essen. Mehr bewegen | Beschreibung von 24 Modellregionen mit 700 einzelnen Aktionen und Maßnahmen für eine bessere Ernährung und mehr Bewegung sowie zur Prävention von Übergewicht im Kindesalter (BMEL, 2013) |

Tab. 4.2: Entwicklung des Ernährungswissens im Vorschulalter – Fortsetzung

| Initiative/Projekt | Beschreibung |
|---|---|
| Internetseite Kindergesundheit | Förderschwerpunkt Prävention von Übergewicht bei Kindern und Jugendlichen des Bundesministerium für Gesundheit (BMG, 2017) (https://www.kindergesundheit-info.de/themen/) |
| Plattform Ernährung und Bewegung (peb) | Bündnis mit über 100 Mitgliedern u. a. aus öffentlicher Hand, Wirtschaft, Wissenschaft und Zivilgesellschaft für ausgewogene Ernährung sowie regelmäßige und ausreichende Bewegung; Beispielsprojekte: Peb & Pebber ist eine tägliche Fernsehsendung für Kinder zwischen drei und sieben Jahren zur Förderung eines gesunden Lebensstils, KiCo – Kita-Coaches als professionelle Begleitung für gesundheitsförderliche Kitas (https://www.pebonline.de/) |
| Infomaterialien der BZgA zur Kindergesundheit | Internetportal der Bundeszentrale für gesundheitliche Aufklärung mit Informationen, Broschüren, Faltblättern, Elternbriefen und Videos zu den Themen Gesundheit (Ernährung) und Entwicklung von Kindern (https://www.bzga.de/) |
| Kooperationsverband gesundheitliche Chancengleichheit | Praxisdatenbank mit aktuell 96 Projekten zum Thema Ernährung in Kindertageseinrichtungen/Kindertagespflege; davon 11, die die Best-Practice Kriterien erfüllen (Stand: Januar 2019) (https://www.gesundheitliche-chancengleichheit.de/praxisdatenbank/recherche/) |
| FIT KID – Die Gesund-Essen-Aktion für Kitas | Internetseite unterstützt Kindertageseinrichtungen bei der Optimierung der Verpflegung für Kinder u. a. durch eine Rezeptdatenbank und Speisenpläne, Materialien für Märchenwochen und Fortbildungsangeboten (etc.) (https://www.fitkid-aktion.de) |

Damit liegen zum Thema der gesunden Ernährung im Kindesalter vielfältige Informationen, Materialien, Videos und Fernsehsendungen, Fortbildungs- und Tagungsangebote oder auch Förderprogramme vor. Diese Angebote werden durch weitere auf Ebene der Bundesländer oder Regionen, von Krankheits- und Gesundheitskassen, von Berufsverbänden, Einrichtungen der Gesundheits- und Kinder- und Jugendhilfe (z. B. Familienbildungsstätten) und Vereinen erweitert.

## 4.4.2 Ernährungsempfehlungen für das Kindesalter

In den letzten Jahrzehnten hat das Thema einer gesunden Ernährung an Bedeutung gewonnen, dies gilt auch für die kindliche Ernährung.

Für ein gesundes physisches und psychisches Wachstum brauchen Kinder eine genügende Zufuhr von Energie, Hauptnährstoffen, Mineralstoffen und Vitaminen, für die altersbezogene Referenzwerte (vgl. D-A-CH-Referenzwerte, DGE, 2016) vorliegen. Nach Alexy, Clausen und Kersting (2008) eignen sich diese Referenzwerte für die Nährstoffzufuhr jedoch nicht für den Ernährungsalltag. Vor diesem Hintergrund wurde bereits Anfang der 1990er Jahre im Forschungsinstitut für Kinderernährung (FKE) das Konzept der optimierten Mischkost (opti-

MIX®) erarbeitet und wird fortlaufend unter Einbeziehung wissenschaftlicher Studien aktualisiert. Es handelt sich um ein Konzept für die gesunde und ausgewogene Ernährung von Kindern und Jugendlichen im Alter von 1–18 Jahren, dem ein 7-Tage-Speiseplan zugrunde liegt und bei dem für jeden Tag drei Hauptmahlzeiten und zwei Zwischenmahlzeiten vorgesehen sind. Aus diesem Speiseplan, der sich an Ernährungsgewohnheiten anlehnt und aus herkömmlichen Lebensmitteln zusammengestellt werden kann, wurden Anhaltswerte für altersgemäße Verzehrsmengen für Lebensmittelgruppen bzw. lebensmittel- und mahlzeitenbezogene Empfehlungen generiert. Zur übersichtlichen und einfachen Handhabbarkeit des Konzeptes wurde eine Einteilung danach vorgenommen, welche Lebensmittel reichlich, mäßig oder sparsam gegessen werden sollen: reichlich Getränke und pflanzliche Lebensmittel, mäßig tierische Lebensmittel und sparsam fett- und zuckerreiche Lebensmittel. Diese Empfehlungen werden auch optisch veranschaulicht durch eine Lebensmittelpyramide für die einzelnen Mahlzeiten (Alexy, Clausen & Kersting, 2008).

Die Deutsche Gesellschaft für Ernährung (DGE, 2017) hat auf der Basis von Studienergebnissen zehn Empfehlungen für die gesunde, vollwertige Ernährung verfasst, die in der folgenden Tabelle 4.3 aufgelistet sind.

Tab. 4.3: Zehn Empfehlungen zur gesunden Ernährung nach der DGE (2017)

| Empfehlung der DGE | Beschreibung der Empfehlungen |
|---|---|
| 1. Genuss der Lebensmittelvielfalt | Bei Vorliegen eines großen Lebensmittelangebots wird eine abwechslungsreiche Auswahl von nährstoffreichen und energiearmen Nahrungsmitteln, hauptsächlich pflanzlichen Lebensmitteln, empfohlen, um die Gesundheit zu fördern. |
| 2. Getreideprodukte und Kartoffeln ausgiebig essen | Da Getreideprodukte (z. B. Brot, Nudeln, Reis) und Kartoffeln viele Vitamine, Mineralstoffe, Ballaststoffe und sekundäre Pflanzenstoffe enthalten, wird eine reichliche Zufuhr empfohlen |
| 3. Fünf Portionen Gemüse und Obst am Tag | Auch Gemüse und Obst enthalten viele Vitamine, Mineralstoffe sowie Ballaststoffe und sekundäre Pflanzenstoffe. Es werden fünf Portionen frisch oder schonend zubereitetes Gemüse oder Obst am Tag bei und während der Mahlzeiten empfohlen |
| 4. Menge an Lebensmitteln mit wichtigen Nährstoffen und Vitaminen (u. a.) | Milch und Milchprodukte werden täglich empfohlen, Fisch ein- bis zweimal in der Woche, Fleisch, Wurstwaren und Eier mäßig |
| 5. Reduktion von Fett und fettreichen Lebensmittel | Bevorzugung von pflanzlichen Ölen und Fetten und Empfehlung fettarmer Fleisch- und Milchprodukte |
| 6. Maßvoller Gebrauch von Zucker und Salz | Beim Verzehr von Lebensmittel und Getränken sollte auf den Zucker- und Salzgehalt geachtet werden. Beim Würzen eher Kräuter und Gewürze und wenig Salz einsetzen |

**Tab. 4.3:** Zehn Empfehlungen zur gesunden Ernährung nach der DGE (2017) – Fortsetzung

| Empfehlung der DGE | Beschreibung der Empfehlungen |
|---|---|
| 7. Ausreichend trinken | Täglich sollten ungefähr 1,5 Liter Flüssigkeit (Kinder zwischen vier und sechs Jahren etwa 1 Liter) getrunken, z. B. Wasser und wenig gesüßte Getränke, zu sich genommen werden |
| 8. Zubereitung schonend gestalten | Lebensmittel bei niedrigen Temperaturen garen, um den Geschmack zu erhalten, die Nährstoffe zu schonen und ungesunde Verbindungen zu vermeiden. |
| 9. Essen mit Zeit und Genuss | Essen mit Zeit, keine Tätigkeiten nebenher, um das Essen genießen zu können und ein Sättigungsgefühl zu fördern |
| 10. Achten auf Gewicht und Bewegung | Mit einer vollwertigen Ernährung, regelmäßiger körperlicher Bewegung und Sport kann das Gewicht reguliert werden |

Diese zehn Empfehlungen der DGE (2017) beziehen sich nicht ausschließlich auf die Nährstoffzufuhr, sondern auch auf sozio-kulturelle Essgewohnheiten und weitere die Gesundheit betreffende Verhaltensweisen (z. B. genügende Bewegung).

In Anlehnung an die optimierte Mischkost liegen Empfehlungen dazu vor, welche Nahrungsmittel reichlich (z. B. Getreideprodukte und Kartoffeln, Obst und Gemüse, Milch- und Milchprodukte), welche mäßig (z. B. Fleisch, Wurstwaren und Eier) und sparsam (z. B. Zucker und Salz) gegessen werden sollen. Sozio-kulturelle Essgewohnheiten beziehen sich sowohl auf Nahrungsmittelauswahl (z. B. vielfältig, regional, saisonal, etc.) als auch auf die Zubereitung und den Rahmen, in dem gegessen wird (z. B. mit Zeit, ohne weitere Tätigkeiten). Diese Regeln zielen auf eine genussvoll und gesund erhaltende Ernährung ab, garantieren aber gleichzeitig genügend individuellen Spielraum bei der Ernährung.

### 4.4.3 Ernährungsempfehlungen für Kitas

Neben generellen Empfehlungen für eine ausgewogene, abwechslungsreiche und vollwertige Ernährung wurde die Notwendigkeit erkannt, auch Empfehlungen für Kitas zu entwickeln. Vor diesem Hintergrund wurde im Auftrag des Bundesministeriums für Ernährung und Landwirtschaft (BMEL) im Jahr 2009 der bundesweite »DGE-Qualitätsstandard für die Verpflegung in Tageseinrichtungen für Kinder« als Orientierung für die Qualitätssteigerung der Verpflegung in Kitas erarbeitet. Dies erfolgte im Rahmen des Nationalen Aktionsplans »IN FORM – Deutschlands Initiative für gesunde Ernährung und mehr Bewegung« durch das Projektteam von »FIT KID – Die Gesund-Essen-Aktion für Kitas« und Experten aus Wissenschaft und Praxis.

Diese Qualitätsstandards (Arens-Alvarez et al., 2009, 2015) beziehen sich auf Kinder im Alter von null bis sieben Jahren und richten sich vornehmlich an

## 4 Ernährungsförderung

Kitaleitungen, aber auch an weitere Verantwortliche bei der Verpflegung (z. B. Caterer).

Im Zentrum der Qualitätsstandards stehen Empfehlungen für die Mahlzeiten. Es werden jedoch auch weitere wichtige Themen wie die Gestaltung der Rahmenbedingungen beim Essen (z. B. Essatmosphäre, Gestaltung des Raumes und Tisches) und die Bedeutung der Ernährungsbildung in der Kita, die Bedeutung von rechtlichen Aspekten (z. B. Hygiene) und der Nachhaltigkeit (z. B. Ökologie, Gesundheit) vertiefend erörtert, um das pädagogische Fachpersonal zu informieren und zu sensibilisieren. Schließlich werden Hinweise zur Zertifizierung (FIT KID-Zertifizierung, Arens-Alvarez et al., 2009, 2015) gegeben, mit denen die Umsetzung einer optimierten Verpflegung und die Sicherung der Qualität des Speisenangebots belegt wird.

Die Empfehlungen für die Verpflegung beinhalten Angaben zum Frühstück, zur Zwischenverpflegung und zum Mittagessen sowie zur Getränkeversorgung und enthalten Hinweise zur Speisenherstellung, Nährstoffversorgung und zum Speisenangebot bei besonderen Anforderungen. Für alle Mahlzeiten schlagen die Autoren für sieben Lebensmittelgruppen (Getreide, Getreideprodukte und Kartoffeln, Gemüse und Salate, Obst, Milch und Milchprodukte, Getränke, Fleisch, Wurst, Fisch, Ei, Fette und Öle sowie Getränke) eine Auswahl vor und geben Beispiele zur praktischen Umsetzung. Für das Mittagessen als Hauptgericht wird ein tägliches Angebot an Rohkost, Salat oder gegartem Gemüse und einer Stärkebeilage angeraten.

Des Weiteren machen Arens-Alvarez et al. (2009, 2015) Vorschläge für einen Vier-Wochen-Speisenplan für Kitas bzw. für einen Zeitraum von 20 Verpflegungstagen, die in der folgenden Tabelle 4.4 aufgelistet sind.

**Tab. 4.4:** Anregungen für einen Vier-Wochen-Speisenplan bzw. für 20 Verpflegungstage für Kitas

| Häufigkeitsempfehlungen bei 20 Verpflegungstagen | vorgeschlagene Lebensmittelgruppen |
|---|---|
| täglich beim Mittagessen (Hauptmahlzeit) | Getreide, Getreideprodukte und Kartoffeln, Gemüse und Salate und Getränke (Wasser oder ungesüßte Getränke) |
| mindestens 8 Mal | Obst und Milch und Milchprodukte |
| maximal 8 Mal | Fleisch und Wurst |
| mindestens 4 Mal | Fisch |
| bei Ölen | Rapsöl als Standard |

Außerdem sollen regionale Produkte eingesetzt, kulturspezifische und religiöse Essgewohnheiten sowie Lebensmittelunverträglichkeiten von Kindern einbezogen werden. Es liegen Hinweise zur Gestaltung des Speisenplans vor: dessen Speisen sollten eindeutig benannt werden und er sollte im Vorfeld allen zugänglich sein. Ferner werden Vorschläge zu der Speisenherstellung gemacht.

Schließlich wird auf Vernetzungsstellen hingewiesen, die in den meisten Bundesländern existieren und sich in der Regel als zentrale Ansprechpartner zu allen Fragen rund um die Gemeinschaftsverpflegung ansehen und eine langfristige Umsetzung der Standards für die Gemeinschaftsverpflegung in Kitas anstreben. Dazu bieten sie zum Beispiel (Fortbildungs-)Angebote für pädagogische Fachkräfte (z. B. auch Coaching-Angebote) und Informationen sowie Materialien (z. B. auch Handreichungen und Leitlinien) an. Darüber hinaus werden eine zielgruppenbezogene Vernetzung der an der Gemeinschaftsverpflegung beteiligten Akteure und Verbraucher in der Region und auch eine Vernetzung mit Forschungseinrichtungen angestrebt.

## 4.5 Daten zum aktuellen Ernährungsverhalten und zu Übergewicht und Adipositas im Vorschulalter

In diesem Kapitel werden zunächst Daten dazu präsentiert, wie sich die aktuelle Ernährungslage von Kindern im Vorschulalter gestaltet, und darauffolgend, wie viele Kinder übergewichtig und adipös sind bzw. wie sich diese Prävalenzzahlen in den letzten Jahren entwickelt haben.

### 4.5.1 Daten zur aktuellen Ernährungssituation von Kindern im Vorschulalter

Zur aktuellen Ernährungssituation von Kindern im Vorschulalter liegen nur wenige Studien vor. Die folgenden Daten beziehen sich auf drei Studien: die Deutsche Repräsentative Studie zur Ernährung von Kleinkindern (GRETA-German Representative Study of Toddler Alimentation, Kersting & Hilbig, 2012, Hilbig et al., 2015), die Dortmunder Ernährungs- und Anthropometrische Längsschnittstudie (Dortmund Nutritional and Anthropometical Longitudinal Designed Study, DONALD Studie, Kersting et al., 2004) und die verschiedenen Kinder- und Jugendgesundheitsstudien (KiGGS) des Robert Koch-Instituts (Basiserhebung, Welle 1 und 2; Borrmann, Mensink & KiGGS Study Group, 2015, Krug et al., 2018, Mensink, Kleiser & Richter, 2007, Mensink, Kurth & Kleiser, 2007).

In allen drei Studien werden die mittels Ernährungsfragebogen oder -protokollen erhobenen Nährstoffzufuhren in Bezug zu den Empfehlungen der optimierten Mischkost gesetzt. In der folgenden Tabelle 4.5 sind einerseits die Mengen der Verzehrempfehlungen für die beiden Gruppen der ein- bis dreijährigen und für die drei- bis sechsjährigen Kinder aufgeführt. Auf der anderen Seite werden dem die Ergebnisse der GRETA- und der KiGGS-Studien mit den Mittelwerten oder Prozentzahlen der Kinder, die diese Empfehlungen erreichen, gegenübergestellt. Zusätzlich werden Ergebnisse zu weiteren Einflussfaktoren wie dem Geschlecht oder dem familiären sozioökonomischen Status (SÖS) präsentiert.

**Tab. 4.5:** Empfehlungen der optimierten Mischkost (optimiX) für ein bis sechs Jahre alte Kinder und die dazugehörigen Ergebnisse aus der GRETA- (Kersting & Hilbig, 2012, Hilbig et al., 2015) und den KiGGS-Studien (KiGGS Basiserhebung, Mensink, Kleiser & Richter, 2007, KiGGS Studie Welle 2, Krug et al., 2018) über den prozentualen Anteil der Kinder, die die Empfehlungen erreichen

| Verzehrsempfehlung/ Lebensmittel | empfohlene Menge für Kinder im Alter von 2–3/4–6 Jahren | GRETA-Studie (Alter: 1–3 Jahre) Empfehlung erreicht (%), weitere Ergebnisse | KiGGS-Studie (Alter: 3-6 Jahre), *KiGGS Welle 2 (3–10 Jahre) Empfehlung erreicht (%), weitere Ergebnisse |
|---|---|---|---|
| **Reichlich** | | | |
| Getränke (kalorienarm) | 700/800 ml/Tag | ≥ 60 % | *durchschnittliche Trinkmenge in ml/Tag: M: 1246,2/J: 1272,9 |
| Obst/Gemüse | je 150/200 g/Tag | Obst: >90 %, M>J Gemüse: >60 %, M>J | *durchschnittliche Menge: M: 286/J: 267,1 g/Tag Gemüse: M:142,2/ J:127,4 g/Tag |
| Brot/Getreide, Kartoffeln, Nudeln, Reis | 350 g/Tag | 60 % | Verzehr von Vollkornprodukten steigt mit höherem SÖS |
| **Mäßig** | | | |
| Milchprodukte | 330/350 g/Tag | ≥ 100 % | >60 %, J>M |
| Fleisch/Wurst | 35/40 g/Tag | mehr als 50 % überschreiten die Empfehlung, J>M | mehr als 70 % überschreiten die Empfehlung, J>M |
| Fisch | 35/50 g/Woche | >50 % | 23 % Mädchen, 26 % Jungen |
| **Sparsam/geduldet** | | | |
| Süßes, fette Snacks, gezuckerte Getränke (kcal/Tag) | max. 10 % Energieprozent/Gesamtaufnahme | mehr als 50 % überschreiten die Empfehlung, J>M | *mehr als 50 % überschreiten die Empfehlung, J>M |

%: Prozent, g: Gramm, ml: Milliliter, M: Mädchen, J: Jungen, SÖS: sozioökonomischer Status, *Ergebnisse von der KiGGS Studie Welle 2 (Krug et al., 2018)

Die Ergebnisse der Studien sind ähnlich, wenngleich in der KiGGS-Studie die prozentualen Anteile der Kinder, die die Nahrungsmittelempfehlungen erreichen, für den Fleisch- und Wurstverzehr niedriger ausfallen. Der Vergleich der KiGGS-Basiserhebung mit den Daten der KiGGs Welle 2 weist auf signifikante Veränderungen bei den Verzehrmengen hin: Es liegt eine Abnahme bei den Süßgetränken und -waren vor und eine Zunahme beim Wasser-, Obst- und Gemüsekonsum. Auch der Anteil der Kinder, die fünf Portionen Obst und Gemüse pro Tag essen, ist auf signifikant auf 17,1 % der 3–10-jährigen Mädchen und 15,5 % der gleichaltrigen Jungen gestiegen (Krug et al., 2018).

Für etliche Verzehrmengen liegen die Werte beider Altersgruppen unter den Empfehlungen: Dies gilt für »5 am Tag« empfohlene Portionen von Obst und Gemüse, Brot und Fisch.

Ein den Referenzwerten entsprechender Verzehr liegt bei jüngeren Kindern bei den Milchprodukten vor, bei den älteren Kindern sind dies etwas über 60 % der Kinder, die diese empfohlene Menge dieser Lebensmittelgruppen zu sich nehmen.

Ein höherer Verzehr liegt beim Verzehr von Fleisch und Wurstprodukten sowie von Süßigkeiten vor. Hier überschreiten mehr als die Hälfte der Kinder die empfohlenen Mengen, Jungen mehr als Mädchen.

Bei der DONALD-Studie beziehen sich die vorliegenden Ergebnisse auf die Ernährungsprotokolle der vier- bis sechsjährigen Kinder. Danach essen die Kinder mehr Obst als empfohlen. Die Kinder nehmen zu wenig Getränke zu sich und erreichen auch die Nahrungsmittelempfehlungen für Gemüse, Brot/Getreideflocken, Kartoffeln, Nudeln und Reis und Milch nicht. Ebenso wie in den beiden anderen Studien überschreiten die Kinder die Empfehlungen für Fleischprodukte und Wurst sowie Süßigkeiten und Snacks. Zusätzlich hat sich die Fettaufnahme weder in der Quantität und Qualität von 2000 und 2010 substantiell verändert (Libuda, Alexy & Kersting, 2014).

Als Einflussfaktoren auf das Ernährungsverhalten wurden das Alter, Geschlecht, die Familienform, der familiäre sozioökonomische Status und der Migrationshintergrund einbezogen. Bei allen Studien ist mit dem Alter eine Abnahme gesunder Ernährungsverhaltensweisen zu beobachten (Kersting et al., 2004, Kleiser et al., 2009), und der Vergleich der Geschlechter zeigt, dass Mädchen im Mittel ein gesünderes Ernährungsverhalten zeigen, während Jungen mehr Fleisch- und Wurstprodukte sowie mehr Süßigkeiten als gleichaltrige Mädchen essen.

In den Studien liegen für die Ernährung keine Unterschiede je nach Familienform (z. B. Rattay et al., 2014) und in der GRETA-Studie auch keine bezüglich des familiären sozioökonomischen Status vor. In der KiGGS-Studie wurde ein gesünderer Ernährungsindex (in Anlehnung an die optimiX-Empfehlungen) bei Kindern aus Familien mit höherem sozioökonomischen Status (SÖS) und ohne Migrationshintergrund (MH) gefunden. Der Ernährungsindex von Kindern mit türkischem und anderem MH liegt über dem der Kinder mit russischem MH (Kleiser et al., 2009, RKI, 2008). Beim Vergleich einzelner Lebensmittel fällt auf, dass beispielsweise Kinder mit türkischem MH mehr Obst, Gemüse, Geflügel und Fisch sowie weniger Fleisch und Wurst essen als Kinder ohne MH. Gleichzeitig verzehren sie auch mehr Weißbrot, Snacks und Fastfood und trinken mehr Soft- und Energydrinks (RKI, 2008).

## 4.5.2 Epidemiologische Zahlen zu Übergewicht und Adipositas im Vorschulalter

In der internationalen Studie zur globalen Krankheitslast (Global Burden of Disease) wurde festgestellt, dass im Jahr 2015 rund 107,7 Millionen Kinder und Jugendliche adipös waren (GBD Obesity Collaborators, 2017). Die Prävalenzzahlen für Adipositas der Weltbevölkerung haben sich in den letzten Jahrzehnten verdoppelt. Daher spricht die Weltgesundheitsorganisation (WHO) von einer globalen Adipositas-Epidemie bzw. Pandemie (»globesity«).

Diese Zunahme ist deshalb kritisch, weil mit einem deutlichen Übergewicht und vor allem einer Adipositas das Risiko für chronische Erkrankungen, wie u. a. Bluthochdruck und weitere Herz-Kreislauf-Erkrankungen, Diabetes mellitus, chronische Nierenerkrankungen, eine Reihe von Krebserkrankungen und muskuloskeletale Krankheiten bzw. Schäden am Bewegungsapparat wächst (Enzmann & Broich, 2013).

Diese epidemiologischen Studien basieren auf dem Body-Mass-Index, das heißt hier gehen ausschließlich die Körpergröße und das Körpergewicht in die Berechnung ein (BMI, kg/m$^2$). Andere anthropometrische Maße, wie beispielsweise Hüft- und Taillenumfang, die Hautfaltendicke oder weitere Merkmale wie der Körperbau, Konstitution und Gesundheitszustand der Menschen werden in der Regel nicht einbezogen.

Bei Kindern muss zusätzlich die körperliche Entwicklung in den verschiedenen Altersstufen berücksichtigt werden. Daher werden die individuellen Daten eines Kindes auf die einer Referenzpopulation (z. B. gleichen Alters und Geschlechts) bezogen. Kromeyer-Hausschild et al. (2001) haben aus einer Reihe von Studien Normtabellen für Kinder verschiedenen Alters und Geschlechts erstellt. Danach werden diejenigen Kinder als übergewichtig bezeichnet, deren BMI-Werte im Vergleich zur Referenzgruppe über der 90. Perzentile und als adipös, deren BMI über der 97. Perzentile, liegen. Als übergewichtig werden somit die zehn Prozent und als adipös die drei Prozent der »gewichtigsten« Mädchen oder Jungen einer Altersstufe bezeichnet.

In der KiGGS-Studie Welle 2 des Robert Koch-Instituts (Schienkiewitz et al., 2018), die von 2014 bis 2017 durchgeführt wurde, wird ein Übergewicht bei 10,8 % der drei- bis sechsjährigen Mädchen (davon 3,2 % Adipositas) und bei 7,3 % der Jungen (davon 1,0 % Adipositas) festgestellt. Auch bei Einschulungsuntersuchung in Berlin aus dem Jahr 2016 werden mit 9,8 % ähnliche Daten für das Übergewicht (5,8 %) und Adipositas (4,0 %) angegeben. In Übereinstimmung mit der Studie von Moss et al. (2011) stellten Oberwöhrmann und Bettge (2017) einen leichten Rückgang von Übergewicht und Adipositas in den Jahren 2005 bis 2013 fest. Seit 2016 berichten die Autorinnen jedoch von einem geringfügigen Anstieg, und Schienkiewitz et al. (2018) sprechen von unveränderten Übergewichts- und Adipositasprävalenzen im Vorschulalter.

Beim Übergewicht und der Adipositas spielen weitere Einflussfaktoren wie der familiäre sozioökonomische Status, die familiäre Herkunft, die Familienform, das Gewicht der Mutter und der Besuch einer Kita eine Rolle. Zu diesen

Einflussvariablen sind in der Abbildung 4.2 die Befunde aus den Studien zusammengefasst.

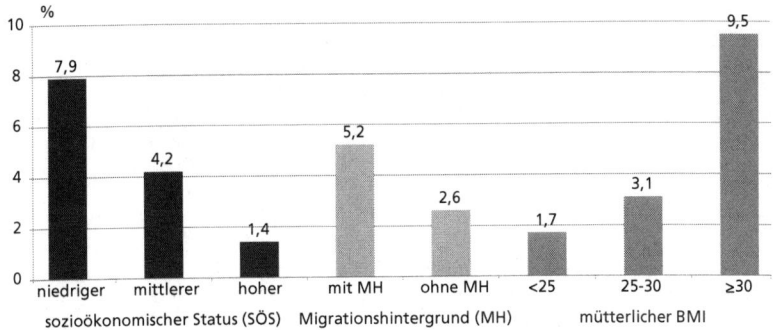

**Abb. 4.2:** Prozentualer Anteil von Kindern mit Adipositas bei Vorliegen von Einflussfaktoren (SÖS, Migrationshintergrund und mütterlichem Gewicht (BMI))

Bezogen auf den familiären sozioökonomischen Status verdeutlicht die Abbildung 4.2, dass Kinder aus Familien mit einem niedrigen SÖS ein erhöhtes Risiko für Adipositas (und auch Übergewicht) haben (Oberwöhrmann & Bettge, 2017, Schienkewitz et al., 2018). Dies gilt auch für Kinder aus Familien mit MH und für Kinder, deren Mütter selbst übergewichtig und adipös sind.

Bei Einelternfamilien besteht für Jungen ein erhöhtes Risiko für eine Adipositas. Schließlich konnte in der Berliner Einschulungsuntersuchung gezeigt werden, dass sich für Kinder, die keine Kita besuchen, das Risiko einer Adipositas (5,2 %) im Vergleich zu Kindern, die eine Kita ein halbes (3,6 %), ein halbes bis zwei Jahre (6,6 %) oder mehr als zwei Jahre (3,8 %) besuchen, nur zum Teil erhöht ist (Oberwöhrmann & Bettge, 2017).

## 4.6 Ernährungsförderung in Kitas

Um eine gesunde Ernährung in der Kita zu fördern, sollten vom pädagogischen Personal verschiedene Handlungsansätze eingesetzt und Förderaspekte beachtet werden (Arens-Azevêdo et al., 2009, 2015, Bartsch et al., 2013, Gibson et al., 2012). Ein Überblick wird in der Tabelle 4.6 gegeben.

Bei den in der Tabelle 4.6 aufgeführten Methoden und zu beachtenden Förderaspekten handelt es sich um allgemeine pädagogische Handlungsansätze. Diese werden auch in Programmen zur Ernährungsförderung, die in den letzten Jahren entwickelt wurden, mehr oder weniger explizit einbezogen. In diesen Programmen werden durch pädagogische Spiele und Übungen verschiedene The-

# 4 Ernährungsförderung

**Tab. 4.6:** Methoden und zu beachtende Aspekte bei der Förderung des kindlichen Ernährungsverhaltens in der Kita

| Handlungsansätze | Beschreibung und Beispiele |
|---|---|
| Entwicklung von Fähigkeiten flavor-flavor-learning | • Angebot zum Kennenlernen von Lebensmitteln, die eine Vielfalt in Geschmack, Geruch, Konsistenz, Aussehen und Hörerlebnissen bieten und Essen als sinnliches Erleben fördern (z. B. Küchengeräusche nachhören, eine Collage kleben, u. a.)<br>• Sinnes-Rituale durchführen<br>• Geruchs- und Geschmackserlebnisse für das sensorische Gedächtnis (z. B. »blind« schmecken, riechen, u. a.)<br>• Überschaubarkeit und Trennung der Zutaten<br>• Themen bearbeiten: Was mag ich/meine Familie, Unterschiede zwischen Familienmitgliedern, zwischen Mädchen und Jungen, Erfahren des eigenen Körpers beim Essen |
| Informieren und Erklären | • durch Geschichten, Bücher, Spiele und andere Medien spielerisches Lernen, was gesunde Ernährung bedeutet (z. B. Lebensmittelpyramide bzw. -ampel)<br>• Kinder durch kindgerechte Speisepläne über Mahlzeiten an dem Tag bzw. in der Woche informieren (Aushang mit den Zutaten für das tägliche Mittagessen aus Bildern zusammengesetzt) |
| Möglichkeiten schaffen, Neues auszuprobieren | • Angebote von neuen Lebensmitteln, Nutzung des »mere exposure«-Effektes: wiederholtes Ausprobieren neuer Nahrungsmittel (5–10 Mal) |
| Self-Monitoring unterstützen | • Stärkung in der Wahrnehmung des eigenen Sättigungsgefühls, kleine Portionen zum Ausprobieren |
| Regeln vereinbaren (Behavioral contracting) | • Regeln vereinbaren, wann und wie viel Süßigkeiten gegessen werden |
| Motivation fördern, Lob und Schaffung von Erfolgserlebnissen | • gesundes Essverhalten unterstützen: Ausprobieren von Neuem und positives Verhalten bei Mahlzeiten loben und verstärken (z. B. Tokensystem)<br>• keine ungesunden Nahrungsmittel als Belohnung, Anreiz oder Trost<br>• Motivation fördern durch Verstärkung von Neugierde (etc.), Modelllernen (z. B. durch Gleichaltrige, Vorbild des pädagogischen Personals) |
| Vermeiden von starkem Druck und Restriktionen | • gerade Verbote von bestimmten Lebensmitteln und Speisen können einen gegenteiligen Effekt haben, eher positive Kontrolle ausüben: kleinere Portionen, kein Vorhandensein ungesunder Nahrungsmittel |
| Kulturelle Kompetenzen fördern | • durch Themenwochen kulturelle Unterschiede bekannt machen: z. B. dass in jeder Kultur bestimmt wird, welche Nahrungsmittel u. a. für wen/wann akzeptiert sind oder nicht |
| Partizipation der Kinder stärken | • Einbezug der Kinder bei der Nahrungsmittelherstellung (z. B. Joghurt selbst herstellen), bei der Nahrungsauswahl<br>• partnerschaftliche Zubereitung von Speisen durch Mädchen und Jungen (Waschen und Schneiden von Obst und Gemüse) |

Tab. 4.6: Methoden und zu beachtende Aspekte bei der Förderung des kindlichen Ernährungsverhaltens in der Kita – Fortsetzung

| Handlungsansätze | Beschreibung und Beispiele |
|---|---|
| Verknüpfung des Essens mit Alltag in der KiTa | • Einkaufen, Tischdecken, Zubereiten, Schmecken, Tasten, Riechen, Aufräumen |
| Verknüpfung des Essens mit anderen Lernbereichen in der KiTa | • Themen- oder projektgebundene Aufgaben/Spiele beim Tischdecken (»wie viele Messer brauchen wir?«), bei der Auswahl (»heute nehme ich nur Rotes vom Obstteller«), der Zubereitung des Essens (»bei mir sind sechs Nudeln auf dem Teller und bei dir?«, u. a.) |
| Speisenplanung | • Wiederholung, Rhythmen im Angebot, aber auch neue Lebensmittel und Gerichte, die Neues an Vertrautes knüpfen zum Ausprobieren und um zum Neuen zu gelangen<br>• durch Angebote den Geschmack und die Lebensmittel- und Getränkeauswahl gesundheitsförderlich beeinflussen |
| Modellfunktion | • Teilnahme an den gemeinsamen Mahlzeiten, Bewusstsein für die eigene Modellfunktion, d. h. eigenes Ausprobieren von neuen Speisen, die Einstellung vermitteln, dass Essen Genuss bereitet und Spaß macht, ein emotionales Erlebnis ist, auf eigenes Sättigungsgefühl achten<br>• Loben und Verstärkung kindlichen Essverhaltens (s. o.) |
| Gestaltung der Mahlzeiten als soziales Miteinander | • Gestaltung eines Raumes mit angenehmer Atmosphäre und Ruhe für gemeinsame Mahlzeiten<br>• Ernährungssozialisation und Esskultur anlegen und weiterentwickeln: durch Rhythmen, Regeln und Rituale<br>• Vermittlung einer Essatmosphäre, in der Essen nicht auf Konkurrenz ausgelegt ist, sondern Spaß macht und Kommunikation Raum gibt<br>• Vermittlung, dass gemeinsames Essen ein soziales Miteinander unterstützt und eine soziale Identität schafft |
| Informationen für Eltern | • Informationen der Eltern, z. B. Anbieten eines Familienressourcen-Pakets mit Tipps und Spielideen für den Ernährungsalltag |
| Partizipation der Eltern | • Einbezug der Eltern bei Themenwochen oder Geburtstagen, beim Elternfrühstück, gemeinsames Ausprobieren und Kochen |

men zur Ernährung und Essverhalten angeboten: So lernen Kinder u. a. Lebensmittel kennen und Lebensmittelgruppen, sie können bestimmen, welche Lebensmittelgruppen gesund sind (Nahrungsmittelampel, Drachenzug mit Waggons für Lebensmittelgruppen, vgl. JolinchenKids, Kap. 3.4.1), mit ihnen gemeinsam werden Lebensmittel eingekauft und Speisen zubereitet (z. B. Schneiden von Gemüse für Rohkostteller), der Tisch gedeckt und die Mahlzeiten (Rhythmen, Regeln, Rituale) gestaltet. Das pädagogische Fachpersonal erhält Anregungen zur Gestaltung der Essumgebung (z. B. Einrichtung von Trinkoasen) und der Mahlzeiten, zur Planung von Speiseplänen, sie werden von ernährungswissenschaftlichen Fachkräften beraten oder von Multiplikator*innen begleitet. Und Eltern werden durch vielfältige Methoden wie Informationsabende und -schriften (etc.), durch Elternfrühstück oder andere Aktivitäten (z. B. Thementage) einbezogen.

Neben Ernährungsprogrammen liegen auch Projekte vor, die weiter gefasst sind und den Anbau von Lebensmitteln oder auch eine Freiraumgestaltung und eine naturnahe Erlebnispädagogik einbeziehen. Zum Beispiel das Projekt »GartenKinder: Lernen, was gesund ist« wurde 2013 von dem Deutschen LandFrauenverband (dlv) zusammen mit Projektpartnern entwickelt und richtet sich an Kindertageseinrichtungen. Zusammen mit den Kindern werden Pflanzen gesät, gepflegt und dann geerntet. Somit lernen Kinder das Gärtnern, und Grundlagen einer gesunden Ernährung werden vermittelt. Nachdem Prinzip Train-the-Trainer werden die Kitas ein Jahr lang von Landfrauen unterstützt, bevor sie dann die Aktivitäten selbständig fortsetzen.

Auf der Kita-Ebene haben verschiedene Träger im Rahmen des Programms »Kitas bewegen« einen Leitfaden zur Qualitätsentwicklung zum Essen und Trinken in der Kita entwickelt. Dieses Projekt wurde von der Bertelsmann-Stiftung initiiert und wird in der Kooperation mit verschiedenen Kooperationspartnern seit 2007 fortentwickelt. Es handelt es sich um einen strukturierten Qualitätsentwicklungs-Kreislauf, den die pädagogischen Fachkräfte zusammen mit den Kindern und Eltern unter Berücksichtigung der Bedürfnisse aller gestalten. In dem Leitfaden werden sechs Arbeitsschritte formuliert, die diesen Prozess unterstützen sollen (vgl. auch Kap. 3.5). Zunächst soll im 1. Schritt in den Kitas ein gemeinsames Verständnis (z. B. Verzicht auf Süßgetränke, Bio-Nahrung verwenden, u. a.) entwickelt werden, 2. wird ein gemeinsamer Ausgangspunkt und damit auch Transparenz geschaffen, 3. werden Stärken und Entwicklungsfelder in der Kita formuliert, bevor im 4. Schritt die individuellen Ziele und die dazugehörigen Maßnahmen festgelegt werden. Im 5. Schritt werden diese Maßnahmen umgesetzt und schließlich im 6. Schritt die Ergebnisse überprüft. Dieser Kreislauf kann von Kitas kontinuierlich durchlaufen werden, sodass sie ihre Qualität fortlaufend weiterentwickeln und damit laut Autoren die Bildungs- und Gesundheitschancen der Kinder fördern.

## 4.7 Zusammenfassung und Diskussion

Die Themen Essen, Ernährung und die Mahlzeitengestaltung sind tiefgreifend in den jeweiligen Kulturen verwoben. Angesichts von mehr Kindern, die in Kindertageseinrichtungen gefördert werden, gewinnen diese Themen auch dort an Bedeutung.

Ernährungsförderung ist nicht in den Bildungs- und Erziehungsplänen aller Bundesländer systematisch verankert und teilweise auch nicht genannt. Um frühzeitig und langfristig ein gesundes Ernährungsverhalten zu entwickeln, stehen neben den Eltern Kitas in der besonderen Verantwortung. Hier ist ein Ort gegeben, der fast alle Kinder im Vorschulalter erreicht und wo Kinder in einem sozialen, kulturellen Kontext lernen können, dass gesunde und vollwertige Ernährung Freude und Genuss bereiten kann.

Zwei Drittel der Eltern benennen ein gesundes Aufwachsen als Erziehungsziel und circa die Hälfte möchte, dass ihr Kind in der Kita ein gesundes Ernährungsverhalten lernt. Zusätzlich werden Ziele wie gute Tischmanieren und das Essen am Esstisch genannt. Die Hälfte der Eltern und weniger je nach sozioökonomischer Statusgruppe stimmen der Aussage zu, darauf zu achten, bei der Ernährung ein Vorbild für ihr Kind zu sein (Nestle, 2011). Hier sollte das pädagogische Personal Kinder kompensatorisch z. B. mit Regeln und Ritualen bekannt machen und sich der eigenen Rolle als Modell bewusst sein. Dies auch vor dem Hintergrund, dass Kinder in der Zeitspanne bis zur Einschulung vielfältige Kenntnisse und Fähigkeiten erwerben, die mit dem Wissen um Essen und einer gesunden Ernährung sowie dem Verhalten bei den Mahlzeiten zusammenhängen. Sie erweitern ihr Ernährungsvokabular, können Lebensmittel nach verschiedenen Merkmalen gruppieren und können Zusammenhänge zwischen der Nahrungsaufnahme und dem körperlichen Wohlbefinden erkennen.

Obwohl mehr als 90 % der Kitas Kindern Obstteller und täglich Gemüse anbieten und oftmals auf eine gesunde Ernährung (z. B. auch mittels Projektdurchführung) geachtet wird, fallen folgende Herausforderungen auf: Zurzeit essen zu wenig Kinder im Vorschulalter fünf Portionen Obst und Gemüse pro Tag, sie essen zu viel Fleisch und Wurstprodukte (hier vor allem die Jungen) und zu viele süße oder salzige kalorienhaltige Nahrungsmittel. Der Vergleich der KiGGS Basisstudie mit der Welle 2 Untersuchung weist auf Verbesserungen bei dem Essen gesunder Nahrungsmittel (z. B. vermehrtes Trinken von Wasser und Essen von Obst und Gemüse, weniger Trinken von gesüßten Getränken) hin (Krug et al., 2018), und gleichzeitig fällt eine Stagnation bei den Prävalenzen von Übergewicht und Adipositas auf (Schienkiewitz et al., 2018). Dieser Trend muss weiter beobachtet werden. Bestehen bleibt jedoch die deutliche Benachteiligung von Kindern aus Familien mit niedrigerem sozioökonomischen Status oder mit Migrationshintergrund, hier geht eine signifikant höhere Zahl adipöser Kinder einher. Hier haben Kitas es bisher wenig geschafft, diese gesundheitliche Ungleichheit auszugleichen, und hier besteht ein deutlicher Handlungsbedarf für Kitas.

Das Thema, eine gesunde Ernährung zu gestalten, kann verwirren und sich schwierig gestalten, weil es einen großen Markt, u. a. der Lebensmittelindustrie, darstellt. Es gehen gesellschaftliche »Moden« einher, »Superfood« wird deklariert, Ernährungstipps und auch Verhaltensvorschriften (z. B. zu Diäten) propagiert. Zum Teil werden diese Ansichten dogmatisch und moralisierend vertreten, was zu einer Unsicherheit bei dem Wunsch, eine gesunde Ernährung anbieten zu wollen, führen kann. Dementsprechend wird kritisiert, dass das pädagogische Fachpersonal bezüglich der Ernährung über kein konsistentes Gesundheitsverständnis verfügt und die Mahlzeiten und deren Gestaltung auf ihrem Alltagswissen basieren (BeKi-Studie, 2016). Um eine grundlegende Richtschnur zu geben, wurden Empfehlungen auf internationaler und nationaler Ebene für eine gesunde Ernährung von Kindern entwickelt. Hierzu zählen zum Beispiel die zehn Empfehlungen für die gesunde, vollwertige Ernährung der Deutschen Gesellschaft für Ernährung (DGE, 2017). Darüber hinaus wurden DGE-Qualitätsstandards für die Verpflegung in Tageseinrichtungen für Kinder erarbeitet. Darin werden unter anderem Anregungen für einen Vier-Wochen-Speisenplan für Kitas mit Rezeptvorschlägen gegeben. Allerdings sind die Empfehlungen beim pädagogischen Personal noch zu wenig bekannt und werden zu selten in Kitas umgesetzt werden (BMEL, 2016). Es zeigt sich somit noch ein ausgeprägter Aufklärungs- und Optimierungsbedarf.

Angesichts dieser vielfältigen Aktivitäten (z. B. Internetseiten mit verschiedenen Förderideen und auch Rezeptvorschlägen, Programme zur Förderung von gesundem Essen sowie zur Qualitätsentwicklung und -sicherung in Kitas) und auch Empfehlungen, Anregungen, Materialien und Hilfen, die von unterschiedlichen Seiten angeboten werden, sollte zukünftig das Thema der gesunden Ernährung in den Bildungsplänen aller Bundesländer verankert werden. Es gilt, in der Ausbildung, Fort- und Weiterbildungen nicht nur Wissen zu vermitteln, sondern pädagogische Fachkräfte für die Vielfalt der Themen Essen, Ernährung und Mahlzeitengestaltung zu sensibilisieren und sie in ihrer Vorbildfunktion zu stärken. Ferner besteht noch ein weiterer Optimierungsbedarf bei dem Verknüpfen von Ernährungsthemen mit Alltags- und anderen Lernsituationen. Das pädagogische Fachpersonal sollte zudem weitere Wege zur Einbeziehung von berufstätigen Eltern erarbeiten, auch wenn deren zeitlich begrenzten Ressourcen eine Kooperation erschweren können.

# 5 Körperliche Aktivität und Bewegungsförderung

Bewegung ist im Design des Menschen angelegt, sie ist Fundament und Grundphänomen menschlichen Lebens (Koch et al., 2016, Zimmer, 1993, S. 13). Menschen bewegen sich zu verschiedenen Anlässen und aufgrund unterschiedlicher Motive, um beispielsweise aktiv wahrnehmen zu können, wird der Kopf bewegt (z. B. etwas in den Blick zu nehmen), Menschen bewegen sich auf attraktive Dinge, Ereignisse oder Situationen zu, um diese wahrzunehmen, zu erfahren und mit ihnen zu handeln oder sie zu verändern, sie ergreifen bevorzugte Gegenstände und führen andere Handlungen aus (z. B. führen sie Essen zum Mund), sie kommunizieren über Bewegungen, führen komplexe Bewegungsmuster aus, um beispielsweise mit einem Fahrzeug im Straßenverkehr teilzunehmen, und bewegen sich in der Freizeit mit Spielen und Sport.

Damit ist Bewegung grundlegend für das eigene körperlich-sinnliche Erleben und für die Auseinandersetzung mit der Umwelt. Dies wird besonders deutlich bei Kindern, bei denen ein Bewegungs- und Entdeckungsdrang schon vor, aber insbesondere nach der Geburt an zu sehen ist: Sie tasten, erkunden, krabbeln und erschließen sich die Welt durch Bewegung (Frey & Mengelkamp, 2007, Zimmer 2004).

In den Nationalen Empfehlungen für Bewegung und Bewegungsförderung aus dem Jahr 2016 definieren Rütten und Pfeifer Bewegung unter einer gesundheitsförderlichen Perspektive. Danach umfasst Bewegung alle »gesundheitsförderlichen körperlichen Aktivitäten. Dies schließt sportliche Aktivitäten, sofern sie der Gesundheit nutzen und gesundheitliche Gefährdungen vermeiden, ebenso ein wie Alltagsaktivitäten, z. B. Fahrradfahren und Zufußgehen als bewegungsaktiver Transport« (Rütten & Pfeifer, 2016, S. 7).

Regelmäßige Bewegung beziehungsweise physische Aktivitäten sind zudem in vieler Hinsicht gesundheitsförderlich. Studien konnten positive Effekte von Bewegung und Sport auf das Herz-Kreislauf-System sowie die Stabilisierung des Halte- und Bewegungsapparates nachweisen. Damit kann Bewegung als Gesundheitsressource respektive als Schutzfaktor angesehen werden.

In den letzten Jahrzehnten hat sich das Bewegungsverhalten von Menschen in verschiedenen Lebensbereichen verändert, und es kommt vermehrt zu sitzenden Tätigkeiten, zum Beispiel in der Freizeit durch Fernsehen oder durch die Beschäftigung mit Medien wie einem Computer/ Tablet oder Smartphone. Ein Ungleichgewicht kann entstehen zwischen dem Drang nach Bewegung und einem bewegungsarmen Lebensstil. Es können vermehrt Beschwerden oder Erkrankungen resultieren, so werden im Zusammenhang mit diesen veränderten Lebensstilen das zunehmende Übergewicht und Adipositas als Risiken für die Gesundheit angesehen.

Um schon früh einen bewegten Lebensstil zu propagieren und einzuüben sowie zugleich Gesundheitsrisiken zu vermeiden, setzen Förderbemühungen schon in der frühen Kindheit an. Für Kitas liegt mittlerweile eine Reihe von Programmen vor, die von einzelnen Bewegungseinheiten bis zu einer Einbeziehung von Bewegung in alle Förderbereiche in der Kita reichen.

In diesem Buchkapitel werden zunächst die Begriffe Bewegung und körperliche Aktivität beleuchtet und anschließend die Empfehlungen zur Bewegung und Bewegungsförderung dargestellt. In dem darauffolgenden Absatz schließen sich Befunde zur Bewegungsentwicklung in der Vorschulzeit an. Die Zusammenhänge zwischen körperlicher Aktivität und der körperlichen, intellektuellen und sozial-emotionalen Entwicklung von Kindern werden präsentiert, bevor dann epidemiologische Daten zur Häufigkeit von Bewegung, körperlicher Aktivität sowie zum Mediengebrauch im Vorschulalter vorgestellt werden. In einem weiteren Kapitel geht es um Möglichkeiten der Bewegungsförderung. Hierzu werden Bereiche der Bewegungsförderung angesprochen, und der Bildungsbereich Bewegung wird in einen Kontext zu weiteren Bildungsbereichen gestellt, bevor danach die Bewegungsförderung mithilfe einzelner Bewegungsprogramme und auf der Ebene der Kita skizziert wird. Abschließend folgen eine Zusammenfassung und Diskussion der Ergebnisse.

## 5.1 Begriffsklärung und Empfehlungen für Bewegung und Bewegungsförderung

Unter Bewegungen oder körperlicher Aktivität wird jede Bewegungsform der Skelettmuskulatur verstanden, die mit einer Steigerung des Energieverbrauchs über den Ruheenergieverbrauch einhergeht (Rütten & Pfeiffer, 2016, S. 20). Dazu zählen alltägliche, sportliche und spielerische Aktivitäten. Beide Begriffe werden synonym verwendet.

Die sportlichen Aktivitäten (physical exercises) werden nach der WHO (2017) als geplante, strukturierte und wiederholte Aktivitäten beschrieben, mit denen eine Verbesserung oder die Aufrechterhaltung einer oder mehrerer Komponenten der physischen Fitness angestrebt wird. Bei der körperlichen Fitness wird vor allem die Leistungsfähigkeit in den Mittelpunkt gestellt. Es handelt sich um die Fähigkeiten, alltägliche Aufgaben mit Energie und Aufmerksamkeit, ohne übermäßige Müdigkeit zu bewältigen, Freizeitbeschäftigungen genießen zu können und unvorhergesehenen Belastungen gewachsen zu sein (Caspersen, Powell & Christensen, 1985). Die körperliche Fitness umfasst Grundeigenschaften wie Kraft, Ausdauer, Schnelligkeit, Beweglichkeit, Koordination.

Die körperliche Aktivität, die körperliche Fitness und Gesundheit korrelieren positiv miteinander und werden durch die Umwelt, den Lebensstil, Persönlichkeitsmerkmale sowie die genetische Ausstattung beeinflusst.

Die Nationalen Empfehlungen für Bewegung und Bewegungsförderung richten sich an Organisationen und Akteure im Bereich der Bewegungsförderung und enthalten Empfehlungen für verschiedene Altersgruppen (Rütten & Pfeifer, 2016). Für Kinder im Alter von vier bis sechs Jahren wird empfohlen, dass insgesamt eine Bewegungszeit von 180 Minuten pro Tag und mehr erreicht werden soll, »die aus angeleiteter und nichtangeleiteter Bewegung bestehen kann« (Rütten & Pfeifer, 2016, S. 25). Des Weiteren wird eine sitzende Tätigkeit und Nutzung von Medien (wie Fernseher, Computer, u. a.) von maximal 30 Minuten pro Tag beziehungsweise so wenig wie möglich empfohlen (Rütten & Pfeifer, 2016, S. 26).

Von der WHO (2009) werden für die Kindheit und das Jugendalter Bewegung von mindestens 60 Minuten pro Tag mit mittlerer bis hoher Intensität angegeben. Rütten und Pfeifer (2016) erklären die Differenz zu den Nationalen Empfehlungen damit, dass es sich bei der WHO um eine Minimalempfehlung handelt. Denn laut Autoren wirkt sich eine erhöhte Bewegungszeit positiv auf die Gesundheit der Kinder aus. Dabei sollte die Bewegungsförderung den Interessen und Neigungen der Kinder folgen und die Umgebung für die Kinder bewegungsfördernd und sicher gestaltet werden. Somit gewinnt die Bewegungsförderung aus gesundheitlicher Perspektive schon ab dem frühen Kindesalter eine besondere Bedeutung.

## 5.2 Entwicklung der kindlichen Motorik

In der frühen Kindheit ist die motorische Entwicklung durch qualitative und quantitative Veränderungen gekennzeichnet. Es kommt zu einer Spezifizierung, das heißt, einzelne Bewegungsformen werden gezielter, koordinierter und integrierter, und es folgt eine Differenzierung, dabei werden einzelne Bewegungsformen mit weiteren kombiniert, auf neue Situationen angepasst und in verschiedenen Situationen systematisch eingesetzt. Zum Teil werden komplexe Bewegungsabläufe automatisiert (z. B. beim Fahrradfahren). Gleichzeitig kommt es zu einem Anstieg an Kraft, Ausdauer und Geschwindigkeit, diese werden bei der Durchführung von Bewegungen zunehmend effektiver eingesetzt (vgl. Scheid, 1994). Im Folgenden werden einzelne motorische Entwicklungsfortschritte von Kindern im Kita-Alter dargestellt, die Entwicklungs- und Motoriktests entnommen worden sind (z. B. Bailey, 2006, Bös et al., 2009, Flehmig, 1973, Köhler & Egelkraut, 1984).

In Tabelle 5.1 wird nur eine Auswahl an klein- und großräumigen Bewegungen aufgeführt, dabei variiert die Spannbreite, wann Kinder Bewegungen erwerben, deutlich, dies gilt vor allem für den Erwerb komplexer Bewegungsabläufe.

**Tab. 5.1:** Die motorische Entwicklung im Kita-Alter

| Alter (Jahre) | Beispiele für groß- und kleinräumige Fähig-/Fertigkeiten |
|---|---|
| ab 2 ½ | fährt Dreirad, Schlusssprung über 20 cm, fängt Ball aus zwei Meter Entfernung<br>zeichnet einen deutlich abgesetzten, waagerechten Strich, reißt Papier mit Gegenbewegung auseinander |
| ab 3 | geht Stufen im Wechselschritt herunter, ohne sich festzuhalten, hüpft auf einem Bein, Einbeinstand für 5 Sekunden<br>malt ein Kreuz, malt einen »Kopffüßler«, wickelt Wollknäuel auf |
| ab 4 | kann rückwärtsgehen, zieht sich selbständig an und aus<br>zeichnet einfache Formen ab, schneidet mit Schere an Linie entlang |
| ab 5 | kann über schmalen Streifen balancieren, fährt mit Rollschuhen, beginnt mit dem Fahrradfahren<br>hält Stift zwischen Zeigefinger und Daumen, kann erste Buchstaben produzieren |

Für Kitas liegen mittlerweile etliche Beobachtungsverfahren vor, mit deren Hilfe die motorische Entwicklung von Kindern beobachtet und eingeordnet werden kann (z. B. Entwicklungs- und Beobachtungsdokumentation, EBD, Petermann, Petermann & Koglin, 2008, Kompik, Mayr, 2012, Mondey, Pauen et al., 2012, u. a.).

## 5.3 Zusammenhang von Bewegung und körperlicher Aktivität mit Entwicklungsaspekten in der Kindheit

Die Kindheit ist gekennzeichnet durch einen Zuwachs an motorischen, aber auch kognitiven und sozial-emotionalen Kompetenzen. Gerade in der frühen Kindheit sind die Entwicklung von Denk- und Wahrnehmungsleistungen eng an Bewegungen gebunden (z. B. das »Begreifen« der Welt).

Seit mehreren Jahrzehnten liegen Studien vor, in denen Zusammenhänge zwischen verschiedenen Entwicklungsbereichen geprüft wurden. Zumeist wurden zu einem Untersuchungszeitpunkt die groß- und kleinräumigen (auch grob- und feinmotorischen) sowie kognitiven Leistungen von Kindern mithilfe von Test- und Beobachtungsverfahren untersucht und korrelative Zusammenhänge berechnet. Hinzugekommen sind in den letzten Jahren Studien, in denen der Einfluss von kurz- oder längerfristigen körperlichen Aktivitäten auf Aspekte der kognitiven Leistungsfähigkeit und zur psychosozialen Entwicklung untersucht wurden.

Zunächst werden Ergebnisse von Studien zum Zusammenhang von motorischen Leistungen, Bewegung und körperlicher Aktivität auf kognitive Leistungen vorgestellt, bevor in einem weiteren Punkt auf den Zusammenhang von Bewegung und der psychosozialen Gesundheit von Kindern im Vorschulalter eingegangen wird.

## 5.3.1 Studien zu Zusammenhängen zwischen Entwicklungsbereichen

Die Studien unterscheiden sich darin, ob korrelative Zusammenhänge zwischen motorischen und kognitiven Fähigkeiten erhoben oder ob Bewegungsinterventionen unterschiedlicher Dauer und Intensität und ihr Einfluss auf die Leistungen der Kinder untersucht wurden.

In Korrelationsstudien werden zumeist Leistungsbereiche von den Kindern mithilfe von Beobachtungs- und/oder Testverfahren zu einem Zeitpunkt erhoben. Dabei ist der Zusammenhang zwischen motorischen Fähigkeiten und der Intelligenz bzw. unterschiedlichen kognitiven Fertigkeiten im frühen Kindesalter positiv (Asendorpf & Teubel, 2009, Davis et al., 2011, van der Fels et al., 2015, Planinsec, 2002, Piek et al., 2008, Schwarz, 2013), und er nimmt im Verlauf der Kindheit und des Jugendalters ab. Insbesondere für exekutive Funktionen (z. B. Verhaltenshemmung, Wechsel der Aufmerksamkeit, u. a.) werden hohe Korrelationen zu motorischen Fähigkeiten gefunden (Röthlisberger et al., 2010, Schwarz, 2013, Stein, Auerswald & Ebersbach, 2017, Stöckel & Hughes, 2016). Oberer, Gashaj und Roebers (2017) erklären diesen hohen Zusammenhang vor allem zwischen grobmotorischen und exekutiven Funktionen (zur Feinmotorik: $r=0.67$; Grobmotorik: $r=0.75$) damit, dass Kinder bei der Bewältigung dieser Aufgaben Bewegungen erinnern und planen, Lösungsstrategien einsetzen und steuern müssen.

In weiteren Studien wurde der Einfluss von kurz- oder längerfristigen Bewegungsinterventionen auf die kognitive Leistung geprüft. Übereinstimmend kann ein positiver Einfluss physischer Aktivitäten auf kognitive und sprachliche, vor allem ausgewählte exekutive Leistungen (z. B. Aufmerksamkeit, Reaktionsgeschwindigkeit und -genauigkeit) für Kinder im Vorschulalter, aber auch für andere Altersgruppen belegt werden (Camerona et al., 2012, Carsona et al., 2016, Chang et al., 2013, Donnelly et al., 2017, Etnier et al., 1997, Fisher et al., 2011, Krombholz, 2015, Sibley & Etnier, 2003, Venetsanou, Kambas & Giannakidou, 2015). Erste Studien weisen auch auf Veränderungen der Hirnstrukturen und -funktionen hin, die spezifische Aspekte der Kognition beeinflussen (Donnelly et al., 2017). Zudem liegen Hinweise vor, dass physische Aktivitäten sich unabhängig vom Geschlecht, Alter und dem familiären sozioökonomischen Status positiv auswirken und mit längerer Dauer und Regelmäßigkeit bessere Ergebnisse verknüpft sind. Darüber hinaus lassen sich keine negativen Nebenwirkungen feststellen (Carsona et al., 2016, Donnelly et al., 2017).

## 5.3.2 Physische Fitness und der Zusammenhang zur psychosozialen und mentalen Gesundheit

Aus Studien ergeben sich Hinweise, dass höhere motorische Fähigkeiten eher mit einem sozial kompetenteren Verhalten (z. B. weniger Verhaltensauffälligkeiten, bessere kommunikative Grundfertigkeiten) einhergehen (Asendorpf & Teubel, 2009, Frey & Mengelkamp, 2007, Livesey et al., 2006, Schwarz, 2013).

Zusätzlich werden bei Kindern und Jugendlichen positive Auswirkungen von physischen Aktivitäten auf depressive und Angststörungen (Ahn & Fedewa, 2011, Biddle & Asare, 2011, Brown et al., 2013, Larun et al., 2006), auf psychologischen Stress und emotionale Störungen (Ahn & Fedewa, 2011) aufgezeigt. Damit übereinstimmend konnte auch eine Erhöhung des Selbstwertes herausgearbeitet werden (Ahn & Fedewa, 2011, Venetsanou, Kambas & Giannakidou, 2015). Venetsanou, Kambas und Giannakidou (2015) haben in ihrer Überblicksarbeit an jüngeren Kindern im Alter von drei bis acht Jahren positive Auswirkungen verschiedener motorische Interventionen (z. B. Musik-/Bewegungsprogramme, Hip-Hop, Tanzprogramme) nicht nur auf den Selbstwert (self-esteem), sondern auch das kindliche Selbstkonzept, auf deren soziale und kommunikative Kompetenzen gefunden. Zusätzlich konnten Burkart et al. (2017) durch eine tägliche, halbstündige Bewegungsintervention über die Dauer von sechs Monaten den Grad des hyperaktiven und aggressiven Verhaltens an Vorschulkindern reduzieren.

In ihrer Überblicksarbeit mit 73 Studien prüften Ahn und Fedewa (2011) den Einfluss verschiedener Durchführungsbedingungen auf die psychische Gesundheit von drei- bis knapp 18-jährigen Kindern und Jugendlichen. Die Ergebnisse lassen sich folgendermaßen zusammenfassen:

- Art der Programme: den größten Effekt haben Zirkeltrainings und gemischte Übungen (Ausdauer- und Krafttraining);
- Übungsintensität: bessere Ergebnisse für eine mittlere bis hohe Durchführungsintensität (aber kein Unterschied in der Übersichtsarbeit von Larun et al., 2006);
- Frequenz: bessere Effekte bei ein bis zwei Einheiten pro Woche mit insgesamt mehr als 33 Stunden über die Projektdauer hinweg;
- Individuelle oder Klassenprogramme: zeigen bessere Effekte, wenn sie entweder von pädagogischem, wissenschaftlichen oder Personal mit sportwissenschaftlicher Ausbildung durchgeführt werden;
- Geschlecht der Kinder und Jugendlichen: die Befunde sind uneinheitlich, aber beide Geschlechter profitieren von Interventionen;
- Kinder mit oder ohne diagnostizierten kognitiven oder emotionalen Auffälligkeiten: alle Kinder profitieren von den Bewegungsprogrammen, allerdings die mit diagnostizierten kognitiven Störungen mehr als Kinder ohne Diagnose, und dieser Effekt ist ebenfalls positiv, wenngleich geringer für Kinder mit emotionalen Störungen.

Für die Wirkung der Bewegungsinterventionen wird eine Reihe von psychischen und neurobiologischen Prozessen beschrieben. Broocks (2005) nennt als psychische Faktoren eine Abnahme von Vermeidungsverhalten, eine Erhöhung des Selbstbewusstseins und der Eigeninitiative sowie eine Veränderung dysfunktionaler Kognitionen. Auch spielen neurobiologische Veränderungen und Adaptationsprozesse eine wichtige Rolle (z. B. Serotoninstoffwechsel, u. a.).

## 5.4 Epidemiologische Daten zur Bewegung und physischen Aktivität sowie zur Mediennutzung

Die motorische Leistungsfähigkeit der Kinder und Jugendlichen in Deutschland hat von 1975 bis 2005 allgemein abgenommen (Opper, Worth & Bös, 2005), seither ist sie stabil geblieben. Letzteres zeigt der Vergleich der KiGGS Basiserhebung von 2003 bis 2006 und der Folgestudie, der Welle 1, in den Jahren 2009 bis 2012. Bei ungefähr der Hälfte der vorgegebenen Aufgaben sind die Mittelwerte vergleichbar, bei der anderen Hälfte sind positive Entwicklungen zu verzeichnen (Albrecht et al., 2016). Signifikante Verbesserungen bei vier- bis fünfjährigen Kindern liegen beispielsweise beim seitlichen Hin- und Herspringen und beim Balancieren rückwärts vor.

Die Ergebnisse für die sportlichen Aktivitäten und die Erfüllung der WHO-Kriterien in der Gruppe der drei- bis sechsjährigen Kinder sind in Abbildung 5.1 dargestellt.

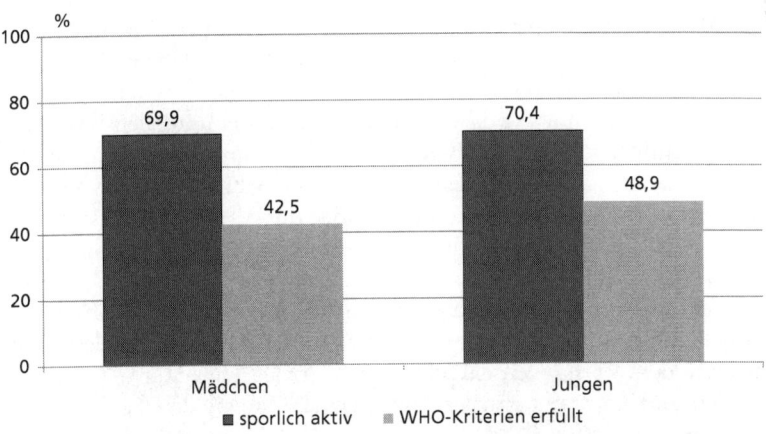

**Abb. 5.1:** Prozentualer Anteil der Kinder, die sportlich aktiv (3–10-Jährige) sind und die WHO-Empfehlungen (3–6-Jährige) erfüllen (auf Grundlage von KiGGS Welle 2, Finger et al., 2018, S. 26 und Krug et al., 2018, S. 8)

Im Alter von drei bis zehn Jahren treiben mehr als zwei Drittel der Kinder Sport, und dieser Prozentsatz steigt mit dem Alter an. Allerdings erfüllt weniger als die Hälfte der drei- bis sechsjährigen Kinder die WHO-Empfehlungen, täglich mindestens 60 Minuten körperlich aktiv zu sein. Dies gilt für 42,5 % der Mädchen und für 48,9 % der Jungen und dieser Anteil sinkt mit dem Alter weiter auf knapp 12 % der 14–17-Jährigen. Insgesamt erfüllen mehr Jungen die WHO-Kriterien als Mädchen (Finger et al., 2018). Einflussfaktoren, die das Sporttreiben positiv begünstigen, liegen vor, wenn die Eltern mindestens eine Stunde Sport pro Woche ausüben und wenn ein Sportplatz in gut erreichbarer Nähe liegt (Krug et al., 2018).

In der Auswertung der Einschulungsuntersuchungen von den Jahren 2005 bis 2016 fanden Oberwöhrmann und Bettge (2017) sowohl für die Aufgaben zur Körperkoordination (seitliches Hin- und Herspringen) und Visuomotorik (Aufgaben zur Gestaltrekonstruktion, der Vervollständigung einfacher Strichzeichnungen, und zur Gestaltreproduktion, dem exakten Abzeichnen von einfachen Strichzeichnungen) insgesamt im Schwankungsrahmen unveränderte Ergebnisse. Bei der Körperkoordination wiesen 15,6 % der Kinder grenzwertige und 13,6 % auffällige Ergebnisse auf. Bei den Aufgaben zur Visuomotorik sind 12,4 % der Ergebnisse grenzwertig und 21,0 % als auffällig zu bezeichnen.

Die Autoren schließen, dass sich die visuomotorischen Leistungen der Kinder im Laufe der Zeit nicht verbessert haben (Bettge, Oberwöhrmann & Meinlschmidt, 2016). Aber die Differenz der auffälligen Leistungen zwischen Kindern mit und ohne Migrationshintergrund hat sich verringert; mehr Kinder mit Migrationshintergrund weisen in der letzten Untersuchung unauffällige visuomotorische Leistungen auf. Im Vergleich dazu hat sich diese »Schere« zwischen Kindern mit niedrigem beziehungsweise höherem Sozialstatus nicht verringert. Nach wie vor weisen mehr sozial benachteiligte Kinder auffällige visuomotorische Ergebnisse auf.

Es wird ein Zusammenhang mit einem bewegungsarmen Lebensstil und geringer körperlicher Fitness sowie einem höheren Risiko von Übergewicht und Adipositas hergestellt. Daher sollen Ergebnisse zur Mediennutzung und Veränderungen über die Zeit hinweg dargestellt werden. In der aktuellen Blikk-Medien-Studie (Bewältigung, Lernverhalten, Intelligenz, Kompetenz, Kommunikation, Büsching & Riedel, 2017) wurden insgesamt 5573 Eltern bei den Vorsorgeuntersuchungen zur Mediennutzung ihrer Kinder (im Alter von 4 Wochen–14 Jahren) befragt. Die Eltern der Kinder im Alter von zwei bis vier Jahren (n=2060) gaben an, dass 49,2 % der Kinder weniger als 30 Minuten täglich fernsehen und 76,2 % sich weniger als 30 Minuten mit einem Smartphone beschäftigen. Dabei zeigen sich laut Autoren Zusammenhänge zwischen der Nutzungsdauer digitaler Medien und dem Vorhandensein von Sprachentwicklungs-Störungen, dem Fernsehkonsum und einer motorischen Hyperaktivität sowie dem Body-Mass-Index (Riedel & Büsching, 2017).

Im Vergleich dazu fallen die Mediennutzungszeiten in der Studie von Poulain et al. (2018), die die Mediennutzung und den Zusammenhang zu Verhaltensauffälligkeiten bei zwei bis sechsjährigen Kindern im Längsschnitt untersucht haben, und in der Berliner Einschulungsuntersuchung (Oberwöhrmann & Bettge, 2017) geringer aus: für ca. 74–80 % der Kinder wird ein täglicher Fernsehkonsum von weniger als 30 Minuten berichtet. In der Berliner Einschulungsuntersuchung wurde der Fernsehkonsum der Kinder für die Gruppen mit und ohne Migrationshintergrund beziehungsweise nach den sozioökonomischen Statusgruppen unterschieden. Die Ergebnisse sind der Abbildung 5.2 zu entnehmen.

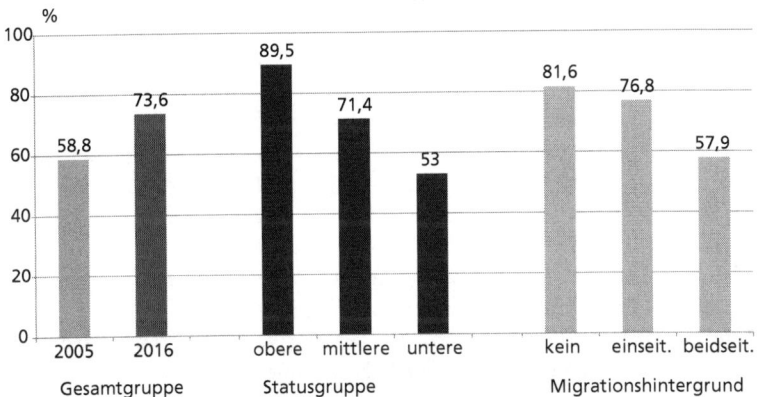

**Abb. 5.2:** Prozentualer Anteil der Kinder, die keine oder weniger als eine Stunde täglich Fernsehen (auf Grundlage der Berliner Einschulungsuntersuchung, Oberwöhrmann & Bettge, 2017, S. 66)

Knapp drei Viertel der fünf- bis siebenjährigen Kinder schauen im Jahr 2016 kein oder maximal eine Stunde Fernsehen pro Tag. Von den Jahren 2005 bis 2013 ist diese Zahl angestiegen, und seither ist sie konstant geblieben. Die Zahl der Kinder, die über einen eigenen Fernseher verfügt, hat sich halbiert (2005: 18,2 %, 2016: 8,3 %). Die Daten für das Jahr 2016 weisen darauf hin, dass der Anteil der Kinder mit einseitigem und beidseitigem Migrationshintergrund, die mehr Fernsehen, jeweils höher ist als bei den Kindern ohne Migrationshintergrund. Auch beim familiären Status fällt ein sozialer Gradient auf, d. h. je niedriger der familiäre soziale Status, desto höher ist der kindliche Fernsehkonsum.

Festzuhalten ist, dass die motorische Leistungsfähigkeit der Kinder in den letzten Jahren stabil geblieben ist und je nach Aufgabenbereich zum Teil verbesserte Leistungen gefunden wurden. Gleichzeitig setzt weniger als die Hälfte der Kinder im Vorschulalter die WHO-Empfehlungen zur Bewegung um. Bei der Einschulung weist ungefähr ein Drittel der Kinder grenzwertige bzw. auffällige visuomotorische und etwas weniger grobmotorische Auffälligkeiten auf (29,2 %). Auch diese Zahlen sind über ein Jahrzehnt hinweg stabil geblieben. Allerdings konnte bei Kindern mit ein- oder beidseitigem Migrationshintergrund ein Aufholen festgestellt werden, dies gilt jedoch nicht bei der Gruppe von Kindern der unteren familiären sozioökonomischen Statusgruppe.

Insgesamt schauen heute mehr Kinder im Vorschulalter weniger Fernsehen. Auch hier bestehen Unterschiede bei Kindern mit Migrationshintergrund und je nach familiären sozioökonomischen Status: Kinder mit Migrationsstatus und der unteren sozioökonomischen Statusgruppe schauen mehr Fernsehen als Kinder ohne diese Merkmale.

## 5.5 Gesundheitsförderung der motorischen Fähigkeiten

Die Förderung von Bewegung und körperlicher Fitness in Kitas bekommt eine besondere Bedeutung, wenn die Studienergebnisse zu verschiedenen kognitiven und psychischen Entwicklungsbereichen einbezogen werden.

Bei der Bewegungsförderung in Kindertagesstätten geht es weniger um das ausschließliche Trainieren körperlicher Fitness, sondern es soll der kindlichen Spiel- und Bewegungsfreude Raum gegeben, die motorischen Fähigkeiten und insgesamt das kindliche Wohlbefinden der Kinder gestärkt werden.

Je nach Konzept oder Programm werden eine angeleitete und nichtangeleitete Förderung für folgende Bereiche der Bewegungsförderung empfohlen, die in Tabelle 5.2 aufgelistet werden.

**Tab. 5.2:** Auflistung von Förderbereichen und Beispielen im motorischen Bereich

| Förderbereich | Erläuterung/Beispiel |
|---|---|
| Wahrnehmungs- und Sinnesförderung | Spiele und Übungen zur bewussten Wahrnehmung des Körpers, der Körpergrenzen, der Lage im Raum, der Haltung, z. B. Tastspiele, Hindernisse durch- und überwinden |
| Grobmotorik/großräumige Bewegungen | Bewegungen, an denen eine größere Anzahl von Bewegungsorganen beteiligt ist, und das Ausprobieren vielfältiger Fortbewegungsarten, z. B. Laufen, Springen, Klettern, Rutschen |
| Feinmotorik/kleinräumige Bewegungen | Bewegungen der Hand beim Malen, Schreiben, Basteln (u. a.) |
| Visuomotorik | Augen-Hand-Koordination, z. B. Perlen auffädeln, Nähen, handwerkliche Arbeiten |
| Okulomotorik | Steuerung der Augenbewegungen, z. B. räumliche Suchaufgaben |
| bilaterale und Überkreuzbewegungen | gleichzeitig synchronisierte oder versetzte (gegenläufige) Bewegungen der rechten und der linken Körperseite, z. B. Klettern, Krabbeln |
| Koordination und Beweglichkeit | komplexe Bewegungsabläufe koordinieren zu können und die Beweglichkeit dazu zu erwerben, z. B. Dreirad-, Roller-, Fahrrad-, Skateboardfahren, Hüpfen und Klettern |
| Gleichgewicht (Stand-, Balance-, Dreh- und Fluggleichgewicht) | den Körper in verschiedenen Positionen, bei verschiedenen Bewegungsabläufen und auf unterschiedlichen Untergründen im Gleichgewicht halten zu können, z. B. Rollen, Drehen, Balancieren, Einbeinstand, Hüpfen, Weitspringen, Schwingen, Schaukeln, Rollerfahren |

## 5.5 Gesundheitsförderung der motorischen Fähigkeiten

**Tab. 5.2:** Auflistung von Förderbereichen und Beispielen im motorischen Bereich – Fortsetzung

| Förderbereich | Erläuterung/Beispiel |
|---|---|
| Ausdauer | aerobe Ausdauer durch Bewegung über Zeiträume von mehr als wenigen Minuten durch den Einsatz großer Muskelgruppen, z. B. Gehen, Laufen, Fahrradfahren |
| Geschwindigkeit | Schnelligkeit bei groß- und kleinräumigen Bewegungen, z. B. Staffellauf, Sortieraufgaben |
| Kraft | Kräftigung der Muskulatur durch Gewichtsbelastungen, durch die höhere Muskelspannungen erzeugt werden, z. B. Ballwerfen, Heben und Tragen von Lasten |
| Rhythmik/musikalische Fähigkeit/Tanz | den Rhythmus /Takt z. B. bei Liedern durch Klatschen wahrnehmen und umsetzen, Musik körperlich durch Bewegungen und Tanz ausdrücken und darstellen zu können (u. a.). |
| Entspannung | Wahrnehmung des Körpers bzw. von Veränderungen im Körper durch Entspannungs-, Stille-Übungen, Spannung und Entspannung mit ihren Wirkungen auf Herz, Atmung und Muskulatur zu spüren, z. B. Entspannungsmeditation, Atem- und Yoga-Übungen |
| Mimik | Mimische Bewegungen wahrnehmen und einsetzen zu können |
| Reaktionsfähigkeit | schnell Bewegungen auf Reize einleiten und ausführen zu können |

Diese Auflistung von möglichen motorischen Förderbereichen verdeutlicht, dass die einzelnen Bereiche nicht klar voneinander abzugrenzen sind.

Um zu prüfen, ob Bewegung im frühen Bildungsbereich als eigenes Bildungsthema identifiziert wird und welche Bewegungsbereiche als förderungswürdig angesehen werden, haben Bahr und Fischer (2016) die Bildungs- und Orientierungspläne und Fachschulcurricula für die Ausbildung von Erzieherinnen und Erzieher der 16 Bundesländer analysiert. Danach wird das Thema Bewegung in allen Bildungs- und Orientierungsplänen entweder als ein Bildungs- oder als Querschnittthema einbezogen, wobei Bewegung primär im Zusammenhang mit der Entwicklungsförderung von Kindern gesehen wird. Vor allem der Erwerb von motorischen Grundfertigkeiten, die Förderung der Koordination und Kondition werden als förderwürdig genannt. Daneben wird Bewegung als Medium der Gesundheitserziehung angesehen. Die verbindende Funktion von Bewegung mit anderen Lernthemen und für andere Bildungsbereiche sowie die Funktion von Bewegung als Ressource wird laut Autoren nur vereinzelt thematisiert, und dann fehlen theoretische Begründungszusammenhänge. Die Autoren schließen:

> »Ein salutogenetisches Bewegungsverständnis, das Bewegungsförderung per se als Ressource für psychoemotionale Entwicklung und erfolgreiches Bewegungshandeln als ein persönlichkeitsstabilisierendes Gesundheitselement in der kindlichen Entwicklung sehen würde, wird hingegen bundesweit nicht erkannt« (Bahr & Fischer, 2016, S. 87).

Außerdem, so betonen die Autoren, werde in keinem Bundesland die Bewegung als Strukturierungsmerkmal für den Kita-Alltag genannt.

Von 643 befragten Kitas geben 97 % an, Aktivitäten im Bereich der Bewegung anzubieten (Kliche et al., 2008). Diese variieren von einzelnen Bewegungsaktivitäten bis hin zu einer strategischen Ausrichtung der Kindertagesstätten im Bereich Bewegung.

Im Folgenden werden einzelne Förderprogramme und dann die Förderung im Setting, d. h. das Konzept der Bewegten Kita, beschrieben. Abschließend wird auf Implikationen für die pädagogische Ausbildung eingegangen.

### 5.5.1 Bewegungsprogramme und Einbezug von Kriterien

Allein in der Projektdatenbank Gesundheitliche Chancengleichheit der Bundeszentrale für gesundheitliche Aufklärung (BZgA) werden für die Stichworte: Bewegungs- und Mobilitätsförderung, Alter 4–5 Jahre und Kindertageseinrichtung knapp achtzig laufende und abgeschlossene Programme angegeben und davon neun Projekte, die die Good Practice Kriterien erfüllen.

Die Variationsbreite der bewegungsfördernden Maßnahmen ist groß und reicht von Programmen zur Rückenschule (Czolbe, 1994, Kempf, 2004) über Zirkusprojekte (Cabuwazi »ChAotisch BUnter WAnderZIrkus«, 2018) bis hin zu Programmen, die neben der Bewegungsförderung weitere Modulbereiche wie Ernährung, Entspannung, Förderung des seelischen Wohlbefindens, Unfallprävention und die Gesundheitsförderung von dem pädagogischen Fachpersonal einbeziehen.

Diese Programme unterscheiden sich in ihrer Konzeption und Zielsetzung, den Rahmenbedingungen und Methoden der Durchführung, dem Alter der einzubeziehenden Kinder, den Personen, die die Bewegungsmaßnahmen durchführen, den Kooperationspartnern, den Maßnahmen der Qualitätssicherung, Dokumentation und Evaluation sowie den Kosten, sprich den Kriterien guter Praxis (vgl. Kap. 2.3.2).

Zu den Zielen von Bewegungsprogrammen werden zumeist die Vermittlung von Freude an der Bewegung und die Vermeidung von kindlichem Übergewicht und Adipositas genannt. In manchen Programmen wird die sozial-kognitive Theorie von Bandura (2001) als theoretische Begründung des eigenen Vorgehens herangezogen, aber in der Regel fehlt eine theoretische Fundierung. Dabei ist bei der Konzeption von Bewegungsprogrammen die Formulierung von eindeutigen und einlösbaren Zielen zu fordern. Diese sollte auf den SMART-Kriterien (Doran, 1981) basieren, d. h. sie sollten spezifisch, messbar, akzeptiert und erreichbar, realitätsnah und innerhalb eines zeitlichen Rahmens zu erreichen sein.

Die Durchführung der Bewegungsmaßnahmen erfolgt zumeist in den Kindertagesstätten, vereinzelte Module können auch in Turnhallen von Sportvereinen oder wie beim Projekt Minifit im Wald (Modul Waldbande, mhplus, o.J) oder wie beim Projekt CABUWAZI (2018) im Zirkus stattfinden.

In ihrer Analyse von 15 Bewegungsprogrammen beschreibt Karger (2016), dass die durchgeführte Bewegungszeit von mehreren Bewegungseinheiten pro Woche bis täglichen Bewegungszeiten variiert, und sie empfiehlt mindestens zwei Bewegungseinheiten über Gesamtdauer von mindestens 90 Minuten pro Woche. In der Regel werden in den Projektbeschreibungen Anleitungen zu

Bewegungsübungen und -spielen sowie Methoden des Einsatzes mitgeliefert. Im Weiteren steht auf der Internetseite der Bundeszentrale für gesundheitliche Aufklärung (BZgA) von Zimmer (2002) eine kommentierte Medienübersicht mit Fachbüchern zur Bewegungserziehung und Psychomotorik, zur Wahrnehmungsförderung und mit Sinnesspielen (u. a.) und Lehrmaterialien sowie Spielekarteien zur Verfügung.

Für eine erfolgreiche Einführung von Bewegungsprogrammen ist der Konsens zwischen pädagogischen Fachkräften, der Leitung (und dem Träger) der Kita und den Eltern grundlegend. Neben der inhaltlichen Arbeit werden in der Regel organisatorisch-strukturelle und räumliche Veränderungen notwendig (Bittmann, 2007). Die Implementation, d. h. die partizipative Einführung, Verankerung und Fortentwicklung von bewegungsfördernden Maßnahmen, sollte entlang des Aktionszyklus (Public Health Action Cycle, s. Kap. 3.5) erfolgen. Schließlich scheint für den nachhaltigen Erfolg der Bewegungsprogramme auch eine regionale Einbettung und Vernetzung mit anderen Institutionen, Organisationen und Vereinen notwendig zu sein.

In vielen Projekten ist mittlerweile eine externe Evaluation erfolgt. In ihrer Überblicksarbeit zu bewegungsfördernde Maßnahmen konnte Karger (2015) zeigen, dass in 68,8 % der einbezogenen Studien positive Effekte auf die Fitness der Kinder und in 51,9 % der Studien positive Auswirkungen auf die körperlichen Aktivität, d. h. im Anschluss bewegten sich die Kinder mehr, bestanden. Steenbock et al. (2015) konnten allerdings in ihrer Überblicksarbeit auf der Basis von 14 Metaanalysen zeigen, dass bewegungsbezogene Interventionen im Setting Kita nicht oder nur begrenzt zur Steigerung der körperlichen Aktivität und zur Reduktion sitzender Verhaltensweisen führen und dass Ergebnisse zur Verbesserung motorischer Fähigkeiten inkonsistent sind. Am ehesten liegen Hinweise dafür vor, dass gerade bei den unter Fünfjährigen neben der Vermittlung von Fähigkeiten eine starke Elterneinbindung »vielversprechend« sei.

Zu den Kosten-Nutzen-Relationen von Bewegungsprogrammen liegen kaum Studien vor. Eine Ausnahme bildet die Studie von Kesztyüs et al. (2017) an 1733 Probanden mit einem mittleren Alter von ca. sieben Jahren. Die Schüler*innen haben am Programm »Komm mit ins Boot« teilgenommen, und die Kosten betrugen pro Schüler*in 25,04 Euro. Demgegenüber lagen die zusätzlichen Kosten zur Vermeidung einer Adipositas bei durchschnittlich 1515 bis 1993 Euro je nach Gruppe. Kesztyüs et al. (2017) folgern, dass die Wirksamkeit des Programms bei finanziell tragbaren Kosten und einer belegten Kosten-Effektivität nachgewiesen werden konnte.

Für eine weitere Vertiefung und Übersicht der einzelnen Programme wird auf die Projektdatenbank der BZgA und die Arbeit von Karger (2016) verwiesen.

## 5.5.2 Bewegter Kindergarten

Erste Sportkindergärten wurden in den 1970er Jahren eröffnet, deren Träger oftmals Sportvereine waren und in denen es um die Vermittlung sportmotorischer Fertigkeiten ging (Zimmer, 2013, S. 13). Dieses Verständnis von Bewegungserziehung hat sich verändert. Seither geht es mehr um das Bewegen, Erkunden und Erproben und erst nachrangig um das Üben und Trainieren. Die Kinder sollen durch Bewegung Gelegenheiten für Körper-, Material- und Sozialerfahrungen erhalten, die auch mit Themen und Erfahrungen ihrer Lebenswelt verknüpft sind.

Müller (2015) nennt für eine Bewegte Kita als übergeordnete Ziele, dass Kinder durch Bewegung unter anderem zusätzliche Informationszugänge gewinnen und ihre Informationsverarbeitung verbessern. Weitere Ziele sind, den eigenen Körper wahrzunehmen und zu erfahren, über den Körper zu empfinden, sich auszudrücken, etwas (szenisch) zu gestalten, durch Bewegungsspiele etwas zu üben oder auch Aufgaben zu lösen.

Bei einer Bewegten Kita geht es nicht darum, einzelne Bewegungselemente oder -stunden einzufügen, sondern das Leitbild der Kita und die Rahmenbedingungen so auszurichten, dass in der Kita vielfältige Bewegungsmöglichkeiten geschaffen werden und zusätzlich die pädagogische Konzeption der Kita Bewegung bei allen Aktivitäten mitdenkt und einbezieht.

Das Konzept für einen Bewegungskindergarten setzt sich nach Zimmer (2013) aus zwölf Bausteinen zusammen, die in der folgenden Abbildung 5.3 dargestellt sind.

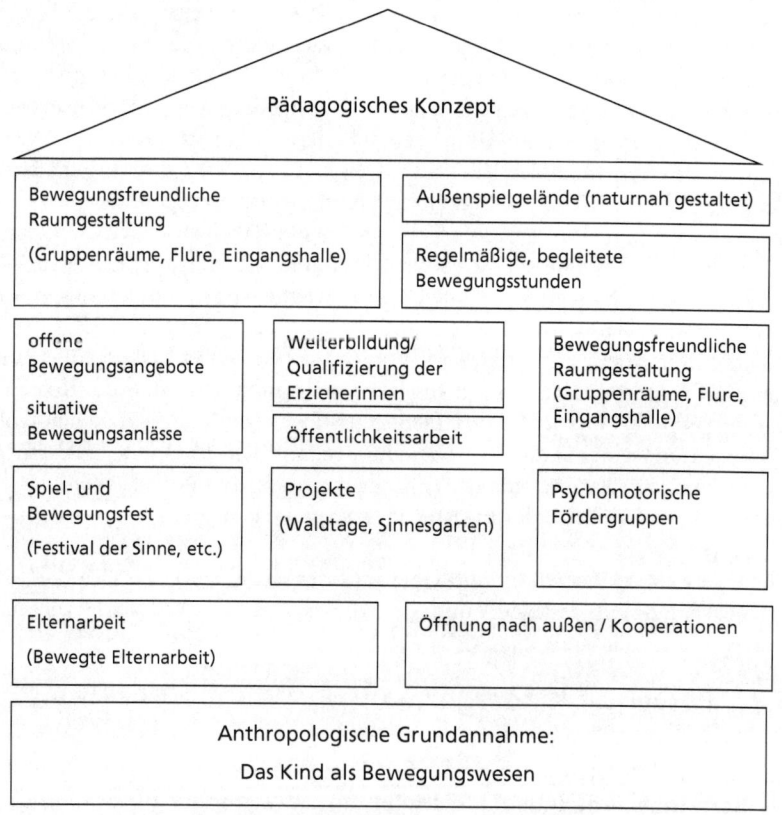

**Abb. 5.3:** Die zwölf Bausteine eines Bewegungskindergartens nach Zimmer (2013, S. 95)

Zimmer (2013) nennt als Grundlage des Bewegungskindergartens die auf einem humanistischen Menschenbild basierende anthropologische Grundannahme, die das Kind als sich bewegendes, die eigene Entwicklung aktiv gestaltendes Wesen ansieht. Von Beginn an streben Kinder nach zunehmender Autonomie, wobei die anfängliche Abhängigkeit von der Umwelt mit der Zeit geringer wird. Ein Austarieren von Autonomie bei Interdependenz mit der Umwelt ist ein Thema in der frühen Kindheit, bleibt aber über den Entwicklungsverlauf hinweg aktuell. Menschen streben nicht nur ein hohes Maß an Autonomie an, sondern versuchen auch, sich selbst zu verwirklichen und sich ihr Denken, Fühlen und Handeln zielgerichtet und sinnvoll zu erklären. Schließlich werden Menschen in ihren körperlichen, psychischen und sozialen kulturellen und geschichtlichen Bezügen gesehen.

Als Rahmenbedingungen, die zu einer bewegten Kita gehören, nennt Zimmer (2013) die Qualifikationen des pädagogischen Personals. Über die eigene Freude an Bewegung und Bewegungsaktivitäten sollte ein Zugang zu Kindern hergestellt werden, und Kinder können dann ebenfalls Freude an Bewegung und ihrem Körper entwickeln. Gerade wenn Kinder mit besonderem Förderbedarf inkludiert werden sollen, schlägt die Autorin Fortbildungen vor. Neben der Grundqualifikation von Erzieher*innen für die Bewegungserziehung können durch Fortbildungen weitere Kompetenzen zum Beispiel in Psychomotorik/Motopädagogik, Tanz/Rhythmik, Kinderturnen oder Entspannungsverfahren erworben werden.

Neben der Qualifikation des pädagogischen Personals nennt Zimmer (2013) die räumlichen Voraussetzungen, die für Bewegung, großräumige Aktivitäten und Spiele gegeben sein sollten. Dabei handelt es sich um die Räume in der Kita und auch um das Außengelände. In der Kita werden ein größerer Bewegungs- und ein Geräteraum beziehungsweise Räume, die eine flexible Raumgestaltung zulassen, als grundlegend angesehen. Hierzu gibt die Autorin eine Reihe von Anregungen wie beispielsweise Einrichtungen mit Podesten, Schaumstoffwürfeln, einer Hängematte und einer zweiten Ebene im Raum, die über eine Leiter erreichbar ist. Weitere Orte, die für Bewegung und Bewegungsspiele genutzt werden können, sind beispielsweise eine Treppe, ein Flur, eine Garderobennische, bekletterbare Wände und Tobe-Ecken. Auch der Eingangsbereich sollte so gestaltet werden, dass auf die Bewegungsaktivitäten (z. B. durch Fotos) hingewiesen wird. Die Außenspielräume sollten durch ihre Gestaltung mit Hügeln und Mulden, durch die Bepflanzung mit Bäumen (etc.) so angelegt werden, dass Kinder rennen, klettern, springen, schaukeln, toben und auch mit Materialien wie Steinen und Sand (u. a.) spielen können.

An Angeboten unterscheidet Zimmer (2013) Bausteine zur Entspannung und Ruhe (z. B. im abgetrennten Ruhebereich oder -raum, durch Rheritualen und Entspannungseinheiten, u. a.) sowie offene und situative Bewegungsangebote (z. B. Klettermöglichkeiten und Bewegungsbaustelle mit unterschiedlichen Materialien, frei zugängliches Außengelände und offene Turnhalle, u. a.), regelmäßig angeleitete Bewegungsstunden (z. B. mit Regeln und Ritualen zum Erweitern des Bewegungsrepertoires der Kinder, u. a.), Spiel- und Bewegungsfeste (z. B. Sommerfest mit Bewegungsstationen, Tanzfestival, u. a.), Projekte (z. B. Anlegen eines Sinnesgartens, Spiele aus anderen Ländern, u. a.), psychomotorische Fördergruppen (z. B. spezielle Bewegungsangebote in Kleingruppen, Kooperation mit anderen Berufsgruppen).

Müller (2015) nennt in ihrer Beschreibung zusätzlich noch die bewegten Lernsituationen für die vier- bis sechsjährigen Kinder und Spiele zur Auflockerung und Koordinationsschulung. Die bewegten Lernsituationen beziehen sich auf die Bildungsbereiche der kommunikativen, mathematischen und naturwissenschaftlichen Bildung sowie auf bereichsübergreifende Bewegungsprojekte. Mittlerweile liegen für diese Bildungsbereiche viele Spielideen vor: Bei der kommunikativen Bildung können Erzieherinnen beispielsweise kurze Sätze mit Verben (winken, kriechen, hüpfen, u. a.) oder Präpositionen (»Alle Kinder sitzen auf dem Stuhl«) vorgeben, die genannten Bewegungen sollen dann von den Kindern gezeigt werden.

Bei den von Müller (2015) genannten Spielformen zur Auflockerung und Koordinationsschulung werden Anregungen für rhythmisch-musikalische Bewegungsspiele, für kleine Kunststücke (z. B. mit Luftballons, etc.), für Bewegungsgeschichten und ein darstellendes Spiel (z. B. Pantomime, Figurenspiel, etc.) gegeben.

Als weitere Bausteine des pädagogischen Konzepts nennt Zimmer (2013) die Zusammenarbeit mit Eltern, die Öffnung nach Außen und die Öffentlichkeitsarbeit. Eltern werden beispielsweise durch Elternbriefe über die Bewegungsaktivitäten in der Kita informiert und an Elternabenden oder Spielnachmittagen aktiv einbezogen. Eine Öffnung nach Außen kann unter anderem in Kooperation mit Sportvereinen, durch die Einbeziehung von Fachkräften (z. B. Frühförderstellen) und Kontakte zu (Bewegten) Grundschulen erfolgen (vgl. auch Müller, 2015). Auch die Öffentlichkeitsarbeit ist ein wichtiger Baustein in der Konzeption Bewegter Kitas und kann neben Diskussionsforen mit Fachleuten auch Tage der offenen Tür oder öffentliche Vortagsabende enthalten.

In ihrer Studie haben Graf et al. (2011) verhaltens- und verhältnispräventive Effekte der Intervention bei 48 anerkannten Bewegungskitas und sechs Kontrollkindergärten geprüft.

An die Leitungen, pädagogischen Fachkräfte und Beraterinnen wurden Fragebögen zur Erfassung struktureller und organisatorischer Merkmale zu Beginn der Intervention und ein Jahr später geschickt. Das Wissen und die Einstellungen zu Ernährung und Bewegung wurden bei den pädagogischen Fachkräften vor und nach der Schulung und bei den Eltern vor und nach Elternabenden erfasst. Zusätzlich wurden telefonische Leitfadeninterviews mit Leitungen, Beraterinnen und Ernährungsfachkräften geführt, um mehr zur Akzeptanz, Partizipation und Nachhaltigkeit der Intervention zu erfahren.

Ein Ergebnis ist, dass in den Bewegten Kitas die Bewegungszeit der Kinder in 88,9 % der Einrichtungen gesteigert wurde. Dies erfolgte durch Veränderungen der räumlichen Bedingungen und mehr Bewegungsangeboten sowie durch eine stärkere Einbindung der Kinder bei der Gestaltung der Bewegungsangebote. Die Umsetzung des Moduls »Bewegungserziehung im Kleinkind- und Vorschulalter« (BiKuV) wurde von 71,7 % der Berater*innen als gut und sehr gut angesehen. Als Begründung werden die Motivation und die Schulung des gesamten

Teams genannt. Die Akzeptanz der durchschnittlich zweieinhalb Mal pro Einrichtung durchgeführten themenspezifischen Elternabende wurde als gut eingestuft, wobei kritisch anzumerken ist, dass nur ein Drittel der Eltern an diesen teilnahmen. Von den Autoren wird vorgeschlagen, neben Elternabenden weitere Möglichkeiten der elterlichen Partizipation genauer zu analysieren. Abschließend schätzen mehr als drei Viertel der Berater*innen und 85,4 % der Leitungen, dass das Projekt in der Einrichtung sehr gut bzw. gut angenommen wird.

Es kann festgehalten werden, dass Bewegte Kitas Bewegung strukturell in ihrem Leitbild und in der praktischen Arbeit verankern. Damit wird bei den Kitas ein Entwicklungsprozess angestoßen, der alle Ebenen der Arbeit einbezieht und kontinuierlich fortgeführt werden muss. Bisher liegen wenige Studien vor, die Effekte der Bewegten Kitas untersucht haben. Kritisch anzumerken ist, dass die Studien methodische Mängel wie zu kleine Stichproben, fehlende Kontrollgruppen oder auch fehlende standardisierte Messungen aufweisen. Trotzdem können bei vorsichtiger Interpretation positive Effekte bezüglich der Bewegungsaktivitäten und der motorischen Leistungsfähigkeit bei Kindern und einer positiven Veränderung der Zusammenarbeit mit den Eltern berichtet werden.

### 5.5.3 Hinweise für pädagogische Fachkräfte und deren Ausbildung

In den beiden vorhergehenden Kapiteln wurden verschiedene Bewegungskonzepte und -programme für die Arbeit in Kindertageseinrichtungen vorgestellt. Es fehlt jedoch ein Blick auf das Bewegungsverständnis von pädagogischem Fachpersonal und (Einflussfaktoren auf) die Bewegungspraxis. Stahl-von-Zabern et al. (2016) haben das Bewegungsverständnis und die Bewegungspraxis von 2427 pädagogischen Fachkräften, 127 Lehrkräften an Fachschulen und 53 Lehrkräften an (Fach-)Hochschulen mittels Onlinebefragung untersucht. Zum Bewegungsverständnis nannten circa 70 % aller Befragten an erster Stelle Bewegung als Medium der Entwicklungsförderung. Danach folgt bei pädagogischen Fach- und Lehrkräften an Fachschulen ein Verständnis von Bewegung als Ziel-/Lerngegenstand (Fachkräfte: 27,2 %, Lehrkräfte: 24,3 %) und Bewegung als Medium zur Gesundheitserziehung (21,5 %, 15,5 %). Bei den Lehrkräften an (Fach-)Hochschulen ist diese Reihenfolge umgekehrt (Gesundheit: 25 %, Ziel/Lerngegenstand: 13,6 %). Von allen Befragten wird Bewegung als Medium des Lernens an letzter Stelle (je nach Gruppe zwischen 13–18 %) genannt. Über eine Bewegungsqualifikation verfügen 44,4 % des pädagogischen Personals, 63,5 % der Lehrkräfte von Fachschulen und 53,7 % der (Fach-)Hochschulen. Dabei handelt es sich zumeist um Fortbildungen zur Psychomotorik in der Kindertagesstätte oder um Übungsleiterausbildungen Bewegung im Kleinkind- und Vorschulalter beziehungsweise Übungsleiterfortbildung C zum Breitensport. Mit Ausnahme der Übungsleiterfortbildung C, die von 29 % der Lehrkräfte von (Fach-)Hochschulen und 24 % der Lehrkräfte von Fachschulen absolviert wurden, wurden alle anderen Fortbildungen von weniger als einem Fünftel der Befragten belegt.

Zur Bewegungspraxis wurde von 58,6 % der Befragten von einem täglichen freien Bewegungsangebot berichtet. Darüber hinaus werden in der Kita gesetzte Bewegungsimpulse von 44,2 % mehrmals in der Woche und von 35,7 % täglich angeboten. Angeleitete und vorstrukturierte Bewegungsaktivitäten werden in 35,2 % der Kitas einmal pro Woche und 47,5 % mehrmals pro Woche durchgeführt.

Als Haupthindernisse für die Durchführung von Bewegungsangeboten werden ein Personalmangel und die Aufsichtspflicht genannt. Nach Stahl-von-Zabern et al. (2016) weisen die Ergebnisse der Studie auf ein komplexes Verständnis der Befragten zur kindlichen Bewegung hin, und von den pädagogischen Fachkräften wird die »Bewegungspraxis im pädagogischen Alltag in ihrer gesamten methodisch-didaktischen Variationsbreite angeboten und realisiert« (S. 126). Diese Ergebnisse müssen jedoch angesichts des geringen Fragebogenrücklaufs von circa 18 % mit Vorsicht interpretiert werden.

Für einen kompetenten Umgang mit den Themen Bewegung und Bewegungsförderung sind nach Koch et al. (2016) der Erwerb von Fachwissen und der Fähigkeit, dieses in der Arbeit alltags- und situationsgerecht umsetzen zu können, vor allem die Auseinandersetzung mit der eigenen Bewegungsbiografie ausschlaggebend. Diese Reflexion ist deswegen so bedeutsam, weil sie die eigene Haltung und Einstellung zu Bewegung und somit auch die pädagogische Arbeit beeinflusst. Das Fachwissen bezieht das juristische Wissen (z. B. zur Aufsichtspflicht), entwicklungspsychologische Grundlagen, das Wissen darüber, wie sich Räume und Materialien auf das Bewegungsverhalten und die Entwicklung von Kindern auswirken und auch das Wissen über verschiedene Bewegungsprogramme und -konzepte (z. B. mit beweglichem Mobiliar) ein. Um Bewegungsanreize und -angebote für Kinder situationsadäquat entwickeln und umsetzen zu können, sind Beobachtungskompetenzen genauso erforderlich wie die Fähigkeit, diese Informationen in pädagogisches Handeln umsetzen zu können.

Um mehr über Motive der Bewegung zu erfahren, haben Koch et al. (2016) 20 Interviews mit pädagogischen Fachkräften und Lehrenden von Fachschulen/Universitäten durchgeführt. Danach lassen sich die Motive in dem Spannungsfeld von Bewegung als Freiheit und als Begrenzung einordnen. Mit dem Zentralmotiv Bewegung als Freiheit sind weitere Motive verknüpft, wie Bewegung ist Freude/Spaß, Sinnlichkeit, geht mit einer intrinsischen Motivation einher und bedeutet soziale Interaktion. Das Zentralmotiv Bewegung als Begrenzung bildet sich aus weiteren Motiven wie Leistung, Strukturvorgaben, Zwang, als Mittel zum Zweck und verknüpft mit einer extrinsischen Motivation. Nach den Autoren ist die reflektierte Auseinandersetzung mit den eigenen Motiven bedeutsam, um eine bewegungsförderliche Haltung zu entwickeln.

Böcker-Giannini und Stahl-von-Zabern (2016) empfehlen eine größere Einbeziehung praktischer Inhalte und »dabei den Raum für Selbsterfahrungsprozesse mit einem hohen Anteil an (Selbst-) Reflexionsmöglichkeiten für die Studierenden und Auszubildenden deutlich zu erweitern« (S. 198).

## 5.6 Zusammenfassung und Diskussion

Mittlerweile liegt ein Korpus an Studien vor, das in der frühen Kindheit Belege für die gesundheitsförderlichen Auswirkungen von körperlichen Aktivitäten auf kognitive Fähigkeiten und die psychische Gesundheit bzw. das psychische Wohlbefinden liefert. Zwischen den Entwicklungsbereichen der Motorik, den kognitiven Fertigkeiten und der sozial-emotionalen Entwicklung liegen schwache, aber positive Korrelationen vor. Deutlicher und positiver sind die Auswirkungen von physischen Aktivitäten auf die kognitive und psychosoziale Entwicklung. Im letzten Jahrzehnt konnten insbesondere Auswirkungen von körperlichen Aktivitäten auf exekutive Funktionen dokumentiert werden.

Als sehr positiv ist zu bewerten, dass im letzten Jahrzehnt keine weiteren Verschlechterungen der motorischen Leistungsfähigkeit bei Kindern festgestellt wurden. Vielmehr zeigen sich die motorischen Leistungen in Studien als stabil, und bei einzelnen Aufgaben sind sogar Verbesserungen zu sehen. Dies kann auf die erhöhte Aufmerksamkeit, die der Bewegungsförderung geschenkt wurde und wird, die vermehrten Fortbildungen und auch das Einsetzen von Bewegungsförderprogrammen in Kitas zurückgeführt werden. In 97 % der Kitas wird Bewegung als Förderbereich umgesetzt. In diesem Zusammenhang ist auch als ermutigend zu erwähnen, dass die Anzahl der Kinder, die nicht oder weniger als eine Stunde täglich fernsieht, angestiegen ist, und die, die über einen eigenen Fernseher verfügt, abgenommen hat. Dies gilt jedoch in einem geringeren Ausmaß für Kinder mit ein- oder beidseitigem Migrationshintergrund und für Kinder aus Familien einer niedrigen sozioökonomischen Statusgruppe.

Bedenklich ist, dass etwas weniger als die Hälfte der Kinder im Vorschulalter den Bewegungsempfehlungen der WHO von einer Stunde körperlicher Aktivität pro Tag mit mittlerer bis hoher Intensität nachkommt. Für die noch länger dauernden Nationalen Empfehlungen für Bewegung und Bewegungsförderung (Rütten & Pfeifer, 2016) von täglich 180 Minuten angeleiteter und nicht-angeleiteter Bewegungszeit liegen keine Daten vor, aber es muss angenommen werden, dass dies von einem noch geringeren Anteil der vier- bis sechsjährigen Kinder realisiert wird. Bezieht man die Ergebnisse von Studien ein, die zeigen, dass bis zum Jugendalter der Anteil derjenigen, der die WHO-Empfehlungen zur Bewegung umsetzt, noch abnimmt, gewinnt die Bewegungsförderung und somit auch die frühe Etablierung eines bewegten Lebensstils in der Kita noch eine größere Bedeutung.

Bedenklich ist auch die immer noch hohe Zahl von Kindern, die bei der Einschulung eine grenzwertige oder auffällige Körperkoordination (ca. 30 %) oder Visuomotorik (ca. 33 %) aufweisen. Gerade visuomotorische Fähigkeiten sind beim Lesen- und Schreibenlernen grundlegend. Daher ist es einerseits positiv, dass die Zahl der Kinder mit ein- oder beidseitigem Migrationshintergrund, bei denen Auffälligkeiten bei der Körperkoordination und Visuomotorik dokumentiert werden, abgenommen hat, andererseits gilt dies nicht für Kinder aus benachteiligten Lebenssituationen (Bettge, Oberwöhrmann & Meinlschmidt, 2016). Diese Befunde verdeutlichen, dass bei der Bewegungsförderung weiterhin ein hoher Entwicklungsbedarf besteht. Es ist insgesamt mehr Bewegungsförderung notwendig, andererseits muss Bewegungsförderung gezielter auch für Kinder mit Migrationshintergrund, aber insbesondere aus benachteiligten Lebenssituationen erfolgen. Hier sind eine Sensibilisierung des pädagogischen Fachpersonals und mehr Forschung notwendig, um zu klären, mit welchen Förderansätzen diese Zielgruppen besser zu erreichen sind, um die Bildungs- und gesundheitliche Chancengleichheit für alle Kinder in Kitas zu erhöhen.

Dass in den letzten Jahrzehnten die Bewegung und Bewegungsförderung in der frühen Bildungsarbeit an Bedeutung gewonnen hat, wird dadurch veranschaulicht, dass in allen Bildungs- und Orientierungsplänen der 16 Bundesländer Bewegung als eigenständiges oder ein Querschnittsthema beschrieben wird. Allerdings wird von Bahr und Fischer (2016) bemängelt, dass Bewegung primär im Zusammenhang mit der Entwicklungsförderung von Kindern, insbesondere der Förderung der motorischen Grundfertigkeiten, der Koordination und Kondition, gesehen wird. Dies wird auch durch die Studie von Stahl-von-Zabern et al. (2016) an pädagogischem Fach- und Lehrpersonal gestützt.

Vor diesem Hintergrund sollte dem Thema der Bewegungsförderung in den Bildungsplänen in seiner Vielfältigkeit, z. B. Bewegung als Medium des Lernens oder als Ressource, mehr Gewicht zukommen. Gerade die Verbindung von Bewegung mit anderen Bildungsbereichen sollte theoretisch unterfüttert werden, sodass auch für die bzw. in der Praxis Förderideen entwickelt werden können. Dies gilt auch für die Frage, wie Bewegung als Ressource für die psychosoziale Entwicklung für verschiedene Zielgruppen genutzt werden kann.

Mittlerweile liegen viele Programme und Bewegungs- und Spielmaterialien und -anregungen vor. Diese Programme können sich auf die gesamte Kita (Bewegte Kita) beziehen oder über einen gewissen Zeitraum für einzelne Gruppen eingesetzt werden, wobei eine langfristige Implementation der Bewegungsförderung in Kitas im Vordergrund stehen sollte.

In Bewegten Kitas wird Bewegung als handlungsleitend für das Leitbild der Kita und alle Aktivitäten angesehen. Daraus ergeben sich in der Regel strukturell-organisatorische Veränderungen der Rahmenbedingungen und der inhaltlichen Arbeit in Kitas. Wenngleich erste Evaluationsstudien positive Effekte beschreiben, müssen die Ergebnisse aufgrund methodischer Mängel noch mit Vorsicht betrachtet werden.

Um genauere Hinweise für die Durchführung von Bewegungsansätzen geben zu können, sind weitere praxisbezogene Forschungsbemühungen erforderlich: Zur Intensität und Frequenz von Bewegung werden je nach Autor mindestens Bewegungsmaßnahmen von ein- bis zweimal (Ahn & Fedewa, 2011) bzw. zwei Bewegungseinheiten über Gesamtdauer von mindestens 90 Minuten pro Woche (Karger, 2016) empfohlen. Das Ziel sollte jedoch eine Implementation der Maßnahmen über die gesamte Kita-Besuchs- bis in die Grundschulzeit sein. Hier sollten die Bedingungen, die eine solche erfolgreiche, nachhaltige Implementation gewährleisten, untersucht werden und in die Programmgestaltung/-umsetzung einfließen.

Es liegen theoretische Begründungen und erste Studien vor, in denen die Bedeutung einzelner Bewegungsaktivitäten bezüglich konkreter Förderziele und

Zielgruppen untersucht wurden. Hier sind jedoch noch weitere Bemühungen zu fordern, damit einzelne Bewegungsmaßnahmen bei bestimmten Förderanliegen gezielter eingesetzt werden können. Aus der Überblicksarbeit von Ahn und Fedewa (2911) geht hervor, dass Kinder mit kognitiven und emotionalen Herausforderungen vermehrt von Bewegungsprogrammen profitieren. Daraus folgend sind weitere praxisangewandte Forschungsaktivitäten notwendig, um zu klären, mit welchen Bewegungsmaßnahmen bestimmte Zielgruppen wie Kinder beispielsweise sozial benachteiligte Kinder oder Kinder mit Entwicklungsherausforderungen besser erreicht werden können. Angesichts der Zunahme inklusiver Kitagruppen sollte auch analysiert werden, welche Bewegungsmaßnahmen sich im Zusammenhang mit welchem methodischen Vorgehen bei heterogenen Gruppen als wirksam erweisen. Daneben scheint es notwendig, dass neben angeleiteten Angeboten viel mehr noch Kinder in ihrem Spiel beziehungsweise motorischen Handlungen beobachtet werden, um sie durch gezielte Anregungen, Hilfen und Unterstützungen zu fördern.

Das pädagogische Fachpersonal erwirbt in der Ausbildung Wissen über die motorische Entwicklung von Kindern, über die Bedeutung von Bewegung für die kognitive, motivationale, psychosoziale und Persönlichkeitsentwicklung, über praktische Vorgehensweisen zur Förderung von Bewegung und gesetzliche Rahmenbedingungen. Diese Wissensbestände werden oftmals durch Weiter- und Fortbildungen ergänzt, und hier wird dem pädagogischen Personal eine hohe Motivation beim Erwerb des Wissens und der praktischen Realisierung bescheinigt. Doch nicht nur diese Wissensbestände sind notwendig, sondern auch die Reflexion der eigenen Bewegungsgeschichte und Körperlichkeit, um Neugierde und Freude an Bewegungen vermitteln zu können. Das bedeutet, dass die Ausbildung der Erzieher*innen neben theoretischen Elementen vermehrt praktische Übungen und die Reflexion der eigenen Bewegungsbiografie beinhalten sollte.

Nicht nur die Förderung von den Kindern ist notwendig, sondern auch eine Einbeziehung von Eltern, die über die reine Information hinausgeht. Für das pädagogische Fachpersonal stellt sich oftmals die Frage, wie Erziehungsberechtigte angesichts eines engen Zeitkorsetts zur Mitarbeit gewonnen werden können. Zunehmend werden dazu Ansätze entwickelt (z.B. Internetseite: »Ene Mene Fit – Eltern machen mit!«, Mannheimer Institut für Public Health, Sozial- und Präventivmedizin, 2009) und insbesondere erfolgversprechende Bemühungen sollten nutzbar gemacht werden.

Schließlich soll noch auf Bewegung als Ressource als eigenständiges Thema der Gesundheitsförderung hingewiesen werden. Bewegungsförderung und -anregungen können dazu führen, dass Kinder mehr Interesse und Freude an ihrem Körper, Bewegungen und körperlichen Aktivitäten finden und können so zu einem höheren Wohlbefinden beitragen. Dies gilt auch für Entspannung oder achtsame Meditation. Bewegung und Sport können zusätzlich dabei helfen, Emotionen zu verarbeiten und »wieder klarer denken« zu können. Sie können als Alternative zum Konsum von Medien gelten. Schließlich kann die Bewegungsförderung in Kitas zu einem bewegten Lebensstil und der Teilhabe an einer vielfältigen Bewegungskultur beitragen.

# 6 Förderung der psychischen Gesundheit

In der WHO-Definition von Gesundheit werden neben dem physischen das psychische und soziale Wohlbefinden betont. So gilt: »Mental health is an integral part of health; indeed there is no health without mental health« (WHO, 2018).

Neben den primären Bindungspersonen beziehungsweise der Familie trägt das pädagogische Fachpersonal von Krippen und Kitas schon im frühen Alter wesentlich zu einer gesunden psychosozialen Entwicklung von Kindern bei.

In diesem Kapitel wird zunächst geklärt, was unter psychischer Gesundheit zu verstehen ist. Für eine psychisch gesunde Entwicklung wird die Befriedigung von psychischen Grundbedürfnissen als grundlegend angesehen, daher schließt sich eine Beschreibung der von Grawe (2002, 2004) definierten vier psychischen Grundbedürfnisse an. Nach dem Punkt werden Entwicklungsaufgaben von drei- bis sechsjährigen Kindern vorgestellt. Dem schließt sich ein Überblick über epidemiologische Daten zur psychischen Gesundheit von Kindern unter Einbeziehung von Determinanten der Gesundheit im Vorschulalter an, bevor die Förderung der psychischen Gesundheit in der Kita aufgegriffen wird. Hier wird ein Überblick über Programme zur Förderung insbesondere der sozial-emotionalen Entwicklung gegeben. Das Kapitel schließt mit einer zusammenfassenden Diskussion.

## 6.1 Definition und Bedeutung psychischer Gesundheit

Nach der WHO (2005) sind Kinder und Jugendliche mit einer »guten« psychischen Gesundheit

> »in der Lage, ein optimales psychisches Funktionieren und soziales Eingebundensein sowie Wohlbefinden zu erreichen und aufrechtzuerhalten. Sie haben ein Gefühl der Identität und des Selbstwertes, intakte Beziehungen zur Familie und zu Gleichaltrigen, haben die Fähigkeit, produktiv zu sein und lernen zu können, und können Entwicklungsaufgaben bewältigen sowie kulturelle Ressourcen für das eigene Wachstum nutzen. Außerdem ist die gute psychische Gesundheit für ihre aktive soziale und ökonomische Teilhabe ausschlaggebend« (Übers. d. Autorin).

Voraussetzung für eine gesunde psychische Entwicklung ist nach Grawe (2002, 2004) die Befriedigung der psychischen Grundbedürfnisse, die evolutionär angelegt und für das Erleben und Verhalten von Menschen grundlegend sind. Das von Grawe formulierte Modell psychischer Grundbedürfnisse wird mittlerweile durch empirische Befunde gestützt (Borg-Laufs & Dittrich, 2011). Bei den vier Grundbedürfnissen handelt es sich um das Bedürfnis nach Lustgewinn und Unlustvermeidung, Bindung, Orientierung und Kontrolle sowie Selbstwertschutz und Selbstwerterhöhung. Diese vier Grundbedürfnisse sind keine distinkten Entitäten, sondern es gibt Überschneidungen und dies vor allem bei ihrer Befriedigung durch Eltern, Familienmitgliedern und auch pädagogischen Fachkräften. Die vier psychischen Grundbedürfnisse werden folgend kurz beschrieben.

## 6.1.1 Streben nach Lustgewinn und Vermeidung von Unlustzuständen

Freud hält in seiner psychoanalytischen Theorie fest, dass der »Ablauf der seelischen Vorgänge automatisch durch das Lustprinzip reguliert wird« (Freud, 1920, S. 1). Danach streben Menschen nach Lust und deren Befriedigung, und dieses Streben stellt ein zentrales Motiv dar. Menschen bewerten Objekte und Situationen als lustvoll oder aversiv und verhalten sich dementsprechend. Das bedeutet, sie versuchen lustvolle Situationen aufzusuchen, herzustellen und aufrechtzuerhalten und Situationen, die mit Unlustzuständen einhergehen, zu vermeiden. Diese Bewertung erfolgt sowohl bewusst als auch unbewusst und ist handlungsleitend. Auch in der Lerntheorie sind das Streben nach Lustgewinn und die Vermeidung von aversiven Situationen zentral. Zum Beispiel wird nach Skinner (1982) das Verhalten von Menschen über Verhaltenskonsequenzen gesteuert (operantes Konditionieren). Das heißt, Kinder werden versuchen, Situationen, in denen sie belohnt wurden und werden (materiell, aber auch durch Lob, u. a.), erneut herzustellen, und Situationen, in denen sie negative Konsequenzen (z. B. Bestrafung) erfahren haben, zu vermeiden.

In einem weiteren Ansatz wird von Csíkszentmihályi (2011) das Flow-Erleben beschrieben. Danach kann mit konzentrierten Tätigkeiten (z. B. beim Spiel oder kreativen Beschäftigungen) ein lustvolles und als beglückend erlebtes Gefühl einhergehen. Die Individuen sind versunken in die Tätigkeit oder gehen in ihr auf. In der Regel führt das dazu, dass sich die Kinder oder Erwachsenen selbst als wirksam bzw. wirkmächtig erleben und diesen Zustand wiederholen möchten.

Es liegen aber nicht »die« definierten Objekte und Situationen vor, die lustwinnend oder aversiv wirken, sondern dies hängt von kognitiv-emotionalen Bewertungen ab, die wiederum durch soziale, kulturelle Bedingungen und Werte beeinflusst werden. Darüber hinaus können sich die Erfahrungen und Bewertungen im Laufe der Entwicklung verändern. Dies zeigt sich beispielsweise bei Spielsachen, je nach Entwicklungs- und Lebensalter verändern sich die »Spielsachen«, die Freude und Lust schenken (z. B. eine Rassel im Säuglingsalter, ein Smartphone in späteren Lebensphasen).

## 6.1.2 Bedürfnis nach Bindung

Ein zentrales psychisches Grundbedürfnis ist das nach Schutz und Sicherheit sowie Geborgenheit, sprich nach Bindung (Bolwby, 1958, 1969). Die Erfahrung einer sicheren Bindung können Kinder durch ein feinfühliges Verhalten ihrer Bindungspersonen machen (Papousek & Papousek, 1987). Dabei nehmen Bindungspersonen die Bedürfnisse ihrer Kinder wahr, reagieren prompt und angemessen darauf. Dadurch lernen Kinder, dass ihre Bedürfnisse als wichtig angesehen und ernst genommen werden sowie dass sie sich auf die Bezugspersonen verlassen können. Außerdem hilft eine sichere Bindung den Kindern in der Regulation ihrer Emotionen und stabilisiert ihre Gefühlswelt.

Laut Bowlby (1969) ist Bindung komplementär zur Erkundung anzusehen: Fühlt sich ein Kind sicher gebunden, kann es seine Interessen nach außen richten und die Umgebung erkunden. Ist das Bedürfnis nach Schutz und Geborgenheit nicht gesichert, dann wird ein Verhaltens- bzw. Bindungssystem aktiviert, und das Kind wird seine Kraft einsetzen, erst das Gefühl von Sicherheit, Schutz und Geborgenheit wieder herzustellen, und wird die Umgebung wenig explorieren.

Ainsworth et al. (1978) haben durch Studien, in dem sie den Fremde-Situations-Test eingesetzt haben, verschiedene Bindungstypen voneinander abgegrenzt. Die Autoren unterscheiden zwischen der sicheren Bindung (Bindungstyp B), einer unsicher-vermeidenden Bindungsbeziehung (Typ A), einer unsicher-ambivalenten Variante der Bindungsbeziehung (Typ C), und später wurde noch der desorganisierte Bindungstyp (Typ D) von Main und Solomon (1990) hinzugefügt. In dem Fremde-Situations-Test wurde analysiert, wie das Kind auf eine kurzfristige Trennung von der Bindungsperson reagiert, und hier war die kindliche Reaktion bei der Wiederkehr der Bezugsperson ausschlaggebend. Bei einer sicheren Bindung reagieren Kinder auf die Wiederkehr der Bezugsperson eher mit Freude und sie können sich in der Regel zügig ihrem Spiel zuwenden. Das Kind erfährt die Bindungsperson als sichere Basis, die in stressauslösenden Situationen verfügbar ist und dem Kind hilft, seine Emotionen, zum Beispiel Gefühle der Angst, zu verarbeiten (Ahnert & Spangler, 2014). Eine unsicher vermeidende Bindung bedeutet, dass Kinder beim Weggehen der Bindungsperson und ihrer Wiederkehr eher unberührt erscheinen. Sie müssen sich selber emotional regulieren und suchen keine oder wenig Hilfe bei der Bindungsperson. Bei physiologischen Messungen (z. B. Cortisolspiegel) weisen sie allerdings ein erhöhtes Stressniveau auf (Spangler, Grossmann & Schieche, 2002). Die unsicher-ambivalente Bindung bedeutet, dass das Kind bei der Wiederkehr der Bindungsperson deren Nähe und den Körperkontakt sucht, jedoch hin- und hergerissen zwischen Freude und Verärgerung wirkt. Der Bindungsperson gelingt es wenig, dem Kind bei seiner emotionalen Regulation zu helfen. Schließlich wird der desorganisierte Bindungstyp beschrieben, der sich bei der Wiedervereinigung mit der Bindungsperson durch ein widersprüchliches Verhalten des Kindes kennzeichnet (z. B. Desorientierung, Unterbrechen von Handlungen, Furchtreaktionen, vgl. Ahnert & Spangler, 2014, S. 412). Es kann vermutet werden, dass dies eine kindliche Reaktion auf ein widersprüchliches Verhalten der Bindungspersonen darstellt, das zeitweise angemessen, aber auch ängstigend (z. B. zurückweisend oder überbeschützend) sein kann.

Kinder bilden über die Interaktion mit ihren Bezugspersonen ein inneres Arbeitsmodell darüber, wie Bindungen sich gestalten und »funktionieren«. Sie haben also aus ihren frühen Erfahrungen heraus Hypothesen gebildet, wie ihnen andere Menschen begegnen beziehungsweise ihre Bedürfnisse erfüllen werden. Dieses innere Arbeitsmodell kann im Laufe der Zeit in der Bindungserfahrung mit anderen Menschen (zum Beispiel das pädagogische Fachpersonal) gestützt, modifiziert und/oder erweitert werden. Studien weisen darauf hin, dass je nach untersuchter Gruppe (z. B. mit oder ohne Entwicklungsrisiken), nach Alter und eingesetzter Erhebungsmethode zwischen 48 % bis 70 % der Kinder sicher gebunden sind (Berk, 2005, Pace, Zavattini & D'Alessio, 2012). Nach Grossmann und Grossmann (2004) sind unter Einbeziehung internationaler Studien ca. 65 % der Kinder in den ersten zwei Lebensjahren sicher gebunden, ca. 25 % unsicher-vermeidend, ca. 10 bis 15 % unsicher-ambivalent und ca. 10 bis 25 % desorganisiert gebunden. Im Weiteren weisen Längsschnittstudien darauf hin, dass der Bindungstyp nicht von der Kindheit bis zum Erwachsenenalter determiniert ist (Ahnert & Spangler, 2014), und beispielsweise die Stabilität einer sicheren Bindung nur moderat und über einen Zeitraum von mehr als 15 Jahren nicht mehr signifikant ist (Pinquart, Feußner & Ahnert, 2013).

## 6.1.3 Bedürfnis nach Orientierung und Kontrolle

In verschiedenen Theorien wird die Bedeutung von Kontrolle, das bedeutet, der Wunsch des Individuums, die Welt verstehen und beeinflussen zu können, für eine gesunde psychische Entwicklung hervorgehoben. In Studien konnte dies zudem empirisch belegt werden. So hat beispielsweise Bandura (1977, 1997) die Selbstwirksamkeit als zentrales Konstrukt in seiner sozial-kognitiven Lerntheorie (Social Cognitive Theory, SCT) beschrieben. Danach entwickeln Menschen die Erwartung, aufgrund eigener Kompetenzen etwas bewirken zu können. Wenn Kinder beispielsweise ihre Umgebung explorieren, erfahren sie ihre dingliche Umwelt, sie lernen sie zu »begreifen«, vorherzusagen und zu kontrollieren. Auch wenn Kinder eine Spielidee haben und diese erfolgreich umsetzen können, erleben sie sich als selbst wirksam, sie haben Kontrolle und es geht ein lustvolles Gefühl damit einher. Kinder werden derartige wiederholt gemachte Erfahrungen in ihrem Selbstbild integrieren und werden erwarten, auch zukünftig selbst etwas bewirken und auch mit schwierigen Situationen kompetent umgehen zu können.

Aus dem Bereich der Medizinsoziologie kommend betont Antonovsky (1997, vgl. Kap. 1.3.1) in seinem Modell zur Salutogenese die Bedeutung des Kohärenzgefühls für die Gesundheit und auch eine flexible Bewältigung von Stressoren. In anderen Worten, Menschen wollen die Welt verstehen, ihr eine Bedeutung geben und sie handhaben können. Es existieren weitere Theorien, die die Bedeutung von Kontrollerleben für die psychische Gesundheit von Individuen darlegen und in Studien belegt haben (z. B. Locus of Control, Rotter, 1966).

Auf der anderen Seite konnte gezeigt werden, dass ein Mangel an Kontrolle mit psychischen Auffälligkeiten und Störungen einhergehen kann (z. B. die Theorie der gelernten Hilflosigkeit, Seligman & Maier, 1967). Wenn Kinder also die Erfahrung von Kontrollverlust durch häufige Umzüge, Verlust von Bezugspersonen oder auch durch Überforderungen (z. B. durch eine inkonsistente oder konfliktträchtige Erziehung) machen, erhöht sich das Risiko eine psychische Auffälligkeit oder Störung zu entwickeln.

### 6.1.4 Bedürfnis nach Selbstwertschutz und Selbstwerterhöhung

Ein weiteres Grundbedürfnis ist, sich als wertvoll und im »guten Licht« zu sehen. Menschen möchten von sich ein positives Selbstbild haben können und dies durch die Personen ihres Umfeldes bestätigt wissen. Zusätzlich neigen Menschen dazu, sich selbst, die eigenen Fähigkeiten und Kompetenzen zu überschätzen. Dazu liegen viele Studienergebnisse vor, die eine Überschätzung des eigenen Könnens im Straßenverkehr (Gosselin et al., 2010), beim Lösen von sprachlichen Aufgaben bis hin zur Überschätzung eigener Fähigkeiten, Gesundheitsrisiken abzuwenden (z. B. der eigenen Immunität gegenüber Krankheiten, Bergler, 2009), belegen. Diese Überschätzung der eigenen Leistungen und der eigenen Wirkung kann zumeist als protektiver Faktor angesehen werden, solange die Diskrepanz zwischen Selbsteinschätzung und »Realität« bzw. der Einschätzung anderer nicht zu stark voneinander abweicht.

Bei Kindern kann sich dies darin äußern, dass sie behaupten, etwas nicht gewesen (z. B. ein anderes Kind geschubst oder etwas kaputt gemacht zu haben) zu sein, oder betonen die/der Größte zu sein. Erzieherisch geht es dann darum, zwischen der Bedürfniserfüllung und Grenzsetzung auszutarieren, in welchen Situationen es pädagogisch sinnvoll ist, ein Kind »schwindeln« zu lassen, in welchen eine Konfrontation wichtig ist und wie diese Rückmeldung so erfolgen kann, dass das Kind die Kritik in sein Selbstbild integrieren kann und nicht unweigerlich abwehren muss.

Nach Borg-Lauffs (2012) brauchen Kinder zur Befriedigung dieses Bedürfnisses wertschätzende Rückmeldungen von ihren Bezugspersonen und keine dauernde Kritik und Abwertungen. Als besonders weitreichende Verletzung dieses Bedürfnisses nennt er Misshandlungen und Missbrauch:

»Im Falle einer Misshandlung durch die eigenen Eltern vor die Wahl gestellt, entweder ihre Eltern negativ zu bewerten (weil diese sie grundlos schlagen), oder sich selber (weil sie sich eben schlecht verhalten haben und deshalb geschlagen werden), geben gerade junge Kinder sich selbst die Schuld für die Schläge, die sie erhalten. Auf diese Weise können sie die Illusion ›guter‹ Eltern aufrechterhalten« (Borg-Laufs & Dittrich, 2010, S. 11)« (Borg-Laufs, 2012).

Die Bedeutung der psychischen Grundbedürfnisse für eine gelingende psychosoziale Entwicklung wurde dargelegt. Wie die Entwicklung der Identität, des Selbstwertes sowie der Beziehungen zu anderen Menschen gefördert werden können, beschreibt der Ansatz der Lebenskompetenzen (Life Skills, vgl.

Kap. 2.2). In Kitas und Schulen sollen Kinder im Einzelnen in ihrer Selbstwahrnehmung und Akzeptanz von Stärken und Schwächen sowie ihren Wünschen und Abneigungen, in ihrer Empathiefähigkeit, beim kritischen und kreativen Denken, beim effektiven Kommunizieren, beim Aufbau und Fortführen von Freundschaften, beim Treffen durchdachter Entscheidungen, beim erfolgreichen Lösen von Problemen, bei der Emotionswahrnehmung und -regulation sowie der Stressbewältigung unterstützt werden (Bühler & Heppekausen, 2005, WHO, 1994).

In den verschiedenen Erziehungs- und Bildungsplänen der Bundesländer finden sich diese zu fördernden Lebenskompetenzen mehr oder weniger ausführlich wieder.

## 6.2 Entwicklungsaufgaben von Kindern im Vorschulalter

Nach Keller und Kärtner (2014) kann Entwicklung »als kulturspezifische Lösung universeller Entwicklungsaufgaben verstanden« werden (S. 502). Im Laufe der Menschheitsgeschichte lassen sich allgemeine Themen oder auch Entwicklungsaufgaben identifizieren (vgl. Erikson, 1968, u.a.), die von Menschen über die Lebensspanne hinweg bewältigt werden müssen.

Entwicklungsaufgaben ergeben sich aus biologischen Veränderungen sowie sozialen und normativen Anforderungen. In der Regel gelingt es den meisten Kindern, diese ohne größere Probleme mit Unterstützung ihres sozialen Umfeldes zu bewältigen. Dies bereitet die Basis für günstigere Entwicklungsbedingungen in den darauffolgenden Lebensabschnitten. Den einzelnen Entwicklungsstufen werden bestimmte prominente Aufgaben zugeschrieben, so dem Alter von drei- bis sechsjährigen die Impulskontrolle und die Beziehungen zu Peers (Sroufe, 1989). Weitere exemplarische physische und perzeptive, kognitive und sozialemotionale Entwicklungsaufgaben (vgl. auch Hurrelmann & Bründel, 2003, Pauen, Frey & Ganser, 2012) werden in der nachfolgenden Tabelle 6.1 angeführt.

Diese exemplarische Auflistung von Entwicklungsaufgaben zeigt, dass es Überlappungen zwischen den Entwicklungsbereichen gibt. Gerade beim kindlichen Spielen wird deutlich, dass je nach Spieltätigkeit alle der genannten Entwicklungsbereiche involviert werden können.

Keller und Kärtner (2014) betonen die kulturelle Dimension von Entwicklung, die sich in Werten, Normen und Verhaltenskonzepten in unterschiedlichen soziodemografischen Kontexten ausdrückt. In ihrem ökokulturellen Entwicklungsmodell zeigt Keller (2007), dass je nach Kontext verschiedene Konzepte von Autonomie und Verbundenheit repräsentiert bzw. vermittelt und gefordert werden. Während mit westlichen Kulturen Begriffe wie Individualismus und Autonomie assoziiert werden, steht in eher kollektivistischen Gesell-

## 6 Förderung der psychischen Gesundheit

**Tab. 6.1:** Exemplarische Entwicklungsaufgaben von drei- bis sechsjährigen Kindern je nach Entwicklungsbereich

| Entwicklungsbereich | Entwicklungsaufgaben von 3–6-jährigen Kindern |
|---|---|
| physisch und perzeptiv | • Integration von Wahrnehmung und Motorik (z. B. Augen-Hand-Koordination)<br>• Erwerb und Koordination komplexer und differenzierter klein- und großmotorischer Bewegungsabläufe<br>• Zunahme von Beweglichkeit, Gleichgewicht, Kraft und Ausdauer sowie Geschwindigkeit |
| kognitiv und sprachlich | • Bildung von Begriffen, Kategorien und Konzepten<br>• Vergrößerung des aktiven und passiven Wortschatzes<br>• Erwerb vielfältiger grammatischer Formen und Kompetenzen<br>• Erweiterung sprachlicher Ausdrucksfähigkeit<br>• Kommunikations- und Interaktionsfähigkeit<br>• Entwicklung von Phantasie und Kreativität<br>• Perspektivwechsel und Theory of Mind<br>• Wissen und Identifikation mit dem eigenen Geschlecht herstellen<br>• Entwicklung von Moral |
| psychisch | • Selbstregulation mit Kontrolle von<br>  – Emotionen (Eindrucks- und Ausdrucksfähigkeit von Emotionen)<br>  – Handlungsimpulsen (Inhibition unerwünschten, Aktivierung erwünschten Verhaltens)<br>  – der Aufmerksamkeit (Aufmerksamkeitslenkung, -fokussierung und -aufrechterhaltung)<br>• Umgang mit und Bewältigung von frustrierenden Situationen |
| sozial und Selbständigkeit | • frühe Beziehungsentwicklung/Bindung<br>• Aufbau von Beziehungen/Freundschaften zu Gleichaltrigen<br>• Spielen und Kontaktaufrechterhaltung mit Gleichaltrigen<br>• Autonomie<br>• zunehmende Selbständigkeit (z. B. Kleideran- und -ausziehen) |

schaften die Verbundenheit im Vordergrund. Hier werden ein höheres Maß an Bezogenheit und stärkere Hierarchien akzeptiert (Gün, 2011). Dieses Verhältnis von Autonomie und Bezogenheit beziehungsweise die systematische Einbeziehung von der Kultur bei der Beschreibung, Erklärung und Vorhersage von Entwicklung wird gefordert (Keller und Kärtner, 2014).

Bei der Formulierung von Entwicklungsaufgaben sind des Weiteren gesellschaftliche, ökologische, technische Veränderungen zu beachten. Beispielsweise auch Veränderungen von Lebens- und Familienformen, die sich in den letzten Jahrzehnten vielfältiger gestalten (Eltern-, Einelternfamilien, gleich- oder getrenntgeschlechtliche Eltern/Bezugspersonen, u. a.).

Die Bewältigung von Entwicklungsaufgaben wird durch den Rückgriff auf Ressourcen unterstützt beziehungsweise kann durch das Vorliegen von Risikofaktoren erschwert werden (s. auch Kap. 1.3.3). Auch die Risiko- und Schutzfaktoren können sich durch technologische Fortschritte (z. B. Einsatz von Gesundheits-Apps) verändern. Somit sind Entwicklungsaufgaben nicht allzeit feststehend, sondern müssen immer wieder bezüglich der verschiedenen Dimensionen geprüft und aktualisiert werden.

Kinder brauchen zur Bewältigung von Entwicklungsaufgaben die Unterstützung von Eltern, Familien und weiteren Personen des sozialen Umfeldes (z. B. pädagogisches Fachpersonal). Gerade für Eltern und Familien ergeben sich damit komplementär ebenfalls Entwicklungsaufgaben für die Entwicklungsphasen. Zentrale Entwicklungsaufgaben von Bezugspersonen sind das kontinuierliche Aushandeln und Regulieren von Autonomie- und Nähebedürfnissen mit dem Kind, das Einführen und Durchsetzen von Regeln und Grenzen, die Klarheit von Rollen entsprechend den familiären Entwicklungsaufgaben.

## 6.3 Epidemiologische Daten zur psychosozialen Gesundheit von Kindern

Kinder und Jugendliche werden als die gesündeste Bevölkerungsgruppe beschrieben (vgl. Kap. 1.5), wenngleich in den letzten Jahrzehnten von einer Zunahme der neuen Morbidität (Palfrey, 1994) und von »neuen« Belastungen (Hölling, 2013) gesprochen wird. Bei der neuen Morbidität wird von einem veränderten Krankheitspanorama berichtet: Es werden Verschiebungen von akuten zu chronischen Erkrankungen, von somatischen zu psychischen Störungen und eine Zunahme von »neuen« Belastungen wie Entwicklungs- und Verhaltensstörungen, Übergewicht und Adipositas (Hölling, 2013) gesehen.

Um Angaben zur Prävalenz psychischer Auffälligkeiten machen zu können, wurde in der KiGGS-Studie der Fragebogen zu Stärken und Schwächen (SDQ, Goodman, 1997) eingesetzt. Dabei handelt es sich um ein Screening-Instrument, mit dessen Hilfe ein grenzwertig auffälliger oder auffälliger Gesamtproblemwert, Werte für einzelne Problembereiche wie »Emotionale Probleme«, »Verhaltensprobleme«, »Hyperaktivitätsprobleme«, »Probleme mit Gleichaltrigen« sowie für die Stärken die Skala »Prosoziales Verhalten« erfasst werden. Dieser Fragebogen wurde sowohl in der Basiserhebung der Jahre (2003–2006), in der KiGGS Welle 1 (2009–2012) und KiGGS Welle 2 (2014-2017) vorgelegt. Für die Altersgruppe der drei- bis sechsjährigen Kinder ergeben sich für die Basiserhebung Prävalenzen (Hölling et al., 2007), die in der folgenden Abbildung 6.1 dargestellt werden.

Aus der Abbildung 6.1 geht hervor, dass insgesamt 5,3 % der drei- bis sechsjährigen Kinder einen auffälligen und 8 % einen grenzwertig auffälligen SDQ-Gesamtproblemwert haben. Dieser ist für Jungen sowie für Kinder mit Migrationshintergrund höher als für Mädchen bzw. für Kinder ohne Migrationshintergrund, und es liegt ein ausgeprägter sozialer Gradient vor. Das bedeutet, je niedriger der familiäre sozioökonomische Status, desto höher ist das kindliche Risiko, einen überdurchschnittlichen Gesamtproblemwert im SDQ aufzuweisen. Nach Rattay et al. (2014) unterscheiden sich in der Gruppe der

## 6 Förderung der psychischen Gesundheit

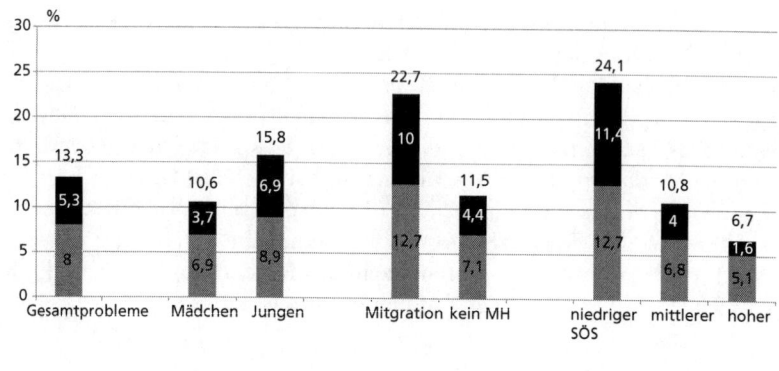

**Abb. 6.1:** Prozentuale Prävalenzangaben für einen grenzwertigen und auffälligen SDQ-Gesamtproblemwert der drei- bis sechsjährigen Kinder, für Mädchen und Jungen, Kinder mit und ohne Migrationshintergrund (MH) sowie für Kinder aus Familien mit niedrigem, mittlerem oder hohem sozioökonomischen Status (SÖS) (auf Grundlage von Hölling et al., 2007, S. 786)

drei- bis zehnjährigen Kinder die Prävalenzen für emotionale und Verhaltensprobleme je nach Familienform: 19,7 % der Kinder aus Stieffamilien, 17,4 % der Kinder aus Einelternfamilien, aber nur 8,3 % der Kinder aus Kernfamilien weisen auffälligere SDQ-Gesamtproblemwerte auf.

Ravens-Sieberer et al. (2007) haben darüber hinaus den Zusammenhang zwischen der Anzahl vorliegender Risikofaktoren und der Anzahl von Kindern und Jugendlichen mit psychischen Auffälligkeiten untersucht. Dabei werden Risikofaktoren wie psychische Störung der Eltern, Konflikte zwischen den Eltern und der Herkunftsfamilie (u. a.) einbezogen. Die Anzahl der Kinder, die eine psychische Auffälligkeit aufweisen, steigt mit der Zahl vorliegender Risikofaktoren an, sodass in der Gruppe der Kinder und Jugendlichen, bei denen vier oder fünf Risikofaktoren vorhanden sind, bei circa 45 % bzw. über 50 % eine psychische Auffälligkeit vorliegt.

Schließlich wurde für den SDQ-Gesamtproblemwert die Veränderung über die Zeit hinweg geprüft. Von der Basiserhebung (2003–2006) bis zur KiGGS Welle 1 (2009–2012) ergibt sich ein praktisch nicht bedeutsamer Anstieg des Gesamtproblemmittelwertes (Hölling et al., 2014), d. h. die Häufigkeit der Symptomatik ist stabil geblieben. Bei der KiGGS Welle 2 ist der Anteil der Kinder und Jugendlichen, bei denen bei der Basis- und bei Folgeuntersuchungen psychische Auffälligkeiten vorlagen, bei den 3- bis 5-jährigen Jungen am höchsten (Baumgarten et al., 2018).

Bei Betrachtung der einzelnen Problembereiche und der kindlichen Stärken ergeben sich folgende grenzwertige und auffällige Ergebnisse (vgl. Abb. 6.2).

Für drei- bis sechsjährige Kinder werden am häufigsten Verhaltensprobleme angegeben, gefolgt von Problemen mit Gleichaltrigen (Peer-Probleme), Hyperaktivität und emotionalen Problemen. Für Jungen und Kinder mit Migrationshintergrund werden mit der Ausnahme der emotionalen Probleme je-

## 6.3 Epidemiologische Daten zur psychosozialen Gesundheit von Kindern

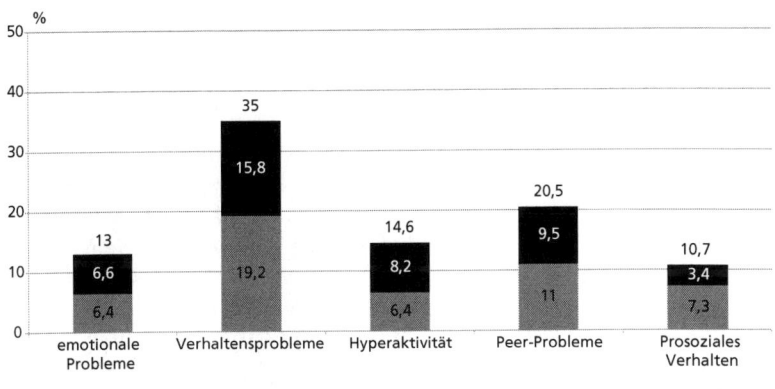

**Abb. 6.2:** Prozentuale Anteile der grenzwertig auffälligen und auffälligen Werte von Drei- bis Sechsjährigen für die Problemskalen und die Stärkeskala des SDQ (Elternangaben, auf Grundlage von Hölling et al., 2007, S. 788ff.)

weils signifikant mehr Probleme angegeben als für Mädchen bzw. Kinder ohne Migrationshintergrund. Für Kinder aus Familien mit niedrigerem Sozialstatus liegen mehr Probleme vor als für Kinder aus Familien mit hohem sozioökonomischen Status (Ausnahme prosoziales Verhalten, RKI, 2008).

Im Laufe der Zeit (KiGGS Welle 2, Baumgarten et al., 2018) nehmen die nach außen gerichteten Auffälligkeiten (z. B. Verhaltensprobleme) für beide Geschlechter ab und die nach innen gerichteten Auffälligkeiten wie Angst und Depression vor allem bei Mädchen zu.

In der Mannheimer Risikokinderstudie wurden 384 Kinder mit unterschiedlichen Risikobelastungen wiederholt bis zu einem Alter von 25 Jahren hinsichtlich verschiedener Entwicklungsaspekte untersucht. Bei den psychosozialen Risiken wurden Auffälligkeiten der Eltern (z. B. niedriges Bildungsniveau, psychische Störung), der Partnerschaft (z. B. Disharmonie, frühe Elternschaft, Ein-Eltern-Familie, unerwünschte Schwangerschaft) sowie der familiären Lebensbedingungen (z. B. beengte Wohnverhältnisse) einbezogen (Esser & Schmidt, 2017). Es stellt sich die Frage, welche frühen Schutzfaktoren sich bei Kindern mit hoher psychosozialer Belastung, d. h. die mehr als drei der genannten Belastungen ausgesetzt sind, als förderlich für die Entwicklung erweisen. Hohm et al. (2017) konnten belegen, dass sich personale und familiäre Schutzfaktoren positiv auswirken: Kinder mit hoher Risikobelastung, die schon früh eine positive frühe Eltern-Kind-Beziehung erfahren (feinfühliges elterliches Verhalten) und über ein positives Temperament, über sprachliche, sozial-emotionale und internale Kompetenzen verfügen, weisen weniger externale bzw. Gesamtsymptome auf als Kinder, die nicht über diese Schutzfaktoren verfügen. Laut Autoren fördern diese Schutzfaktoren bei den Kindern einen günstigen Entwicklungsverlauf. Bei Kindern, die keine dieser Risikofaktoren aufweisen, spielt das Vorhandensein der Schutzfaktoren nur eine untergeordnete Rolle für die Entwicklung (Hohm et al., 2017).

## 6.4 Programme zur Förderung psychischer Gesundheit

Wenngleich im Vorschulalter die Prävalenzen psychischer Auffälligkeiten und der neuen Belastungen im Vergleich zu anderen Altersgruppen eher gering sind, liegen immerhin bei 5,3 % auffällige und bei weiteren 8 % der Kinder im Vorschulalter grenzwertig auffällige Verhaltensprobleme vor. Gerade Kinder aus Familien mit niedrigem Sozialstatus scheinen gefährdet zu sein, sodass der Sachverständigenrat zur Begutachtung der Entwicklung im Gesundheitswesen von einer »Monotonie der Befunde zwischen (relativer) Armut und Bildungsdefiziten einerseits und schlechteren Gesundheits- und Entwicklungschancen« der Kinder und Jugendlichen spricht (Sachverständigenrat zur Begutachtung der Entwicklung im Gesundheitswesen, 2009, S. 49).

Kinder mit einer solchen gesundheitlichen Chanc*en*ungleichheit (Kooperationsverbund Gesundheitliche Chancengleichheit, 2013) tragen eine größere Krankheitslast, sind in ihrer sozialen Teilhabe eingeschränkt und nehmen seltener ärztliche Leistungen in Anspruch. Sie haben geringere Chancen, sich erfolgreich zu entwickeln, können langfristig weniger gesundheitsförderliche Lebensstile und Schutzfaktoren ausbilden und erwerben mit geringerer Wahrscheinlichkeit Lebenskompetenzen (life skills) sowie gute Bildungsabschlüsse, die ihnen ein langes Leben bei guter Gesundheit ermöglichen.

Ausgehend von diesen Befunden wird in den letzten Jahrzehnten die Forderung nach einer gezielten Gesundheitsförderung, die schon früh im Kindesalter und langfristig ansetzt, erhoben. Damit sollen schon früh in der kindlichen Entwicklung Grundlagen für eine gesunde psychische Entwicklung und einen gesunden Lebensstil gelegt werden. Daneben werden bei Eltern vermehrt Stress und ein eingeschränktes Basiswissen über Gesundheit, Erziehung und Entwicklung bei Kindern gesehen, sodass eine Förderung der psychischen Gesundheit von Kindern in der Kita unter Einbeziehung ihrer Eltern empfohlen wird.

In der repräsentativen Studie von Kliche, Mayer und Scheithauer (2016) in Kitas aus den Jahren 2010–2011 gaben 35,6 % der Befragten an, Maßnahmen zur Förderung der seelischen Gesundheit mithilfe eines Programms anzubieten. Am häufigsten wurden die drei Programme Tigerkids, angeboten von 41,7 % der befragten Kitas, Faustlos (25 %) und Papilio (6,4 %) genannt.

Neben diesen Präventionsbereichen zählen zur Förderung kindlicher psychischer Gesundheit auch solche zur sexuellen Gesundheit (Nordt & Kugler, 2018, Rohrmann & Wanzeck-Sielert, 2014) und zur Prävention von häuslicher Gewalt in Kindertagesstätten (z. B. Bora, 2008).

Gerade wenn es um die psychische Gesundheit von Kindern geht, geben pädagogische Fachkräfte nach Kliche, Mayer und Scheithauer (2016) Unsicherheiten an. Auch um diesem Umstand Rechnung zu tragen, wurden verschiedene Programme zur Prävention und Förderung der psychischen Gesundheit in der Kita entwickelt und sind implementiert worden. Eine Übersicht über Präventionsprogramme zur Förderung positiver Beziehungserfahrungen, zur Förderung von emotionalen Kompetenzen, Resilienz und des seelischen Wohlbefindens sowie von sozial-emotionalen Kompetenzen und der Vorbeugung von Verhaltensproblemen ist der folgenden Tabelle 6.2. zu entnehmen. Die einzelnen Programme werden mit ihren Zielen und den dazugehörigen Modulen, den Durchführungsmodalitäten mit Hinweisen zur Dauer und dem Material, möglichen Schulungen und den damit verknüpften Kosten(-übernahmen) und Evaluationsergebnissen aufgelistet.

Diese Präventionsprogramme unterscheiden sich in ihrem Fokus, der Durchführungsart und -betreuung sowie der Einsatzdauer und -kosten. Es bestehen zwar Unterschiede in der Schwerpunktsetzung, aber die meisten inkludieren Übungen und Spiele, in denen es um die Förderung der Wahrnehmung, die Identifizierung und Differenzierung von Emotionen, die Erweiterung des kindlichen Emotionswissens sowie Möglichkeiten der Emotionsregulation auch in Problemsituationen und bei sozialen Konflikten geht. Einige Programme fokussieren darüber hinaus auf die Vermeidung von Verhaltensproblemen (z. B. aggressives, impulsives, oppositionelles, hyperkinetisches Verhalten), andere setzen ihren Schwerpunkt eher auf die Förderung von kindlichen Stärken und Ressourcen.

Bei einer Reihe von Programmen wurde ein praxistauglicher Einsatz der Module vom pädagogischen Personal bestätigt, obwohl in der Regel anfangs ein Mehraufwand bei der Einarbeitung bemängelt wird. Auch die Betreuung und/oder stattfindende Fallsupervision wird in der Regel vom pädagogischen Fachpersonal als hilfreich erlebt.

Zur Prüfung der Ergebnisqualität liegen Studien sehr unterschiedlicher Qualität (z. B. RCT, Gruppengröße) und Dauer vor, und für einige Programme werden aktuell Studien durchgeführt. Diese Entwicklung zeigt, dass die Kriterien guter Praxis (vgl. BZgA, 2017, s. Kap. 2.3.2) häufiger umgesetzt werden. Die Ergebnisse der Vergleichsstudien sollten bei der Weiterentwicklung der Programme genutzt werden und können Kitas bei Auswahl eines Präventionsprogramms helfen.

Gerade in neueren Programmen werden Kinder darin gestärkt, neben den eigenen Ressourcen ein unterstützendes Netzwerk aufzubauen, und zusätzlich wird eine Vernetzung auf der Kitaebene mit anderen Einrichtungen und Institutionen im sozialen Umfeld empfohlen. Diese gezielte Netzwerkarbeit erscheint notwendig, um Kräfte und Kompetenzen zu bündeln.

Dagegen wird die notwendige Einbeziehung von Eltern oder primären Bezugspersonen in der Regel vom pädagogischen Personal als Herausforderung erlebt, und Kitas setzen verschiedene Methoden (z. B. Elternabende mit Kinderbetreuung, gemeinsame Aktivitäten, etc.) ein, um möglichst viele Bezugspersonen zu erreichen; hier erscheinen immer wieder stattfindende (»steter Tropfen…«) und kontinuierliche Angebote (»langer Atem…«), bei denen auch aktiv auf die Eltern zugegangen wird, als erfolgversprechend.

Nachdem in der Tabelle 6.2. einzelne Programme vorgestellt wurden, sollen im nächsten Punkt ausgewählte Förderbereiche der oben genannten Präventionsprogramme aufgegriffen und pädagogische Vorgehensweisen genauer dargestellt werden. Hierbei handelt es um die emotionale Kompetenz und Empathie, die sozialen Kompetenzen und die Resilienz.

**Tab. 6.2:** Präventionsprogramme zur Förderung verschiedener Aspekte der psychischen Gesundheit für Kitas

| Name | Ziele/Module | Durchführung/Dauer/Material | Schulung/Kosten | Evaluation |
|---|---|---|---|---|
| **Förderung positiver Beziehungserfahrungen** | | | | |
| *FRÜHE SCHRITTE* (Leuzinger-Bohleber et al., 2011, 2013) | Förderung der Qualität der professionellen Beziehungen von pädagogischem Personal zu Risikokindern | Bausteine: 14-tägige Supervision des Kita-Teams durch Kindertherapeuten wöchentliche psychoanalytisch-pädagogische Angebote in der Kita | 14-tägige Supervision, Schulung des pädagogischen Personals durch wöchentliche psychoanalytisch-pädagogische Angebote | Frankfurter Präventionsstudie: prospektive Studie, prä-post-Erhebung (jeweils n=500 Kinder in der IG und KG), |
| | für Risikokinder Angebot einer stabilen, alternativen Beziehungserfahrung, Veränderung hin zu einem sicheren Bindungstyp bei Risikokindern | Zusammenarbeit mit Eltern, bei Bedarf psychoanalytische Kindertherapien | Kosten: k. A. | Ergebnisbeispiele: signifikante Abnahme von Aggression und Ängstlichkeit in der IG, bei Mädchen signifikanter Rückgang der Hyperaktivität (Leuzinger-Bohleber et al., 2010, 2011) |
| | | Dauer ein Jahr, dann im 2. Jahr Durchführung des Faustlos-Programms, danach Begleitung einzelner Kinder beim Übergang in die Schule | | Aktuell laufende Evaluation zweier Frühpräventionsprogramme in Kindertagesstätten mit Hochrisikokindern, EVA-Studie (Laezer et al., 2013) |
| **Förderung der emotionalen Kompetenzen, Resilienz und des seelischen Wohlbefindens** | | | | |
| Emotionale Kompetenzen im Vorschulalter fördern | Dem Entwicklungsstand angepasste, umfassende und gezielte Förderung emotionaler Kompetenzen | Durchführung erfolgt in Kleingruppen oder ganzen Kitagruppen Durchführungszeit pro Spiel 5–30 Minuten (42 Spiele) | Handanweisung mit sämtlichen Spielanleitungen, CD-ROM mit Musikstücken sowie Arbeitsmaterialien (Vorlagen, Bildkarten, Kartenspiele) zum Ausdrucken. | k. A. |
| Das *EMK-Förderprogramm* (Petermann & Gust, 2016) | Förderbereiche: Emotionen erkennen und benennen, mimisch ausdrücken, Ursachen von Emotionen verstehen und mit ihnen | Material zum Basteln und Malen, für Gesellschaftsspiele, Gesprächsrunden, Musik und Tanz, Vorlesen sowie Theater/Pantomime | Kosten: Buch bzw. Handanweisung | |

6.4 Programme zur Förderung psychischer Gesundheit

Tab. 6.2: Präventionsprogramme zur Förderung verschiedener Aspekte der psychischen Gesundheit für Kitas – Fortsetzung

| Name | Ziele/Module | Durchführung/Dauer/Material | Schulung/Kosten | Evaluation |
|---|---|---|---|---|
| | umgehen, prosoziales Verhalten und Empathie zeigen sowie Selbstregulation | | | |
| **JolinchenKids** (ehemals Tigerkids) (https://www.aok.de/inhalt/jolinchenkids-1/) | Ziel, alle in der Kita für einen gesunden Lebensstil ins Handeln zu bringen fünf Module: Ernährung, Bewegung, seelisches Wohlbefinden, Gesundheit von Erzieherinnen, Elternpartizipation (z. B. jährlich Elternworkshop zum Thema »Kinder stärken«) | Flexible Gestaltung: alle fünf Module sollen innerhalb von drei Jahren umgesetzt und dauerhaft in den Alltag integriert werden

Materialien sind ein Leitfaden-Ordner »Gesundheit als Entdeckungsreise«, Kartenboxen zu den Themen Ernährung, Bewegung und seelisches Wohlbefinden, die Figur Jolinchen (Drachenkind)

Drachenzug, Spielesammlung, Poster | Zweitägige Schulung des Kita-Teams, danach Strategiegespräch zur Umsetzung, unterstützt durch ein Online-Selbstevaluationstool, nach einem Jahr Workshop mit Reflexion und Erfahrungsaustausch, dreijährige Durchführung, Betreuung durch die AOK

Bereitstellung von Materialien, Kostenübernahme für die Schulung, die Materialien durch die AOK | Prozessevaluation (Steenbock et al., 2015) (n=50 pädagogisches Personal, 13 Fokusgruppen), Ergebnisse: hohe Akzeptanz von Inhalten und Materialien

Ergebnisevaluation: laufende, bundesweite prä-post-Studie seit 2016 in rund 30 IG-Kitas und 30 vergleichbaren Wartekontrollkitas |
| **Kindergarten plus** (Deutsche Liga für das Kind, Maywald & Valentien, 2009) | Förderung der sozialen, emotionalen und kognitiven Bildung von Vorschulkindern, Unterstützung der pädagogischen Fachkräfte in den Bereichen Methodenvielfalt, Beobachtung und Dokumentation, Erziehungspartnerschaft | Dauer der Durchführung: 9 Wochen (pro Modul ca. zwei Stunden)

geschultes pädagogisches Personal aus anderen Kitas führt das Programm im Beisein der Bezugserzieher*in durch

Materialien (z. B. Handpuppen, verschiedene Bastelmaterialien) | Basisfortbildung der Deutschen Liga für das Kind: zwei Tage (12 Stunden), Reflexionstag | Klinkhammer (2013) prä-post-Erhebung, 10-Monats-Follow-up (n=228 Kinder der IG, n=196 KG), Ergebnisbeispiele von Erzieherinnen: in den SDQ-Skalen signifikante Abnahme des Gesamtproblemwertes, der Hyperaktivität und emotionalen Probleme in der IG und KG, bei Follow-up bessere Entwicklung der KG (z. B. emotionale Probleme); das päd. Personal |

Tab. 6.2: Präventionsprogramme zur Förderung verschiedener Aspekte der psychischen Gesundheit für Kitas – Fortsetzung

| Name | Ziele/Module | Durchführung/Dauer/Material | Schulung/Kosten | Evaluation |
|---|---|---|---|---|
| | Information und Sensibilisierung der Eltern<br><br>neun Module zu sensomotorischen, emotionalen, sozialen und lernmethodischen Kompetenzen, Vertiefungsmodul | | | (n=28) berichtet eine hohe Akzeptanz der Inhalte und würden das Programm weiterempfehlen, 42,9 % haben es in der Kita nochmals durchgeführt |
| **PRiK** (Fröhlich-Gildhoff, Dörner & Rönnau, 2012) | Prävention und Resilienzförderung in Kitas<br><br>Förderung von den sechs Resilienzfaktoren: Selbst- und Fremdwahrnehmung, Selbstregulation bzw. -steuerung, Selbstwirksamkeit, soziale Kompetenzen, Umgang mit Stress, Problemlösung,<br><br>Fortbildung/Qualifizierung der Fachkräfte,<br><br>Einbeziehung der Eltern | 20 Einheiten (je 3–4 pro Resilienzfaktor), Dauer: 10 Wochen, pro Woche 2 Einheiten (jeweils 35–50 Minuten), Gruppe: 8–10 Kinder, 2 Trainer*innen<br><br>Einheiten mit gleichem Ablauf: Ein-/Abschlussritual, Übungen und Reflexionen, An-/Entspannung<br><br>Materialien: Handbuch mit Ablaufvorschlägen, Spielanleitungen, Handpuppen Susi und Toni (u. a.) | Fortbildungen im Kita-Team, Unterstützung bei der praktischen Umsetzung, systematische Reflektion der Prozesse, ressourcenorientierte Fallsupervision, Dauer 4 Tage<br><br>Kosten: Kita/Träger | Weltzien & Lorenzen (2016) prä-post-Erhebung (n=128 Kinder der IG, n=115 Warte-KG), Ergebnisbeispiele: signifikante Zunahme in der IG im Vergleich zur KG bei den KOMPIK-Skalen (motivationale Kompetenzen, Wohlbefinden, soziale Beziehungen), bei den SDQ-Skalen Abnahme der Hyperaktivität und Zunahme des prosozialen Verhaltens in der IG, Zunahme der Resilienz in beiden Gruppen, hohe Akzeptanz des Programms bei päd. Kräften, Eltern und Trägern (Fröhlich-Gildhoff & Rönnau-Böse, 2015) |
| **Schatzsuche** (Hamburgische Arbeitsgemeinschaft für Gesundheitsförderung e. V., HAG) | Förderung des seelischen Wohlbefindens<br><br>Ziele des Elternprogramms sind die Sensibilisierung für die Stärken und Be- | Durchführung von zwei zertifizierten Fachkräften einer Kita mit Anleitung durch ein Logbuch | Qualifizierung von jeweils zwei Erzieher/innen jeder Projektkita im Rahmen einer Weiterbildung (sechs Tage) zuzüglich einer Inhouse-Schulung für | Pawils & Atabaki (2012) prä-post-Befragung von pädagogischem Personal und Eltern; pädagogisches Personal gibt nach der Weiterbildung ein höheres Präventionswissen an, bewertet die Wei- |

6.4 Programme zur Förderung psychischer Gesundheit

Tab. 6.2: Präventionsprogramme zur Förderung verschiedener Aspekte der psychischen Gesundheit für Kitas – Fortsetzung

| Name | Ziele/Module | Durchführung/Dauer/Material | Schulung/Kosten | Evaluation |
|---|---|---|---|---|
| | dürfnisse der Kinder, Erhöhung des Wissens zum Thema seelisches Wohlbefinden sowie mehr Freude an Erziehungsaufgaben, Stärkung der Kommunikation mit den Fachkräften der Kita, Einbeziehung der Unterstützungsangebote im Stadtteil | Eltern-Programm mit sechs Treffen (jeweils 2,5 Stunden), und einem festen Ablauf mit Einstiegs-, Pausen- und Abschlussritualen | das Kita-Team, Koordination der Qualifizierung durch Landesvereinigungen für Gesundheit | terbildung mit der Schulnote 1,8 und das Eltern-Programm mit 1,5. Die Eltern benoteten das Programm im Mittel mit der Note 1,7 |
| | Inhalte der sechs Treffen: Kennenlernen und gemeinsam anfangen, Entwicklung von Kindern verstehen, was Gefühle sagen, Streit und Lösung, Alltag und Familienrituale, Unterstützungsangebote, Ausblick und Abschluss | Materialien: Medienpaket mit praxisnahen und bildhaften Materialien (z. B. illustrierte Symbolkarten), Poster, Reisegebücher für Eltern und pädagogisches Personal | Kostenübernahme durch Krankenkassen je nach Bundesland (z. B. AOK oder TK) | |

**Förderung der sozial-emotionalen Kompetenzen und Vorbeugung von Verhaltensproblemen**

| Name | Ziele/Module | Durchführung/Dauer/Material | Schulung/Kosten | Evaluation |
|---|---|---|---|---|
| *Faustlos* Curriculum zur Förderung sozial-emotionaler Kompetenzen & zur Gewaltprävention (Schick & Cierpka, 2005) | Förderung der sozial-emotionalen Kompetenzen von Kindern und Jugendlichen und Vorbeugung gewaltbereiten Verhaltens | Für die Kita 28 aufeinander aufbauende Lektionen, Dauer: ungefähr ein Jahr (eine Lektion pro Woche) durch geschultes pädagogisches Personal | bundesweite Angebote für eine eintägige Fortbildung | Schick & Cierpka (2004, 2006) prä-post-Studie (n=64 Kinder der IG, n=60 KG), Ergebnisbeispiele: Kinderinterview: Zunahme von Indikatoren zu emotionalen und sozialen Kompetenzen, |
| | Module: Empathie, Impulskontrolle und Umgang mit Ärger und Wut | Materialien: Manual, ein Handbuch, Bildmaterialien (inkl. CD) und die beiden | Kostenübernahme durch Kitas oder Paten | pädagogisches Fachpersonal: in beiden Gruppen Zunahme sozial- |

# 6 Förderung der psychischen Gesundheit

**Tab. 6.2:** Präventionsprogramme zur Förderung verschiedener Aspekte der psychischen Gesundheit für Kitas – Fortsetzung

| Name | Ziele/Module | Durchführung/Dauer/Material | Schulung/Kosten | Evaluation |
|---|---|---|---|---|
| | | Handpuppen »Wilder Willi« und »Ruhiger Schneck« | | emotionaler Kompetenzen, Abnahme von Aggressivität. SDQ-Skalen n.s., Eltern: SDQ n.s., Impulskontroll-Zuwachs (z. B. »verhandelt mit anderen«, u. a.) |
| **Papilio-3bis6** Mayer et al. (2005, 2016) | Ziele, Verhaltensprobleme zu vermindern und sozial-emotionale Kompetenzen zu fördern | Durchführung im täglichen Ablauf über die gesamte Kita-Zeit: »Spielzeug macht-Ferien-Tag«, »Meins- deins- unser-Spiel«, »Paula und die Kistenkobolde« | Basisseminar umfasst 43 Unterrichtseinheiten (drei ganze und vier halbe Tage), zweitägiges Vertiefungsseminar, zwei Tage kollegiale Supervision mit pädagogischem Personal anderer Kitas, Unterstützung durch Papilio-Trainer | Scheithauer & Barquero (2005), Scheithauer & Mayer (2008): prä-post-Erhebung (n=314 Kinder der IG, n=331 Warte-KG), Ergebnisbeispiele von Erzieherinnen: in den SDQ-Skalen signifikante Abnahme des Gesamtproblemwertes und der Hyperaktivität, Zunahme des prosozialen Verhaltens in der IG; Follow-up-Studie am Ende des 1. Schuljahres (IG=120, KG=200), IG weist bessere Schulleistungen (Mathematik, Rechtschreibung) auf, Hoch-Risikokinder zeigen eine positive Veränderung des SDQ-Problemwertes und prosozialen Verhaltens |
| | kindbezogene Ziele: Abbau unerwünschten Verhaltens, Förderung sozial emotionaler Kompetenzen, Aufbau sozial erwünschten Verhaltens, gruppenbezogenen prosozialen Verhaltens, Förderung der sozialen Interaktion zwischen Kindern, Integration von zurückgezogenen Kindern, | Materialien: Handbuch mit Theorie und Grundlagen zu Papilio, eine »Paula-Box« mit Vorleseheft, Hörspiel- und Lieder-CDs und Kopiervorlagen (u. a.), Materialien für Eltern | Ziel dauerhafte Integration in Kita Kostenübernahme durch Kitas (Förderung möglicherweise durch Barmer oder AOK) | |
| | Arbeit mit pädagogischem Fachpersonal und mit Eltern | | | |
| **Verhaltenstraining im Kindergarten** | Förderung sozial-emotionaler Kompetenzen, Verhinderung und Reduktion häufiger Erlebens- und | 25 aufeinander aufbauende Einheiten à ca. 30 Minuten. Dauer: 13 Wochen zweimal in der Woche von pädagogischen | Schulung: Handanweisung mit Anleitung zur Durchführung (Spiele, Gesprächsrunden, Rollen- | Koglin & Petermann (2006) prä-post-Erhebung (n=48 Kinder der IG, n=42 KG), Ergebnisbeispiele: in den SDQ-Skalen signifikante |

## 6.4 Programme zur Förderung psychischer Gesundheit

Tab. 6.2: Präventionsprogramme zur Förderung verschiedener Aspekte der psychischen Gesundheit für Kitas – Fortsetzung

| Name | Ziele/Module | Durchführung/Dauer/Material | Schulung/Kosten | Evaluation |
|---|---|---|---|---|
| (Koglin & Petermann, 2006) | Verhaltensprobleme bei Kindern<br><br>Förderbereiche des Trainings: Förderung emotionaler Kompetenz, sozial-kognitiver Problemlösung, Aufbau sozialer Fertigkeiten | Fachkräften im Kindergarten<br><br>Einbettung der Einheiten in eine Geschichte über eine kleine Meerjungfrau und ihren Freund, den Delfin Finn, die gemeinsam Abenteuer erleben | spiele sowie Arbeitsmaterialien: Bildmaterialien und Arbeitsblätter auf beigefügter CD-ROM<br><br>Kosten: Buch bzw. Handanweisung | Abnahme der Gesamtprobleme, der emotionalen und Peer-Probleme, der Hyperaktivität in der IG im Vergleich zur KG, in der Social Competence Scale (SCS) Zunahme der emotionalen Regulation, des Gesamtwerts sozialer Kompetenzen, keine Abnahme von externalisierenden Problemen |
| *PEP* Präventionsprogramm für Expansives Problemverhalten (Plück et al., 2006) | Ziele: Prävention von kindlichen, insbesondere von oppositionellen und hyperkinetischen Verhaltensstörungen<br><br>Stärkung der Erziehenden, einer positiven Eltern-/Erzieher-Kind-Interaktion, konstruktiven Eltern-Erzieher-Interaktion, Identifikation individueller Zielprobleme und Entwicklung individueller Interventionen in Familie und Kita | PEP Elternprogramm (PEP-EL) und das PEP Erzieherprogramm (PEP-ER), 10 Sitzungen à 90–120 Minuten<br><br>Material: PEP-Manual und CD-ROM mit didaktischem Material, schriftlichen Anleitungen für alle Sitzungen, Arbeitsblätter. | Schulung und Kosten: PEP Manual | Hanisch et al. (2006, 2010) prä-post RCT-Studie (n=60 Kinder der IG, n=65 KG), Ergebnisbeispiele: signifikante Abnahme von Problemverhalten, Zunahme elterlicher Strategien in der IG, Plück et al. (2015): prä-post, follow-up (3, 12 Monate), Ergebnisbeispiele: bei 12 Monats-Follow-up Abnahme von externalisierendem Verhalten, ADHS, Zunahme positiven päd. Verhaltens und Abnahme der Belastung beim pädagogischen Personal |

k. A.: keine Angabe; IG: Interventionsgruppe mit Programmdurchführung, KG: Kontrollgruppe, RCT: randomisierte kontrollierte Studie, prä-post: vorher-nachher Messung; Follow-up: erneute Messung nach längerer Zeit nach Beendigung des Programms, SDQ: Fragebogen zu Schwächen und Stärken (Goodman, 1997), Social Competence Scale (CPPRG, 1990), ADHS: Aufmerksamkeits-Hyperaktivitäts-Störung

## 6.4.1 Förderung der emotionalen Kompetenz und Empathie

Die Bedeutung der emotionalen Kompetenz nimmt in der kindlichen Entwicklung einen ganz besonderen Stellenwert ein, und alle Programme zur seelischen Gesundheit (vgl. Tabelle 6.2) beziehen diese ein. Saarni (2002) fasst darunter: sich eigener Emotionen bewusst sein, fremde Emotionen wahrnehmen, über Emotionen kommunizieren, Empathie zeigen, zwischen dem internen emotionalen Erleben und externalen Emotionsausdruck unterscheiden und Emotionen regulieren zu können, sich des Weiteren über die Bedeutung der emotionalen Kommunikation in Beziehungen bewusst zu werden und schließlich ein emotional selbstwirksames Verhalten zeigen zu können. Gust, von Fintel und Petermann (2017) unterscheiden folgende drei emotionale Komponenten bei Kindern: das Emotionswissen, die Emotionsregulation, Empathie und ein prosoziales Verhalten.

Zunächst wird das Erkennen und Benennen von Gefühlen als zentral angesehen. Mithilfe von Bildern, auf denen Kinder oder Figuren mit unterschiedlichen Gefühlen dargestellt werden, kann das Erkennen des emotionalen Ausdrucks gefördert werden. Das Beschreiben und eigene Nachspüren sowie der mimische bzw. pantomimische Ausdruck von Gefühlen verhelfen den Kindern, eine Palette von Gefühlen kennen zu lernen und darüber hinaus diese bei sich körperlich zu identifizieren. Bei »So-tun-als-ob«-Spielen können emotionale Fertigkeiten eingebracht und geübt werden. Je nach Programm werden Basisemotionen (z. B. Freude, Trauer, Angst, Wut) und sekundäre Emotionen wie Scham oder Stolz einbezogen. Der Einsatz einer Gefühlsuhr, auf der Bilder mit den Basisemotionen an den Rand geklebt sind, kann Kindern helfen, die eigene Gefühlslage zu zeigen. Das Identifizieren von Gefühlen und das Reden darüber werden in verschiedenen Programmen durch Identifikationsfiguren oder auch einen »Gefühlsdetektiv« unterstützt. Darüber hinaus werden Kinder beispielsweise in dem Programm Faustlos (Schick & Cierpka, 2005) durch diese Übungen gefördert, einfache Kausalzusammenhänge zu erkennen und Gefühle vorherzusagen.

Über Bildergeschichten oder auch Familienfotos können der sprachliche Ausdruck und auch das Emotionsvokabular erweitert werden, ebenso wie das Wissen, warum und in welchen Situationen welche Emotionen erlebt werden. Durch das Benennen einer Situation (z. B. »die Clara hat sich beim Schaukeln vorgedrängelt, das war gemein«) können die Kinder überlegen, welche Emotionen mit der Situation verbunden sein könnten und wie sie in der Situation handeln können. Sie werden angeregt, darüber nachzudenken, welche Handlungsalternativen bestehen und welche Konsequenzen mit verschiedenen Handlungen einhergehen können. Ein wichtiges Thema ist auch, dass Kinder lernen, dass verschiedene Personen in derselben Situation unterschiedliche Gefühle erleben können. Und sie lernen, dass andere Kinder andere Vorlieben oder Abneigungen haben können (z. B. ein Kind liebt das Spielen und Schwimmen im Wasser, ein anderes hat Angst davor).

Es geht auch darum zu vermitteln, dass das Erleben der eigenen Emotionen wichtig ist, selbst wenn diese als negativ empfunden werden. Entscheidend ist der Umgang mit diesen Emotionen. Diese Emotionsregulation definieren Petermann und Kullik (2011) folgendermaßen:

»Bei der Emotionsregulation werden spezifische Strategien eingesetzt, durch die positive oder negative Emotionen und daraus resultierende Verhaltensweisen, Interaktionen und physiologische Zustände reguliert werden. Eine solche Regulation kann external oder internal, willentlich oder automatisch stattfinden. Die Emotionsregulation erfolgt in Form von Initiierung, Beibehaltung, Hemmung oder Modulation der Emotion und ihrer Begleiterscheinungen. Sie ist auf ein Ziel ausgerichtet und bezieht sich auf die Form, Intensität, den Ausdruck oder die Dauer der Emotion« (S. 188).

Beispielsweise können nach Schick und Cierpka (2003) Kinder in der Regulation von Ärger oder heftigen Gefühlen unterstützt werden, indem sie vier Schritte befolgen: 1. das Wahrnehmen des eigenen Körpers (»wie fühle ich mich?«), 2. durch Beruhigungsversuche (z. B. dreimal tief Luft holen), 3. durch ein lautes Nachdenken über die Lösung des Problems und den Einsatz der Problemlösestrategie bzw. Sprechen mit einer erwachsenen Person, 4. durch ein späteres Nachdenken darüber, was das Kind geärgert hat und welche der Umgangsweisen funktioniert beziehungsweise nicht gut funktioniert haben, welche Alternativen es sonst noch gibt und wie das Kind mit einer solchen Situation beim nächsten Mal umgehen wird.

Im Weiteren unterstützen Übungen zur Affektdifferenzierung und zum Perspektivwechsel sowie Diskurse über Emotionen und deren Hintergründe die Empathiefähigkeit von Kindern und können somit zu einem prosozialen Verhalten beitragen.

Im Folgenden werden die pädagogischen Vorgehensweisen, mit denen das pädagogische Fachpersonal Kinder in der Entwicklung ihrer emotionalen Kompetenz stärken können, in der Tabelle 6.3. aufgeführt.

**Tab. 6.3:** Pädagogische Methoden zur Förderung der kindlichen emotionalen Kompetenzentwicklung

| Zur Förderung der kindlichen emotionalen Kompetenzentwicklung setzen pädagogische Fachkräfte folgende pädagogische Mittel ein. Sie ... |
|---|
| - interpretieren kindliche emotionale Ausdruckszeichen und geben ihnen Bedeutung (z. B. »jetzt freust du dich«) <br> - hinterfragen die Angemessenheit von Gefühlen <br> - geben Kindern beispielsweise direkte Anweisungen zum Unterdrücken des Gefühlsausdrucks (z. B. »jetzt beruhige dich«) <br> - machen Angebote zur Umdeutung des Anlasses (z. B. »das ist doch gar nicht schlimm«) <br> - unterstützen Kinder beim Akzeptieren der Emotion (z. B. »ja, das ist traurig...«) <br> - fördern Kinder beim Problemlösen (z. B. »was könntest du tun, damit du dich nicht mehr ärgerst«) <br> - helfen Kinder beim Vermeiden von negativ bewerteten Situationen (z. B. »beim nächsten Mal gehst du weg, wenn...«) <br> - setzen Methoden des operantes Konditionieren (z. B. durch Verstärkung und von Emotionsregulation, z. B. »da warst du tapfer«) ein <br> - verhalten sich als Modell (z. B. durch das eigene emotionale Regulationsverhalten) <br> - tauschen sich in einem Diskurs darüber aus, wie Emotionen erlebt und ausgedrückt werden können und sollen sowie welche Konsequenzen jeweils damit verknüpft sein können |

Diese Auflistung veranschaulicht, dass dem pädagogischen Fachpersonal neben einem feinfühligen und empathischen Verhalten eine Vielzahl pädagogischer Methoden zur Verfügung steht, mit denen sie Kinder beim Erwerb verschiedener Emotionsregulationsstrategien fördern können. Auch wird deutlich, dass das pädagogische Fachpersonal eine besondere Vorbildfunktion hat, indem es eigene Emotionen und die des Kindes wahrnimmt, benennt und damit das Emotionsvokabular der Kinder erweitert und differenziert. Auch durch den Einsatz von Kommunikationstechniken wie beispielsweise »Ich-Botschaften« können Kinder modellhaft lernen, wie Emotionen ausgedrückt und mit ihnen umgegangen werden kann. Oder auch wie Feedback gegeben werden kann (beispielsweise gegenseitige positive Rückmeldungen). Insgesamt wird deutlich, wie vielfältig Bezugspersonen Kinder bewusst und unbewusst in ihrer emotionalen Kompetenzentwicklung unterstützen und wie stark auch sozial-kulturelle Gepflogenheiten und Normen damit einhergehen.

### 6.4.2 Förderung der sozialen Kompetenzen

Bei der Förderung sozialer Kompetenzen liegt ein Kernbereich in der sozialen Problem- und Konfliktlösung, aber es kann auch um den Aufbau, das Gestalten beziehungsweise das Aufrechterhalten von Beziehungen, das Zeigen von Zuneigung und um die eigene Selbstbehauptung gehen. Sozial kompetent verhält sich ein Kind dann, wenn es über Fähigkeiten und Fertigkeiten verfügt und sie im sozialen Miteinander angemessen einsetzen kann, um diese Interaktionen zu ermöglichen, zu strukturieren und zu steuern.

Bei dem Aufbau und der Aufrechterhaltung von Beziehungen sollen Kinder spielerisch die eigenen Kommunikationsfähigkeiten entwickeln. Dazu gehört das Wissen um Regeln bei der Kontaktaufnahme (z. B. Bedeutung des Blickkontaktes, von Mimik, Gestik, räumliche Distanz, verbale Angebote) und beim Aufrechterhalten von Kontakten (z. B. ausreden lassen, aktives Zuhören, u. a.), die Förderung des Miteinanders und des Abwechselns beim Spielen. Kinder lernen soziale Regeln kennen und auch deren Hintergrund. Zusätzlich lernen sie die Vielfalt von Lebensformen und von Familienkulturen kennen und wertschätzen.

Soziale Interaktionen werden von unterschiedlichen Interessen bestimmt, die zu konfliktträchtigen Situationen führen können (z. B. zwei Kinder wollen gleichzeitig schaukeln). In verschiedenen Programmen werden Kinder unterstützt, Schritte der Problem- und Konfliktlösung kennen zu lernen und umzusetzen. Mithilfe von (Bilder-)Geschichten können diese Schritte erarbeitet werden: 1. Was ist das Problem?, 2. Welche Lösungen gibt es und 3. welche Konsequenzen haben sie bzw. werden sie funktionieren?, 4. Entscheidung für eine der Lösungen und Umsetzung dieser, 5. Reflexion, ob die Lösung funktioniert hat beziehungsweise bei Misserfolg, wie sie verändert werden kann (vgl. Schick & Cierpka, 2003). Die Kinder lernen also, Konfliktlösungen auch mit anderen Kindern zu entwickeln, die fair sind, und bewerten diese später.

Bedeutsam sind neben diesen beschriebenen Kompetenzen auch die kindliche Fähigkeiten, sich in Problemsituationen Hilfe und Unterstützung anderer einzuholen und sie für sich nutzen zu können (Fröhlich-Gildhoff, Dörner & Rönnau, 2007). Dazu kann den Kindern die Bedeutung eines sozialen Netzwerkes vermittelt und sie können bei dem Aufbau unterstützt werden. Übungen zu sozialen Kompetenzen können durch Bildergeschichten, Märchen, Rollenspiele, das Erleben und Akzeptieren von Anderssein oder auch Frage-Antwort-Gesprächsrunden (u. a.) vermittelt werden.

### 6.4.3 Förderung der Resilienz

Zur Förderung der Resilienz nennen Fröhlich-Gildhoff, Dörner & Rönnau (2007) sechs Faktoren: 1. Selbst- und Fremdwahrnehmung, 2. Selbstregulation bzw. Selbststeuerung, 3. Selbstwirksamkeit, 4. Soziale Kompetenzen, 5. Umgang mit Stress und 6. Problemlösung.

Auf die Förderung der Selbstregulation (insbesondere die Emotionsregulation), der sozialen Kompetenzen und auf die Problemlösekompetenz wurde bereits in den vorhergehenden Abschnitten eingegangen. Im Folgenden sollen die noch nicht beschriebenen drei Resilienzfaktoren erörtert werden: Bei der *Selbst- und Fremdwahrnehmung* werden Kinder durch Spiele und Übungen in der strukturierten und unverzerrten Informationsaufnahme unterstützt. Ihr Wahrnehmungsspektrum soll erweitert und differenziert werden. Zudem werden Kinder in ihrer Selbstreflexivität, zum Beispiel durch das Nachdenken und nachträgliche Einschätzen der eigenen Wahrnehmung und des eigenen Handelns, gestärkt. Im Weiteren betonen Fröhlich-Gildhoff, Dörner und Rönnau (2007) die Förderung der Fähigkeit, soziale Situationen und andere Personen angemessen wahrzunehmen, zwischen Selbst- und Fremdwahrnehmung zu unterscheiden und sich selbst ins Verhältnis zur Wahrnehmung durch andere stellen zu können. Im günstigen Fall kommt es zu einer Übereinstimmung von Selbst- und Fremdwahrnehmung, das Kind fühlt sich in den Situationen kongruent (vgl. Rogers, 1961). Die Selbst- und Fremdwahrnehmung ist laut Autoren bedeutsam für die Entwicklung des Selbstwertgefühls, der Selbstwirksamkeit und der sozialen Kompetenzen.

Bei der *Selbstwirksamkeit* spielt die Grundüberzeugung, dass das eigene Leben sinnvoll und damit vorherseh- und kontrollierbar ist und in der Folge das eigene Engagement und Handeln sich als wirksam erweisen wird, eine grundlegende Rolle. Es geht also um die Erfahrung und das Wissen von Kindern, dass ihre eigenen Fähigkeiten und Mittel bei dem Erreichen von Zielen und der Bewältigung von Problemen in der Regel ausreichen, dass sie also etwas bewirken können (vgl. Kap. 6.1.3). Nach Fröhlich-Gildhoff, Dörner und Rönnau (2007) kann die Selbstwirksamkeit dadurch gestärkt werden, dass Kinder sich selbst als »Urheber« beziehungsweise »Verursacher« von Effekten erfahren und dies auf das eigene Handeln beziehen (interne Attribution), dass sie zwischen real kontrollierbaren und wenig kontrollierbaren Situationen zu unterscheiden lernen und damit in ihrem Kompetenzerleben gestärkt werden.

Zum Thema *Stressbewältigung* werden Kinder mit dem Begriff bekannt gemacht beziehungsweise sie berichten von ihren Erfahrungen, Symptomen und möglichen Ursachen. In Anlehnung an das Stressmodell von Lazarus (1966, 1984) erfahren Kinder, dass es in der Regel nicht »den« Stress gibt, sondern dass dieses Erleben von kognitiven Einschätzungen der Situation und der eigenen Kompetenzen abhängt. Ein einfaches Stressmodell wird den Kindern vermittelt, ebenso sollen verschiedene Bewältigungsstrategien erarbeitet werden. Zum Beispiel kann unterschieden werden, in welchem Maß die Stresssituation für die Kinder kontrollierbar ist, und danach können Bewältigungsstrategien differenziert werden. Kontrollierbare Situationen können Kinder aktiv lösen (z. B. durch Informationssuche, kognitive Umbewertung oder problembezogene Unterstützung, u. a.), wenig oder nicht kontrollierbare Situationen können durch ein emotionsbezogene Bewältigungsstrategien (Coping) wie Ablenkung, Bewegung oder auch emotionale Unterstützung anderer bewältigt werden. Ein Stressabbau kann durch Gespräche, den Einsatz von (Bilder-)Geschichten, Rollenspiele und auch das Erlernen von Entspannungsverfahren, den Einsatz von Entspannungsgeschichten oder auch Fantasiereisen gefördert werden.

## 6.5 Zusammenfassung und Diskussion

Der Förderung der psychischen Gesundheit in der frühen Kindheit muss ein hoher Stellenwert zugewiesen werden. Wenngleich Eltern die kindliche Gesundheit von drei- bis sechsjährigen Kindern zumeist als (sehr) gut einschätzen, liegen für 5,3 % psychische Auffälligkeiten und für weitere 8 % Hinweise auf psychische Probleme vor.

Nach Grawe (2002, 2004) gelingt eine gesunde, positive Entwicklung dann, wenn psychische Grundbedürfnisse von Kindern befriedigt werden. Hierbei handelt es sich um die Grundbedürfnisse nach Lustgewinn und Unlustvermeidung, nach Bindung, Orientierung und Kontrolle sowie Selbstwertschutz und Selbstwerterhöhung. Wenn diese Grundbedürfnisse erfüllt werden, können Kinder ein Gefühl der Identität, des Selbstwertes und der Selbstwirksamkeit aufbauen. Letztere fördert bei den Kindern das Vertrauen, Aufgaben bewältigen zu können, und motiviert sie, sich Anforderungen zu stellen und sie selbständig oder bei Bedarf mit Unterstützung anderer zu lösen. Wenn das Bedürfnis nach Bindung befriedigt ist, sind die Kinder eher in der Lage, ihre Umwelt zu explorieren, was sich positiv auf ihr Lernen und auch ihre aktive soziale Teilhabe auswirken wird.

Studien zur Bindung weisen darauf hin, dass circa die Hälfte bzw. je nach Studie bis zu 70 % der Kinder sicher gebunden sind, d. h. bei einer nicht unbedeutenden Zahl der Kinder liegt eine unsichere oder für eine kleine Gruppe eine desorganisierte Bindung vor. Hier erscheint es notwendig und hilfreich, wenn pädagogisches Fachpersonal eine positive, korrigierende Beziehung anbieten kann. Allerdings bringen nicht nur die Kinder, sondern auch pädagogische Fachkräfte ihre Bindungserfahrungen in die Beziehungsgestaltung in der Kita mit ein. Je nach Studie weisen zwischen 44 % (Beetz, 2014) bis knapp 61 % (Gosch, 2018) des pädagogischen Personals eine sichere Bindungsrepräsentation auf, und hier kann infrage gestellt werden, ob unsicher gebundene professionelle Fachkräfte den Kindern eine korrigierende Bindungsbeziehung anbieten können. In ihrer Studie mit Psychotherapeuten fanden Cologon et al. (2017), dass ein höheres therapeutisches Reflexionsvermögen eine unsichere Bindung kompensieren kann. Daher erscheint auch für die Ausbildung von pädagogischem Fachpersonal die Wissensvermittlung zu Themen wie Bindung und Resilienz unter Einbeziehung und Reflexion der eigenen Bindungsrepräsentation als empfehlenswert. Zusätzlich sollte nach Leuzinger-Bohleber et al. (2013) die Arbeit in der Kita durch eine regelmäßige Fallsupervision unterstützt werden.

Die Befriedigung der psychischen Grundbedürfnisse sowie ein feinfühliges Verhalten der Beziehungspersonen helfen Kindern dabei, Entwicklungsaufgaben zu bewältigen. In dem Alter von drei- bis sechs Jahren zählen emotionale Selbstregulationskompetenzen zu den wichtigsten Entwicklungsaufgaben (Stern & Grabner, 2014). Im emotionalen Bereich sind die Selbstregulation mit Kontrolle von Emotionen, Handlungsimpulsen, der Aufmerksamkeit sowie der Umgang mit und die Bewältigung von frustrierenden Situationen zentral.

Komplementär zu den Entwicklungsaufgaben der Kinder ergeben sich Entwicklungsaufgaben für Eltern bzw. Bezugspersonen. Ihnen obliegt es, zusammen mit dem Kind kontinuierlich Autonomie- und Nähebedürfnisse auszuhandeln und zu regulieren, Regeln und Grenzen einzuführen und durchzusetzen und die Rollen der Familienmitglieder zu klären.

In der Kita sollen all diese Bedingungen gesunder Entwicklung unterstützend, auch mithilfe der Durchführung von Präventionsprogrammen, gefördert werden. Dazu liegen mittlerweile verschiedene Programme mit unterschiedlicher Schwerpunktsetzung vor, mit unterschiedlicher Durchführungsart, -dauer und -betreuung sowie mit unterschiedlichen Kosten. Auch der Grad der Qualitätssicherung differiert. In Studien zur Prozessqualität wird zumeist ein praxistauglicher Einsatz der Module vom pädagogischen Personal bestätigt, obwohl in der Regel anfangs ein Mehraufwand bei der Einarbeitung berichtet wird. Positiv werden zumeist auch die Betreuung und/oder stattfindende Fallsupervision eingeschätzt. Die Studien zur Ergebnisqualität fallen sehr unterschiedlich aus: zum Teil lassen sich positive Effekte für die am Programm teilnehmenden Kinder nachweisen, zum Teil ergeben sich keine Unterschiede zwischen den Kindern der Interventions- und Kontrollgruppe. Diese Studienergebnisse sollten zur Weiterentwicklung der Programme genutzt werden und sie können Kitas bei der Auswahl eines Programms, gerade auch angesichts zeitökonomischer Kosten, unterstützen.

In neueren Programmen wird eine Vernetzung auf der Kitaebene mit anderen Einrichtungen und Institutionen im sozialen Umfeld empfohlen. Diese gezielte Netzwerkarbeit erscheint notwendig, um Kräfte und Kompetenzen zu bündeln. Dagegen wird die notwendige Einbeziehung von Eltern oftmals vom pädagogischen Personal als Herausforderung erlebt, und mehr Forschung und Reflexion über die Zusammenarbeit mit Eltern scheint erforderlich.

Bei dem Einsatz von Programmen zur psychosozialen Gesundheitsförderung werden Vor- und Nachteile diskutiert. Nachteile können, wie bereits beschrieben, der anfänglich hohe Einarbeitungsaufwand, entstehende Kosten, eine begrenzte Dauer oder auch Betreuung sein.

Als Vorteile bei der Durchführung der Programme kann festgehalten werden, dass eine bewusste Konzentration auf die Themenbereiche der psychischen Gesundheit und ein situationsgerechter Einsatz pädagogischer Maßnahmen im Alltag stattfinden. Das pädagogische Fachpersonal kann durch die Auseinandersetzung mit den Themen der Programme und durch die Begleitung und/oder den Austausch, die Supervision an (Verhaltens-)Sicherheit, auch für Gespräche mit Eltern, gewinnen. Zudem werden alle Kinder mithilfe derartiger Einheiten gefördert, dies gilt auch für Kinder, die sonst im pädagogischen Alltag weniger im Zentrum der Aufmerksamkeit stehen (z. B. ängstliche oder introvertierte Kinder).

In der Konsequenz wird die Einbeziehung dieser Themenbereiche in die Curricula, Erziehungs- und Bildungspläne in allen Bundesländern gefordert. Dadurch kann nicht nur eine Verbesserung in der Ausbildung für pädagogische Fachkräfte, in die sowohl theoretische Inhalte und auch die Reflexion der eigenen psychischen Gesundheit eingehen, erwartet werden, sondern auch eine erhöhte theoriebasierte und praxisbezogene Kompetenz im pädagogischen Alltag.

# 7 Kooperation zwischen Kita und Eltern

Von Walter, Minne und Borutta (2013) wird in ihrer Expertise zu gesundheitsfördernden Elternkompetenzen festgehalten, dass sich »neben den bio-medizinischen Voraussetzungen wesentlich die persönliche, familiäre und sozioökonomische Lebenslage auf die Gesundheit von Kindern« auswirkt (S. 7).

Für die kindliche Gesundheitsförderung ist neben den elterlichen Bestrebungen die Zusammenarbeit und Kooperation von pädagogischem Fachpersonal und Eltern oder anderen Erziehungsverantwortlichen unverzichtbar. Durch sich wandelnde Lebens- und Arbeitsbedingungen verändern sich Betreuungsbedarfe der Familien, und es werden teilweise Erziehungsaufgaben an die Kita abgegeben oder Eltern fühlen sich teils unsicher bezüglich ihres Erziehungshandelns und wünschen sich eine Unterstützung durch pädagogische Fachkräfte. Die Lebensbereiche Kita und Familie sind nicht klar voneinander abgegrenzt, sondern überlappen sich, damit werden Absprachen und Kooperationen notwendig. Auf der gesetzlichen Ebene spiegelt sich dies durch Elternrechte und -pflichten (§ 6 des Grundgesetzes, GG) und die Aufgaben zur »Förderung von Kindern in Tageseinrichtungen und in Kindertagespflege« (SGB VIII) wider. Insbesondere in den Paragraphen 22, 22a und 24 des SGB VIII wird die Zusammenarbeit zwischen Kita und den Eltern konkretisiert.

In diesem Kapitel wird zunächst die Bedeutung der Eltern für die gesundheitliche Erziehung von Kindern beschrieben, bevor auf pädagogische Vorgehensweisen in der Kooperation mit Eltern und anschließend auf Programme für einzelne Elternzielgruppen eingegangen wird.

## 7.1 Bedeutung der Eltern für gesunde kindliche Entwicklung

Eltern oder andere Erziehungsberechtigte haben nach dem Gesetz das Recht auf und die Pflicht zur Erziehung (GG, Art. 6 Absatz 2), sie sollen Kinder in ihrer Entwicklung zu eigenverantwortlichen und gemeinschaftsfähigen Persönlichkeiten fördern.

Die grundlegende Bedeutung von Bezugspersonen für die gesunde Entwicklung von Kindern konnte seit Jahrzehnten in verschiedenen Längsschnittstudien belegt werden (z. B. Grossmann & Grossmann, 2013).

Walter, Minne und Borutta (2013) unterscheiden vier zentrale Vorsorgemaßnahmen und Unterstützungsleistungen von Eltern:

1. die Gewährleistung der körperlichen Versorgung,
2. die Befriedigung der psychischen Grundbedürfnisse (s. auch Grawe, 2002, 2004),
3. die Vermittlung von Regeln und Werten sowie
4. die Bereitstellung von Lernmöglichkeiten und Lernangeboten.

Mit diesen individuell abgestimmten und entwicklungsgerechten Vorsorgemaßnahmen und Unterstützungsleistungen tragen Familien alltäglich zur Förderung einer gesunden (und resilienten) Entwicklung von Kindern bei.

Eltern sind existentiell wichtig für die Sicherung der kindlichen physischen und psychischen Grundbedürfnisse (s. Kap. 6.1). Bei den das Überleben sichernden körperlichen Grundbedürfnissen handelt es sich laut Maslow (1970) unter anderem um Nahrung, Wasser, Luft, Schlaf, eine körperliche Homöostase, eine geregelte Ausscheidung und einen sicheren geschützten Raum/Wohnung. Elterliche Aufgaben bestehen darin, für eine ausgewogene und gesunde Ernährung (z. B. mit viel Obst und Gemüse, OptiMix, vgl. Kap. 4), genügend Flüssigkeiten (z. B. möglichst wenig zuckerhaltige Getränke) bei ihrem Kind zu sorgen und in der Folge auch eine regelmäßige Verdauung sowie Exkretion zu unterstützen. Weitere Aufgaben verlangen eine angemessene Körperhygiene und -pflege bei dem Kind, es angemessen bezogen auf das Wetter und die Temperatur zu kleiden, für einen ruhigen und sicheren Ort zum Schlafen zu sorgen und durch all diese Maßnahmen ein körperliches Gleichgewicht (Homöostase) zu fördern. Ferner werden als notwendig die Teilnahme an Impfungen, Maßnahmen zur Vorbeugung von Karies oder Sonnenbränden und solche zur Unfallprävention (z. B. Anschnallen, Tragen eines Helms) sowie das Vermeiden von Rauchen in Gegenwart der Kinder genannt. Schließlich gelten die Hilfe bzw. Pflege bei Krankheiten und Verletzungen als Bestandteile der elterlichen Gesundheitsfürsorge.

Im Hinblick auf die Befriedigung der psychischen Grundbedürfnisse wie Lustgewinn und Unlustvermeidung, das Bedürfnis nach Bindung, das nach Kontrolle und Orientierung sowie nach Selbstwerterhöhung und -schutz wird auf das Kapitel 6.1 dieses Buches verwiesen, in dem auf diese Grundbedürfnisse genauer eingegangen wurde.

Im Laufe der Zeit nehmen neben der Versorgung der körperlichen und psychischen Grundbedürfnisse die Erziehungs- und Bildungsprozesse mehr Raum ein. So geht es beispielsweise um die Vermittlung von Regeln und Werten. Nach dem Wissenschaftlichen Beirat für Familienfragen (2005, S. 56f) bedeutet dies, dass Eltern eigene Meinungen, Werte und Erziehungsziele vertreten und auch mögliche resultierende Konflikte mit ihren Kinder aushalten und konstruktiv austragen sollen. Andererseits zeigen sie Vertrauen in die Fähigkeiten ihrer Kinder und können Anforderungen an das kindliche Verhalten stellen, die der Entwicklung dienen. Schließlich setzen Eltern ihren Kindern Grenzen, die deren Entwicklungsstand entsprechen, und prüfen deren Einhaltung.

Eine weitere grundlegende Anforderung an das elterliche Verhalten besteht nach Walter, Minne und Borutta (2013) in der Bereitstellung von Lernmöglichkeiten und Lernangeboten. Kinder werden als aktive Konstrukteure ihres Wissens angesehen (vgl. Piaget, 1978), und sie eignen sich beispielsweise durch Exploration ihre Umwelt an. Laut Ziegenhain (2008) ist es die Aufgabe der Eltern, durch die Bereitstellung und Organisation von Lernangeboten und -möglichkeiten ein Erkundungsverhalten und Lernen ihrer Kinder zu ermöglichen und zu fördern. Insbesondere in der sozialen Interaktion können Eltern ihre Kinder beim Lernen, d. h. bei der Integration von Wissen und dem Erlernen neuer Fähigkeiten, unterstützen. Nach Walter, Minne und Borutta (2013) besteht die pädagogische Aufgabe der Eltern darin, »ihren Kindern ›vorauseilende‹ Entwicklungsangebote zu schaffen, von denen optimale Lern- und Wachstumsanreize ausgehen, indem die Entwicklungsangebote den Entwicklungsvoraussetzungen des Kindes angemessen und zugleich für die Entwicklungsfortschritte förderlich sind« (S. 27).

Wenn sie ihre Kompetenzen einschätzen sollen, geben Eltern von 1479 dreijährigen Kindern im Mittel ein positives Selbstwertgefühl und ein großes Vertrauen in ihr eigenes Handeln und ihre Fähigkeiten an (Franzke & Schultz, 2016). Sie wurden des Weiteren gefragt, wie gut sie sich bei Unsicherheit in der Elternrolle über Beratungsangebote informiert fühlen, und 43 % der Befragten geben an, gut bzw. 37 % teils gut informiert zu sein. Jede/r fünfte bzw. sechste Befragte (17 %) fühlt sich jedoch schlecht informiert, und dies trifft vor allem auf Familien mit Belastungen und in Risikolagen zu (Franzke & Schultz, 2016).

Bei Fragen wenden sich Eltern zunächst an ihr direktes Umfeld (z. B. Partner*in, Verwandte, Freunde) und versuchen diese mit ihren Ressourcen zu klären. Erst danach, an vierter Stelle wird das pädagogische Fachpersonal als Ansprechpartner für Fragen genannt, und wichtig ist hier, dass knapp 84 % der Eltern nur dann Informationen zu Familien- und Erziehungsfragen erhalten wollen, wenn sie sie wünschen (Neumann & Smolka, 2016). In diesem Zusammenhang ist auch der Befund zu sehen, dass 86,4 % der befragten Eltern ihren erzieherischen Einfluss als sehr groß einschätzen, und der Kita wird von weniger als einem Viertel ein großer Einfluss bei der Erziehung eingeräumt (21 %, Mühling & Smolka, 2016).

Schließlich haben Camehl et al. (2015) auf der Basis von repräsentativen Daten die elterliche Zufriedenheit mit der Kooperation mit Kitas analysiert. Danach ist ca. die Hälfte der Eltern von über dreijährigen Kindern sehr zufrieden mit dem Kontakt zu dem pädagogischen Fachpersonal, ca. ein Drittel beschreibt sich als sehr zufrieden mit der Beratung und den Aktivitäten für Eltern sowie den Möglichkeiten zur Mitentscheidung (Partizipation).

## 7.2 Pädagogische Vorgehensweisen in der Kooperation mit Eltern

Im Paragraphen 22 des Kinder- und Jugendhilfegesetzes (KJHG, SGB VIII) wird die Förderung von Kindern zu eigenverantwortlichen und gemeinschaftsfähigen Persönlichkeiten in Tageseinrichtungen und Tagespflege als erstes Ziel genannt. Zusätzlich wird die Zusammenarbeit zwischen pädagogischem Fachpersonal mit den Eltern konkretisiert. Kindertageseinrichtungen sollen Erziehung und Bildung in der Familie unterstützen und ergänzen (§ 22 Absatz 2 [2]). So soll sich das Angebot von Kitas pädagogisch und organisatorisch an den Bedürfnissen von Kindern und ihren Familien orientieren (§ 22a Absatz 2 [3]) und Eltern darin unterstützen, die Erwerbstätigkeit und Kindererziehung besser miteinander vereinbaren zu können (§ 22 Absatz 2 [3]).

Auch sollen Kitas mit anderen kinder- und familienbezogenen Institutionen sowie Initiativen im Gemeinwesen, insbesondere solchen der Familienbildung und -beratung, zusammenarbeiten (§ 22a Absatz 2 [2]).

In allen Bundesländern wird in den Erziehungs- und Bildungsplänen für Kindertageseinrichtungen auf die Bedeutung und Ziele der Kooperation zwischen pädagogischem Fachpersonal und Eltern bzw. Familien eingegangen. Viernickel (2010) hat für die Zusammenarbeit mit Familien insgesamt 27 verschiedene Anforderungen an das pädagogische Personal anhand der Bildungsprogramme in den Bundesländern identifiziert. Die Autorin bezeichnet Qualitätsziele dann als konsensfähig, wenn eine Übereinstimmung bei mindestens 12 der 16 Bildungsprogramme vorliegt. Danach ergeben sich für die Zusammenarbeit mit den Eltern folgende fünf konsensfähige Qualitätsziele:

- pädagogische Fachkräfte sollen sich mit Eltern regelmäßig Informationen austauschen,
- mindestens einmal im Jahr Gespräche mit Eltern führen,
- eine Bildungs- und Erziehungspartnerschaft mit Eltern anstreben,
- Eltern beteiligen und mitbestimmen lassen sowie
- interessierte Eltern bei der Konzepterstellung, Jahresplanung und Projektarbeit einbinden (Viernickel, 2010, S. 13).

Werden die Anforderungen weitergefasst, sodass eine Übereinstimmung in mindestens zwei Bildungsprogrammen der Bundesländer vorliegt, dann ergeben sich nach Viernickel (2010) noch weitere Qualitätskategorien: die Begleitung der pädagogischen Fachkräfte bei der Eingewöhnungsphase des Kindes in der Kita, eine transparente Gestaltung der Arbeit in der Kita und die Erarbeitung von speziellen Angeboten für die Familien.

Der Wissenschaftliche Beirat für Familienfragen (2005) definiert die Kooperation zwischen Eltern und pädagogischem Fachpersonal, auch Erziehungs- und Bildungspartnerschaft genannt, folgendermaßen:

»Dieses partnerschaftliche Verhältnis realisiert sich in der konkreten Zusammenarbeit, es dient der Abstimmung erzieherischer Maßnahmen, der Vereinbarung über zu treffende Entscheidungen wie auch der ständigen Besinnung auf die gemeinsamen Grundsätze des erzieherischen Handelns« (S. 20).

Nach Bargsten (2012) gehen Erziehungs- und Bildungspartnerschaften über Elternarbeit hinaus, da neben einem konstruktiven Kontakt die Elternbildung, Unterstützung der Eltern (z. B. Stärkung der Elternkompetenz, psychische Stabilisierung von Eltern), die Netzwerkarbeit, Kooperation und Sozialraumorientierung bedeutsam sind. Stange (2012) erweitert diese Sicht und spricht von systemisch-netzwerkartigen und individuell-personenbezogenen Erziehungs- und Bildungspartnerschaften, bei denen die Kooperation von Kindertagesstätten mit Eltern, aber auch die Partnerschaft mit Schulen und weiteren Partnern im Sozialraum gemeint ist und die gemeinsame Förderung und das Wohl der Kinder im Zentrum steht. Stange (2012) spricht in diesem Rahmen auch von Präventions- und Bildungsketten, die alle Lebensphasen und Institutionen meinen.

»Prävention als rechtzeitige, proaktive Aktion und Strategie in der Form von Allgemeinprävention ist – neben der Beseitigung objektiver äußerer Risikofaktoren – in weiten Teilen deckungsgleich mit Bildung und Erziehung« (S. 29).

In der inhaltlichen Beschreibung und den Zielen von Bildungs- und Erziehungspartnerschaften unterscheiden sich Autoren (Betz et al., 2015, Kalicki, 2010, Stange, 2012, Textor, 2017, Viernickel, 2010, Wehinger, 2016) und die Curricula bzw. Bildungspläne der Bundesländer. Auf der Basis dieser Beschreibungen sind in der folgenden Tabelle 7.1 die Inhalte bezogen auf die gesundheitliche Situation und Förderung im Überblick dargestellt. Ergänzt werden diese Ziele und Inhalte exemplarisch durch daraus resultierende (Kompetenz-)Anforderungen an das pädagogische Personal sowie mögliche pädagogische Vorgehensweisen.

In der Tabelle 7.1 lassen sich für die gesundheitsbezogenen Inhalte und Ziele von Entwicklungs- und Bildungspartnerschaften fünf pädagogische (Gestaltungs-)Bereiche und die dazugehörigen Anforderungen und geforderten Kompetenzen an das pädagogische Fachpersonal identifizieren. Dabei kommt es zu Überlappungen sowohl der Bereiche als auch bei den Anforderungen und Kompetenzen der pädagogischen Fachkräfte. Vor dem Hintergrund der Bedeutung von Gesundheit und Gesundheitsförderung, die sich auch in den umfassenden und komplexen pädagogisch-gesundheitsbezogenen Anforderungen und Kompetenzen spiegeln, muss diskutiert werden, ob hier nicht besser von »Erziehungs-, Gesundheits- und Bildungspartnerschaften« gesprochen werden sollte.

Es wird angenommen, dass mit einem kontinuierlichen, wechselseitigen Austausch von pädagogischem Fachpersonal und Eltern verbesserte Gesundheits-, Entwicklungs- und Förderresultate bei Kindern, eine höhere pädagogische Qualität, die sich sowohl im professionellen Handeln der pädagogischen Fachkräfte als auch im elterlichen Verhalten ausdrückt, einhergehen. Diese Zielvorstellungen sind mehr oder weniger durch empirische Forschungsergebnisse für Erziehungs- und Bildungspartnerschaften belegt (Betz, 2015). Einige Zielvorstellungen repräsentieren idealtypische und normative Vorstellungen von Elternschaft, Erziehung, Förderung, Bildung und Kooperation. Einerseits können diese Zielvorstellungen eine Orientierung und einen ressourcenorientierten Halt geben,

**Tab. 7.1:** Inhalte von Erziehungs- und Bildungspartnerschaften in der Kooperation mit Eltern zur Förderung der körperlichen, psychischen und sozialen Entwicklung und Gesundheit von Kindern und sich daraus ergebende Anforderungen an und Kompetenzen für das pädagogische Fachpersonal

| Pädagogische, gesundheitsbezogene Gestaltungsbereiche von Erziehungs- und Bildungspartnerschaften | Anforderungen an und Kompetenzen von pädagogischen Fachkräften |
|---|---|
| **Haltung und Kommunikation** | |
| • Anerkennung von Eltern als Experten ihrer Familien- und Gesundheitssituation | • Anerkennung, dass Eltern als Experten ihrer Familiensituation vor dem Hintergrund ihrer eigenen Familien-, Partnerschafts-, Bildungs-, Arbeits- und Gesundheitsbiografie sinnhaft handeln<br>• Anerkennung, dass Eltern mit ihrem Wissen, ihren Mitteln bzw. Kompetenzen die körperliche, geistig-seelische Entwicklung ihres Kindes optimal fördern und Gesundheitsrisiken vermeiden wollen<br>• Nutzung des familiären gesundheitsbezogenen Erfahrungswissens und -handelns im pädagogischen Alltag |
| • Wertschätzung von Eltern und Familien in ihrer Diversität bezogen auf Gesundheit | • kontinuierliches Ergänzen des eigenen Wissens zu Aspekten der Diversität (z. B. Lebensformen, Bildungsgrad, sozioökonomische Situation und Herkunft) mit Bezug auf die Gesundheit<br>• Reflexion von Einstellungen, Haltungen zu verschiedenen Lebensformen, Kulturen (etc.) |
| • Würdigung der bisherigen elterlichen Leistungen bezüglich der Gesundheits- und Entwicklungsförderung ihrer Kinder | • Perspektivwechsel in die Lebenssituation der Eltern/der Familie unter Einbeziehung der kindlichen, elterlichen, familiären und Ressourcen im Sozialraum und Würdigung der elterlichen Bemühungen für die gesundheitliche Entwicklungsförderung ihrer Kinder |
| • Kommunikation auf partnerschaftlicher Ebene zwischen pädagogischem Fachpersonal und Eltern | • Kenntnis von Kommunikations- und Gesundheits-(förder)theorien<br>• Anwendung von konstruktiven Kommunikationsverhaltensweisen, auch im Umgang mit Konflikten<br>• Akzeptanz von Eltern als gleichwertige Partner |
| **Begleitung von Übergängen unter gesundheitsbezogener Sicht** | **Anforderungen an und Kompetenzen von pädagogischen Fachkräften** |
| • Vorbereitung und Eingewöhnung in die Kita mit Fokus auf Bewältigungskompetenzen | • Heranführung an den Kita-Besuch (z. B. durch Schnuppertage für Kinder und Eltern) mit Förderung der Selbständigkeit und Erweiterung des sozialen Erfahrungsraumes |
| • Gestaltung von Übergängen unter Berücksichtigung gesundheits- und entwicklungsbezogener Wissensbestände | • Gestaltung von Übergängen, z. B. in eine andere Kita oder die Grundschule, durch Informationsgabe, Beratung von Eltern<br>• Mglw. Besuch der Einrichtung/der Grundschule zusammen mit den Eltern und Kindern |

## 7.2 Pädagogische Vorgehensweisen in der Kooperation mit Eltern

**Tab. 7.1:** Inhalte von Erziehungs- und Bildungspartnerschaften in der Kooperation mit Eltern zur Förderung der körperlichen, psychischen und sozialen Entwicklung und Gesundheit von Kindern und sich daraus ergebende Anforderungen an und Kompetenzen für das pädagogische Fachpersonal – Fortsetzung

| Pädagogische, gesundheitsbezogene Gestaltungsbereiche von Erziehungs- und Bildungspartnerschaften | Anforderungen an und Kompetenzen von pädagogischen Fachkräften |
|---|---|
| | • Planung und Durchführung gemeinsamer gesundheitsförderlicher Aktivitäten (z. B. Sport) |
| **Zielformulierung, Informationsgabe und Transparenz** | **Anforderungen an und Kompetenzen von pädagogischen Fachkräften** |
| • Austausch über familiäre und kulturelle, gesundheitsbezogene Werte, Normen und Deutungsmuster | • Thematisierung von entwicklungs- und gesundheitsbezogenen Werten und Normen in verschiedenen Gesprächen, bei Vorbesuchen in der Gruppe, bei (Einführungs-)Elternabenden (etc.) |
| • Abgleich von gesundheitsbezogenen Erwartungen an die Kita | • Informationsgabe über Aufgaben, Ziele und rechtliche Rahmenbedingungen von Kitas, schriftliche Information über die Konzeption der Kita<br>• Klärung von elterlichen Erwartungen<br>• Erarbeitung und Gestaltung einer gemeinsamen Arbeitsbasis für die gesundheitliche und (Bildungs-)Entwicklung der Kinder |
| • gemeinsame Formulierung von bildungs- und gesundheitsbezogenen Zielen | • Festlegung gemeinsamer Erziehungs- und Gesundheitsziele in Entwicklungs- und Beratungsgesprächen: kontinuierlich, langfristig und/oder situationsbezogen modifiziert<br>• Zielformulierungen u. a. zur sprachlichen, kognitiven, motorischen und sozial-emotionalen Entwicklung und Bildung von Kindern<br>• Austausch über Möglichkeiten zur langfristigen Zielerreichung |
| • Information und regelmäßiger Austausch über die gesundheitliche und Bildungssituation des Kindes | • regelmäßige Entwicklungsgespräche in verschiedenen Phasen des Kitabesuchs (z. B. Eingewöhnungsphase)<br>• Informationen zur kindlichen gesundheitsbezogenen Entwicklung |
| • Information und Transparenz über Angebote und das gesundheitsbezogene Geschehen in der Kita | • stetige Information z. B. Essensplan mit Fotos<br>• Elternbriefe<br>• in Tür- und Angelgesprächen (z. B. Informationen über aktuelle Ereignisse)<br>• bei Elternabenden, -treffen, im Elterncafé<br>• Transparenz durch Bildungs- und Lerngeschichten, Portfolios, Tagebücher für jedes einzelne Kind |
| • Informationen zu weiteren (Gesundheits-)Einrichtungen und Institutionen im Sozialraum | • Netzwerkkarte in der Kita<br>• Informationsbroschüren<br>• Beratungsführer für Eltern |
| • Umgang mit Beschwerden | • Etablierung einer Beschwerdekultur und klare Regeln für Beschwerdemanagement |

**Tab. 7.1:** Inhalte von Erziehungs- und Bildungspartnerschaften in der Kooperation mit Eltern zur Förderung der körperlichen, psychischen und sozialen Entwicklung und Gesundheit von Kindern und sich daraus ergebende Anforderungen an und Kompetenzen für das pädagogische Fachpersonal – Fortsetzung

| Pädagogische, gesundheitsbezogene Gestaltungsbereiche von Erziehungs- und Bildungspartnerschaften | Anforderungen an und Kompetenzen von pädagogischen Fachkräften |
|---|---|
| | • Kenntnisse bezüglich und Umsetzung des Konfliktmanagements |

| Aktive gesundheitsbezogene Zusammenarbeit mit Eltern | Anforderungen an und Kompetenzen von pädagogischen Fachkräften |
|---|---|
| • Ermutigung und Beteiligung von Eltern an gesundheitsbezogenen und Bildungsaktionen | • Ermutigung von Eltern, eigene Ideen und Erfahrungen zur Gesundheitsförderung einzubringen<br>• gemeinsame Gestaltung von Festen (etc.) und gesundheitlichen Aktionen (z. B. Frühstücksbuffet, Sportnachmittage)<br>• Angebote von Eltern (z. B. Ballspiele, Tanzkurs oder Yoga, Begleitung bei Besuchen von Einrichtungen, z. B. Krankenhaus)<br>• Freizeitangebote und Kurse für Familien (z. B. Schwimm-, Musikkurse, Sprachtandems)<br>• bewegungsfördernde Spielplatzgestaltung und Gartenarbeit und auch elterliche Hilfen beim Renovieren/Reparieren der Kita |
| • Unterstützung und Beratung in Gesundheits- und familiären Erziehungsfragen | • niederschwellige Angebote bei Erziehungs- und Gesundheitsfragen, möglichen kindlichen Verhaltens- oder Entwicklungsauffälligkeiten<br>• Austausch und Erarbeitung von Vorgehensweisen mit Eltern (auch unter Einbeziehung weiterer Fachkräfte)<br>• Motivationsförderung bei Eltern, ggfs. Hilfs- und Beratungsangebote im Gemeinwesen wahrzunehmen |
| • Unterstützung und Anleitung der Eltern bei der Lernförderung zu Hause | • Information zu und Demonstration von pädagogischen Maßnahmen (z. B. bei der motorischen oder sprachlichen Förderung der Kinder in der Kita und bei Hausbesuchen)<br>• Informationen zu und Ausleihmöglichkeiten von pädagogischem Material wie Büchern, Spielen und Filmen<br>• Hospitationsangebote für Eltern |
| • Klärung von Ressourcen von und für Eltern, Kinder(n) und Kita sowie weiteren Institutionen | • kindliche, elterliche, familiäre und Ressourcen im Gemeinwesen klären und Stärkung der elterlichen Selbstwirksamkeit in Einzelgesprächen oder Elterngruppen<br>• Einsatz von Ressourcenkarten |
| • Stärkung der Elternkompetenzen | • Sensibilisierung der Eltern über ihre Rolle bei der gesundheitsbezogenen Förderung und Bildung ihrer Kinder<br>• Information darüber, welche elterlichen Kompetenzen hilfreich sind und Förderung dieser |

**Tab. 7.1:** Inhalte von Erziehungs- und Bildungspartnerschaften in der Kooperation mit Eltern zur Förderung der körperlichen, psychischen und sozialen Entwicklung und Gesundheit von Kindern und sich daraus ergebende Anforderungen an und Kompetenzen für das pädagogische Fachpersonal – Fortsetzung

| Pädagogische, gesundheitsbezogene Gestaltungsbereiche von Erziehungs- und Bildungspartnerschaften | Anforderungen an und Kompetenzen von pädagogischen Fachkräften |
|---|---|
| • Förderung der elterlichen bzw. familiären Mitbestimmungsmöglichkeiten (Partizipation) | • Information über Elternbildungsangebote (im Sozialraum)<br>• Durchführung von Elterntrainings, -programmen und verschiedenen Gruppenangeboten: Einelternfamilien, themenspezifische Gesprächskreise<br>• Wahl einer Elternvertretung (und »Gesundheitsbeauftragten«), auch auf Gemeinde- oder Landesebene (etc.)<br>• gemeinsame Planung, Vorbereitung und Gestaltung besonderer Ernährungs-, Sport- und weiterer Gesundheitsaktivitäten<br>• gemeinsames Erarbeiten von Jahres- und Projektplänen<br>• Beteiligung bei der (Weiter-)Entwicklung der Kita-Konzeption<br>• Einbeziehung bei Organisations-/Verwaltungsaufgaben |

| Rahmenbedingungen und Kooperation/Vernetzung | Anforderungen an und Kompetenzen von pädagogischen Fachkräften |
|---|---|
| • Gestaltung der Räumlichkeiten in der Kita für eine Willkommens- und Wohlfühlkultur | • Eingangsbereich mit Informationen zu wöchentlichen Bildungs- und Gesundheitsaktivitäten<br>• Fotos und schriftlicher Essensplan<br>• Raum für Treffen von Eltern<br>• Zugehörigkeitsgefühl vermitteln |
| • Öffnung der Kita als Ort der Begegnung und gegenüber anderen Einrichtungen/Institutionen im sozialraumbezogenen Lern- und Entwicklungsumfeld | • Einladung von Expert*innen aus anderen Einrichtungen zu bestimmten, z. B. gesundheitsbezogenen Themen<br>• Tage der offenen Tür<br>• gemeinsame Aktivitäten, z B. zusammen mit Sportvereinen<br>• gemeinsame Aktivitäten mit der Grundschule<br>• Beratungsangebote durch Fachleute in der Kita |
| • Vernetzung aller für die Gesundheit und Bildung zuständigen Einrichtungen | • Förderung von Beziehungen zwischen Eltern und Einrichtungen im Gemeinwesen<br>• Kooperation mit Familienzentren, Gesundheitsamt, kinderärztlichen Praxen, Einrichtungen der Kinder- und Jugendhilfe (z. B. Familienbildungsstätten), Sportvereinen, Musikschulen, Grundschulen (u. a.) |
| • Qualitätsentwicklung | • regelmäßige Teamsitzungen und »Fallbesprechungen«, Intervision<br>• Teilnahme am Gesundheitszirkel<br>• Supervision<br>• Dokumentation und Elternbefragungen |

andererseits müssen manche kritisch diskutiert werden, weil damit Implikationen und Herausforderungen verknüpft sind und die Anforderungen an alle Beteiligten sehr anspruchsvoll sind.

Eine »naive« und unreflektierte positive Sicht einer Erziehungs- und Bildungspartnerschaft muss kritisch hinterfragt werden. Bestimmte Implikationen und Herausforderungen müssen verdeutlicht und in den professionellen Diskurs eingebracht werden, um Ziele für Erziehungs- und Bildungspartnerschaften und damit resultierend Anforderungen an professionelle Fachkräfte an den Alltagsgegebenheiten orientiert »realistischer« formulieren zu können.

Auf Kritikpunkte und Widersprüche zur Rolle der professionellen Fachkräfte, zu der Zusammenarbeit mit Eltern und der Einbeziehung von Kindern wird im Folgenden kurz eingegangen.

Von einigen Autoren wird vom pädagogischen Fachpersonal eine Erziehungs- und Bildungspartnerschaft mit Eltern auf »Augenhöhe« gefordert. Nach Stange (2012) handelt es sich nicht um eine »echte Partnerschaft«, weil »faktisch ein Ungleichgewicht« einhergeht (S. 13). Der Anspruch stellt zudem das pädagogische Fachpersonal nach Betz (2015) auf eine Ebene mit den »pädagogischen Laien«, sprich den Eltern. Das steht laut Autorin im Gegensatz zu der Professionalisierungsdebatte. Die Professionalität bei der Betreuung, Förderung und Erziehung von Kindern, der Beratung und Anleitung von Eltern, der Förderung von Elternkompetenz (etc.) wird eingefordert und muss über eine »Laienpädagogik« hinausgehen. Es wird ein Anspruch an Professionalisierung für pädagogisches Fachpersonal formuliert – und durch Ausbildung, Fort- und Weiterbildungen sowie Qualitätsmaßnahmen in der Kita (etc.) angestrebt bzw. umgesetzt. Damit soll ein qualitativer Unterschied zwischen professionellen Fachkräften und Eltern erzielt werden. Eine Partnerschaft auf »Augenhöhe« negiert nicht nur diese Professionalität, sondern auch das damit einhergehende Machtgefälle. Eine professionelle Beziehung von pädagogischen Fachkräften zu Eltern sollte in der Regel gerade durch einen pädagogischen Wissens- und Kompetenzvorsprung gekennzeichnet sein. Einschränkend muss hier zum Beispiel für bestimmte Gesundheitsthemen festgehalten werden, dass Eltern qua Ausbildung (z. B. als Ernährungswissenschaftler*in) einen Wissens- und Kompetenzvorsprung haben können. Hier gilt es, diese Qualifikation und Kompetenz anzuerkennen und möglicherweise als Ressource mit in die Kita-Arbeit einzubeziehen. Insgesamt ist es wichtig, in Kitas die Themen Beziehung, Beziehungsgestaltung und Macht in Beziehungen zu analysieren und zu reflektieren. Es geht darum, welche Haltung pädagogische Fachkräfte bezüglich ihrer Rolle und der von Eltern einnehmen und ob sie diese (partizipative) Beziehung mit Respekt, Achtung und Würdigung der Eltern gestalten können.

Textor (2017) diskutiert, dass Grundlage einer gelingenden Erziehungspartnerschaft ein intensiver, täglicher Austausch zwischen Eltern und pädagogischen Fachkräften ist. Nur dann könne Vertrauen aufgebaut werden. Allerdings wird das Zustandekommen dieser täglichen Interaktionen als schwierig bezeichnet, da 60 % der Fachkräfte in Teilzeit und in Schichten arbeiten, Eltern ebenfalls berufstätig sind, wenig Zeit oder zum Teil ein geringes Interesse an einem regelmäßigen Austausch haben oder auch die sprachliche Verständigung aufgrund der elterlichen Herkunft eingeschränkt sein kann. Daher fordert Textor (2017), das »Konzept der Erziehungspartnerschaft durch ein weniger frustrierendes Verständnis von Elternarbeit zu ersetzen« (S. 46). Hier nennt der Autor die Einbeziehung von Formen des Elternkontakts wie Telefonate, E-Mails und andere Medien.

Idealbilder über eine gelungene Erziehungs- und Bildungspartnerschaft beschreiben in der Regel motivierte und kompetente pädagogische Fachkräfte, die über die entsprechende Zeit für eine konstruktive Kooperation und Zusammenarbeit mit Eltern verfügen. In Studien bemängeln pädagogische Fachkräfte allerdings gerade einen Zeitmangel für die pädagogische Arbeit (z. B. durch Krankheitsausfälle, etc.). Zusätzlich fühlen sich viele durch die Zusammenarbeit mit Eltern belastet oder überfordert (Westphal & Kämpfe, 2012). Trotz vielfältiger pädagogischer Kompetenzen kann eine Überforderung des pädagogischen Personals im Umgang mit familiären Problemlagen wie Konflikten, Krankheiten und psychischen Störungen oder auch durch von außen formulierte Anforderungen an die Erziehungs- und Bildungspartnerschaft wie »psychische Stabilisierung von Eltern« (Bargsten, 2012, S. 392) resultieren. Während bei Verdacht auf Gefährdung des Kindeswohls Vorgehensweisen gesetzlich festgelegt sind (§ 8a, KJHG), gilt dies nicht für das weite Feld weiterer Erziehungs- und familiärer Belastungs- und Problemlagen. Es kann nicht darum gehen, »pädagogisch-psychologisch-juristische Allround-Fachkräfte« einzufordern, sondern in der Professionalisierungsdebatte und in der jeweiligen Kita geht es darum, Kompetenzanforderungen an die pädagogischen Fachkräfte, Verantwortungsbereiche und deren Grenzen zu diskutieren und ein Netzwerk an infrage kommenden Expertinnen und Experten aufzubauen.

Nach Kalicki (2010) können Beobachtungen, Erklärungen und Interpretationen der kindlichen Entwicklung und des kindlichen Verhaltens von Eltern und pädagogischen Fachkräften divergieren. Pädagogisches Fachpersonal kann elterliche Erziehungsverhaltensweisen beobachten, die es als wenig förderlich einschätzt, oder Konflikte in der Partnerschaft (z. B. auch bei der Trennung von Eltern) können sich beeinträchtigend auf die kindliche gesundheitliche Entwicklung auswirken. Die formulierte Anforderung an das pädagogische Fachpersonal, bei Eltern eine Sensibilisierung hinsichtlich ihres Erziehungsverhaltens auf die kindliche Entwicklung zu bewirken, ist laut Kalicki (2010) problematisch, da pädagogische Fachkräfte damit »zusätzlich den Auftrag zugeschrieben bekommen, die Eltern zu erziehen« (S. 199). Der Autor stellt in Frage, ob pädagogisches Fachpersonal das Mandat hat, die elterliche Paarbeziehung zu thematisieren und die Erziehung zu bewerten. Kalicki (2010) schließt: »Vor einer Vermischung der Erzieherrolle mit einer Beraterrolle und entsprechenden Grenzüberschreitungen, wie sie die aktuelle Rezeption des Konzepts der Erziehungspartnerschaft befördert [...], muss daher nachdrücklich gewarnt werden« (S. 200). Betz (2015) diskutiert, dass die Forderung nach einer Erziehungspartnerschaft auch impliziert, wie eine »gute« Erziehung aussieht. Derartige klare Vorstellungen müssen hinterfragt werden, da sie zu einer Normierung von Erziehungsverhalten und einer Abwertung alternativer Erziehungsvorstellungen führen (Betz, 2015, S. 7). Zudem muss hier die Frage der Deutungsmacht diskutiert werden. Wenn Eltern Erziehungsverhaltensweisen zeigen, welche von Vorstellungen des pädagogischen Fachpersonals abweichen (z. B. im Bereich der Ernährung), ergibt sich die Frage, gerade wenn eine Erziehungspartnerschaft anvisiert wird, wer die Deutungsmacht über die Beurteilung des »richtigen Verhaltens« hat.

In diesem Rahmen sei auch noch einmal auf den Artikel 6 (Absatz 2) des Grundgesetzes hingewiesen, der besagt: »Pflege und Erziehung der Kinder sind das natürliche Recht der Eltern und die zuvörderst ihnen obliegende Pflicht«. Dieses »natürliche Recht« verdeutlicht auch, dass der Staat Eltern einen bestimmten Erziehungsstil nicht verordnen kann. Erziehungsverhaltensweisen, die sich als förderlich erwiesen haben, können empfohlen und Eltern in ihrer Umsetzung unterstützt werden.

Im Weiteren beschreibt Bargsten (2012) als ein Teilziel von Erziehungs- und Bildungspartnerschaften die wechselseitige Öffnung und hier unter anderem die »gemeinsame Abstimmung von privater und öffentlicher Erziehung bzw. Bildung« (S. 391). Allerdings können Eltern dies aufgrund unterschiedlicher Einschätzungen und Deutungsmuster als unangemessenen Eingriff in das Familienleben erleben. Betz (2015) merkt kritisch an, dass eine Zusammenarbeit mit Eltern auf Basis einer gleichwertigen Partnerschaft »auf der einen Seite die Rolle der Eltern bei der Bildung, Erziehung und Förderung der Kinder semantisch aufgewertet – als Partner auf Augenhöhe –, es ihnen damit aber gleichzeitig immer schwerer gemacht, die Zusammenarbeit (legitimerweise) zu verweigern« (S. 7). Hinzu kommt nach Krüger et al. (2012) der große Einfluss des Staates durch Bildungsinstitutionen auf die Kinder, und der Staat dehne seinen Einflussbereich durch »eine immer stärker werdende Einbeziehung (und damit auch Kontrolle) von Eltern und Familien« (S. 497) weiter aus und erhöhe somit den Druck auf die Familien, mit den staatlichen Institutionen zu kooperieren bzw. sich einzubringen. Eltern können jedoch aus unterschiedlichen Gründen eine »wechselseitige Öffnung« (Bargsten, 2012, S. 391), Transparenz und »dialogische Elternpartnerschaft« sowie eine »Kontinuität zwischen öffentlicher und privater Erziehung« (vgl. Textor, 1997) meiden. Gründe können vielfältig sein, zum Beispiel andere Vorstellungen über die Rolle von Familie und Kita, zu wenig Zeit oder Scham aufgrund der Lebens-, Gesundheits- und Arbeitssituation, sprachliche Einschränkungen aufgrund der Herkunft, Befürchtungen, angeklagt oder belehrt (»erzogen«) zu werden oder dass sich das pädagogische Fachpersonal in Familienangelegenheiten einmischt (u. a.).

Es ist das Recht von Eltern, die ihnen gemäße Form der Zusammenarbeit und Kooperation mit Kitas zu leben. Zum Beispiel kann die Zusammenarbeit von ihnen funktional statt emotional orientiert sein, sodass sie einen vermehrten Austausch nur bei Problemanzeigen wünschen. Allerdings fällt es Eltern heutzutage angesichts der Forderung »nach mehr Kooperation« und »täglichem Austausch« schwerer, sich diesem Anspruch zu entziehen.

Gleichzeitig muss erörtert werden, wann sich Mütter und Väter unterschiedlicher Lebensformen, sozioökonomischer Lebenslagen und Herkunft in einer Kita willkommen und wohlfühlen. Bezüglich der geforderten Willkommens- und Wohlfühlkultur fordert Betz (2015), dass sich die Praxis und Forschung vermehrt mit »den Haltungen, Orientierungen, Einstellungen und Deutungsmustern von Müttern und Vätern unterschiedlicher Herkunft« auseinandersetzen sollten. Es wird unausgesprochen von einem Mehr an Austausch und einem Ziel des sich Wohlfühlens ausgegangen, aber es fehlen Studien dazu, wann sich Eltern willkommen fühlen (z. B. Mütter mit »Kopftuch«, Väter) und ob und unter welchen Bedingungen von Eltern ebenfalls ein vermehrter Austausch angestrebt wird.

Abschließend soll bei den Erziehungs- und Bildungspartnerschaften der Blick noch auf die Kinder gelenkt werden, deren Wohl im Zentrum stehen soll. In den Bildungsgrundsätzen des Landes Nordrhein-Westfalen heißt es: »Bildungs- und Erziehungspartnerschaft bedeutet auch, dass das Kind die Zusammenarbeit zwischen seinen Eltern und der Kindertagespflege, der Kindertageseinrichtung, dem Ganztagsangebot oder der Schule als positiv und vertrauensvoll erlebt« (Ministerium für Familie, Kinder, Jugend, Kultur und Sport des Landes Nordrhein-Westfalen, 2016, S. 64). In der Diskussion der Erziehungs- und Bildungspartnerschaften bleiben Kinder als Rezipienten elterlicher und pädagogischer Bemühungen allerdings in einer passiven Rolle. Dabei sind sie jedoch Mitglieder der Familie und Kita und gestalten beide aktiv mit. Es liegen nur wenige Studien vor, in denen die Sicht von Kindern bezüglich der Förderung (z. B. BeKi-Studie, 2016) erhoben wurde. Betz (2015) fordert daher, dass die Beforschung von Vor- und Nachteilen (u. a.) und die konzeptionelle Einbindung der kindlichen Perspektiven zu Erziehungs- und Bildungspartnerschaften notwendig sind. Darüber hinaus wird die konkrete Umsetzung und wissenschaftliche Untersuchung der Folgen »einer (intensivierten) Zusammenarbeit für (unterschiedliche) erwachsene, aber auch für (unterschiedliche) kindliche Akteure« gefordert (Betz & Eunicke, 2017).

## 7.3 Elternprogramme mit Fokus auf Gesundheitsförderung in der Kita

Bei der Projektdatenbank Gesundheitliche Chancengleichheit der BZgA werden bei den Suchbegriffen »Elternschaft« und dem Alter von »4–5 Jahren« insgesamt 62 Projekte aufgelistet (Stand: Dezember 2018). Somit liegen inzwischen viele Programme zur Förderung von Elternkompetenzen vor. Für eine weitergehende Beschäftigung mit einzelnen Programmen wird auf die Projektdatenbank und auf Literatur verwiesen (z. B. Stange, 2013, Walper & Thönnissen, 2011, Wissenschaftlicher Beirat für Familienfragen, 2005).

In der Expertise zu gesundheitsfördernden Elternkompetenzen für das frühe Kindesalter der Bundeszentrale für gesundheitliche Aufklärung (BZgA) haben Walper und Thönnissen (2011) 47 deutschsprachige Programme und zusätzlich internationale Programme zur Förderung von Kompetenzen junger Eltern inhaltlich analysiert. Dabei unterscheiden die Autorinnen Bildungs- und Trainingsangebote (z. B. »Erziehungsführerschein«), Informations- und Beratungsangebote (z. B. »Familienhandbuch online«), Betreuungs- und Unterstützungsangebote (z. B. Beratungsstelle »Frühe Hilfen«) und kombinierte Bildungs-, Beratungs- und Betreuungsmodule, mit deren Hilfe auf Bedürfnisse von Eltern variabel eingegangen werden kann.

Nach der inhaltlichen Auswertung der 47 deutschsprachigen Programme unterscheiden Walper und Thönnissen (2011) folgende sechs elterliche Kompetenzbereiche:

1. Ziel- und Wertorientierung in der Erziehung,
2. elterliche Fürsorge (EF) mit der Förderung des körperlichen, emotionalen und sozialen kindlichen Wohls,
3. elterliche Kontrolle (EK) mit der Schaffung einer sicheren Umgebung und der Verhaltenskontrolle bei den Kindern,
4. Entwicklungsanregungen und -förderung der Kinder,
5. Selbstfürsorge und Umgang mit Stress sowie
6. das Coparenting bzw. die Ermutigung von Eltern, Erziehungspartnerschaften einzugehen.

In wie vielen der 47 Programme diese sechs Kompetenzbereiche gefördert werden, ist der Abbildung 7.1 zu entnehmen.

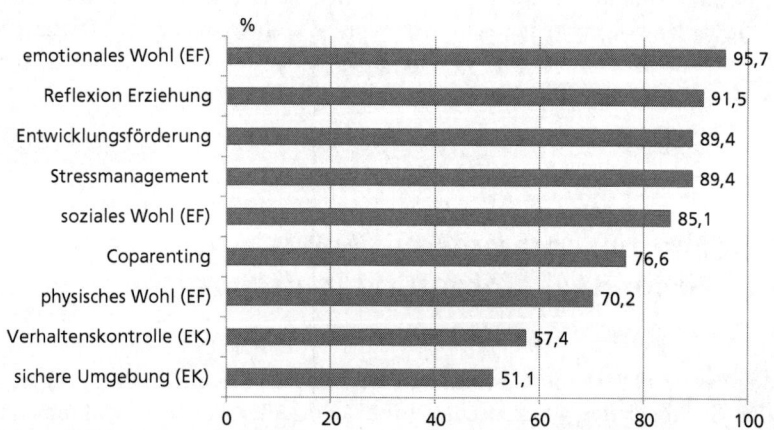

**Abb. 7.1:** Prozentualer Anteil von elterlichen Präventionsprogrammen, die die jeweilige Elternkompetenz einbeziehen (Anzahl der Programme: n=47; EF Dimension der elterlichen Fürsorge, EK: Dimension der elterlichen Kompetenz) (auf Grundlage von Walper & Thönnissen, 2011, S. 138)

Die inhaltliche Analyse von Walper und Thönnissen (2011) zeigt, dass in den meisten Programmen inhaltlich die emotionale Fürsorge mit einem positiv-zugewandten und feinfühligen Verhalten gegenüber kindlichen Bedürfnissen am häufigsten (45 von 47 Programmen) gefördert wird, gefolgt von einer Reflexion von Erziehungszielen (43 von 47 Programmen), der kindlichen Entwicklungsförderung bzw. Stimulation durch Eltern, der elterlichen Strategien im Umgang mit Stress (je 42 von 47 Programmen) und der Förderung des sozialen Wohls mit der Gestaltung von Kontaktmöglichkeiten und der Förderung der kindlichen sozialen Kompetenzen (40 von 47 Programmen). Auch die Förderung des körperlichen Wohls (z B. Ernährung, Schlaf, Hygiene, u. a., 33 von 47 Programmen) und des Coparenting mit der Motivierung und Unterstützung zum Aufbau von Erziehungspartnerschaften wird bei mehr als 70 % der Programme thematisiert. Weniger häufig, bei etwas mehr als der Hälfte der Programme wird auf die elterliche Kontrolle, also Strategien zur Sicherung von erwünschtem Verhalten der Kinder und der Schaffung einer sicheren Umgebung, eingegangen.

Die meisten Präventionsprogramme richten sich an alle Eltern (universelle Prävention), aber es liegen auch im Sinne einer selektiven Prävention Programme für spezielle Elterngruppen (z. B. Alleinerziehende) oder indizierten Prävention (z. B. bei auffälligen kindlichen Verhaltensweisen oder mütterlichen Depressionen, EFFEKT-E, Bühler et al., 2015, Kötter et al., 2011) vor, die gezielt auf den Bedarf dieser Gruppen ausgerichtet sind. Im Folgenden werden beispielhaft für Alleinerziehende das wir2-Programm (Franz et al., 2010, Franz, 2014) und für die indizierte Prävention das Programm EFFEKT® (Lösel et al., 2013) vorgestellt.

## 7.3.1 wir2 – Das Elterntraining für Alleinerziehende

Das wir2-Elterntraining für Alleinerziehende, früher auch Palme-Programm (Präventives Elterntraining für alleinerziehende Mütter geleitet von Erzieher*innen; www.palme-elterntraining.de, Franz et al., 2010), ist spezifisch für psychosozial belastete Alleinerziehende mit einem oder mehreren Kindern im Alter von drei bis zehn Jahren entwickelt worden.

Die theoretische Grundlage bildet die Bindungstheorie, und es werden folgende Ziele in der Arbeit mit den Eltern, vor allem den Müttern, verfolgt: zunächst soll die elterliche Feinfühligkeit (z. B. durch eine teilnehmende Spiegelung, Unterstützung bei der Affektdifferenzierung sowie bei der Affektregulation und Stressbewältigung des Kindes durch die Mutter) gefördert werden, dann geht es um die Verbesserung der maternalen Depression, auch mithilfe der Stärkung sozialer und elterlicher Kompetenzen sowie die Bearbeitung möglicher Selbstwertprobleme und Schuldgefühle, schließlich wird eine Reduktion kindlicher Parentifizierung und die Bearbeitung möglicher Paarkonflikte angestrebt.

Im Rahmen des Trainings werden 20 wöchentliche Gruppensitzungen über den Zeitraum von circa einem halben Jahr (jeweils 90 Minuten) von zwei geschulten (pädagogischen) Fachleuten angeboten.

Um die oben genannten Ziele zu erreichen, werden inhaltlich vier Themenblöcke angesprochen:

1. Mütter und Väter: es geht um eine Reflexion der eigenen Rolle als Mutter/Vater, der Anforderungen und Belastungen sowie der eigenen Bedürfnisse und Fähigkeiten.
2. Kinder: Eltern werden unterstützt, die Wünsche und Gefühle ihrer Kinder einzuschätzen und zu klären, welches Maß an Bindung und Autonomie sie brauchen.
3. Gesamtfamilie: es wird die Rolle der ehemaligen Partner*in geklärt und auch die Elternrolle von dem Partnerkonflikt abgegrenzt.
4. Neue Lösungen für alte Konflikte: hier werden Umgangsweisen mit schwierigen Situationen, Konflikten und Stress im Alltag sowie psychischen Belastungen erarbeitet, um die innere Balance, Bindung und Beziehungsfähigkeit der Alleinerziehenden zu stärken.

Der Ablauf der Treffen erfolgt nach folgendem Schema: Begrüßungsrunde, Austausch über die letzte Woche, Vorstellung des Sitzungsthemas und des Sitzungsablaufs, angeleitete Übungen, praktisches Erproben und gemeinsames Erleben in der Gruppe und Erläuterung der Wochenübung.

Das für Alleinerziehende kostenlose Training wird von Gruppenleiter*innen (u. a. pädagogisches Fachpersonal), die über eine mehrjährige Berufserfahrung und eine Schulung verfügen, angeboten, und zur Qualitätssicherung wird eine regelmäßige Supervision (jede fünfte Sitzung) vorgeschlagen (Franz et al., 2015). Ein Handbuch (Walter Blüchert Stiftung, 2017) und ein Manual (Franz, 2014) für die Durchführung des Programms und veröffentlichte Studien zur Qualitätssicherung liegen vor.

In einer Studie haben Franz et al. (2010) die Effekte des Programms Palme an letztlich 21 Müttern einer Interventions- (IG) und 35 Müttern einer (Warte-)Kontrollgruppe (KG) untersucht. Ergebnisse waren eine signifikante Abnahme der mütterlichen Depression, eine signifikante Zunahme des kindlichen Selbstkonzeptes und tendenziell eine Abnahme von Verhaltensauffälligkeiten in der IG-Gruppe (aber nicht in der KG, eingeschätzt durch die Erzieher*innen) und eine Zunahme von Mutter-Kind-Konflikten in der KG, aber nicht in der IG.

Die teilnehmenden Mütter der Interventionsgruppe beschrieben ihr Befinden als verbessert (72,1 %), etwas mehr als 92 % gaben an, ihre Kinder besser verstehen zu können und im Alltag von den Programminhalten zu profitieren, und 88,5 % würden erneut an dem Programm teilnehmen, das sie im Mittel mit einer Note von 1,7 bewertet haben. Kritisch muss eine hohe Dropout-Rate in der IG auf 21 von ursprünglich 47 teilnehmenden Müttern, die das Programm im Mittel ungefähr nach der dritten Sitzung (M=3,2) abbrachen, angesehen werden.

Ergänzend zu diesen Ergebnissen fanden Franz, Weihrauch und Schäfer (2015), dass diese Effekte auch in 6- und 12-monatigen Follow-up-Studien weiter bestanden.

## 7.3.2 EFFEKT

Das EFFEKT® EntwicklungsFörderung in Familien: Eltern- und Kinder-Training (Lösel et al., 2013) kann einzeln oder auch gemeinsam angeboten werden. Der Elternkurs ist für Eltern mit und ohne Migrationshintergrund mit Kindern im Alter von drei bis zehn Jahren mit Erziehungsproblemen entwickelt worden. In dem Kurs lernen sie einerseits Grundregeln positiver Erziehung (z. B. die Aufmerksamkeit auf ein erfreuliches Verhalten des Kindes zu lenken und es für alltägliche Dinge zu loben) und andererseits, wie sie mit schwierigen Erziehungssituationen umgehen können. Mithilfe des spielerischen Kindertrainings soll die kindliche soziale Kompetenz gestärkt und in der Konsequenz das Auftreten problematischer Verhaltensweisen reduziert werden.

In dem Elternkurs wird darauf eingegangen, wie Eltern das Selbstvertrauen ihres Kinder stärken und seine Freundschaften unterstützen, Bitten und Aufforderungen effektiv stellen, Regeln und Grenzen klar kommunizieren, wie sie mit problematischen Erziehungssituationen umgehen und Stress in der Erziehung besser bewältigen können. Zusätzlich wird erarbeitet, welche Unterstützungs- und Hilfsnetzwerke sie aktivieren können. Dies wird durch Gruppendiskussionen und einem Erfahrungsaustausch, Rollenspiele, Vorträge und strukturierte Arbeitsmaterialien, Entspannungsübungen und Hausaufgaben gefördert.

Für das Elterntraining werden fünf bzw. sechs Gruppensitzungen (ca. 90 und 120 Minuten) angesetzt, und sie finden in der Regel in der Kita des Kindes statt. Die Kurse werden von pädagogischen Fachkräften, die an ein- bis viertägigen Schulungsseminaren (Gruppengröße maximal 16 Teilnehmer*innen) teilgenommen haben, angeboten. Die Autoren empfehlen, dass der Kinderkurs von zwei Trainer*innen angeboten wird, wobei die Co-Trainerin bzw. der Co-Trainer nicht an einer Fortbildung teilgenommen haben muss. An Materialien sind ein EFFEKT-Koffer für die Kinderkurse (z. B. mit Spielkarten und -anleitungen) und Trainingsmanuale für die Kinder- und Elterntrainings, auch für bestimmte Zielgruppen (z. B. mit Migrationshintergrund, für Mutter-Kind-Maßnahmen), vorhanden.

Evaluationsstudien sind für das Programm EFFEKT (Lösel et al., 2013) bzw. EFFEKT-E für emotional belastete Mütter und ihre Kinder (Bühler et al., 2015; Kötter et al., 2011) durchgeführt worden. In beiden Studien schätzten sich Mütter, die an einem der beiden Programme teilgenommen haben, direkt nach dem Training und sechs Monate später als signifikant kompetenter in der Erziehung ein als die Kontrollgruppe. Lösel et al. (2013) berichten ferner, dass zwei bis drei Jahre nach den Kursen bei weniger Kinder der Interventionsgruppe in den Beurteilungen ihrer Lehrer*innen drei oder mehr Verhaltensprobleme angegeben wurden und Langzeitstudienergebnisse nach vier bis fünf Jahren angestrebte Programmeffekte zeigen. Insgesamt bewertete die Interventionsgruppe das EFFEKT-Training mit einer Durchschnittsnote von 1,7.

## 7.4 Zusammenfassung und Diskussion

In diesem Kapitel wurde zunächst auf die Bedeutung der Eltern für die gesunde Entwicklung ihrer Kinder eingegangen, bevor die Kooperation zwischen pädagogischen Fachkräften und Erziehungsberechtigten sowie Gesundheitsförderangebote für Eltern thematisiert wurden.

Insgesamt muss die Kooperation zwischen Eltern und pädagogischem Personal einer Kita in dem Spannungsfeld von einem »ungehobenen Schatz« (Kirk & Schröder, 2013) und einem distanziert, zum Teil misstrauischen Verhältnis angesiedelt werden. Und sie muss für beide Seiten als anspruchsvoll angesehen werden.

Eltern haben das natürliche Recht, aber auch die Pflicht zur Pflege und Erziehung ihrer Kinder (§6 Grundgesetz). Dazu gehören die Gewährleistung der körperlichen Versorgung und der psychischen Grundbedürfnisse wie auch das Bereitstellen von Entwicklungsangeboten und Lernmöglichkeiten. Nach Hoghughi (2004) sind vier unabdingbare Voraussetzungen für ein »good enough parenting« das elterliche Wissen und Verstehen, die Motivation, Ressourcen sowie Zeit und Gelegenheit zur Interaktion. Diese vier umfangreichen und anspruchsvollen Voraussetzungen werden von vielen Faktoren, u. a. den eigenen biografischen Erfahrungen, beeinflusst. Das kann dazu führen, dass sich Eltern angesichts individueller, familiärer, sozial-kultureller Erwartungen und zeitlicher, ökonomischer Lebensbedingungen herausgefordert oder auch zeitweise überfordert fühlen können. Studien zeigen jedoch, dass sich die Mehrheit der Eltern in ihrem Erziehungsverhalten als sicher erleben. Gleichwohl wünscht sich circa ein Viertel der Eltern mehr Informationen zu Erziehungsfragen (Neumann & Smolka, 2016). Mit ihren Fragen wenden sich Eltern zunächst an ihr direktes Umfeld (z. B. Partner*in, Verwandte, Freunde), bevor sie auf das pädagogische Fachpersonal zugehen. Und wichtig ist, dass die Mehrheit der Eltern (ca. 84 %) nur dann Informationen zu Familien- und Erziehungsfragen erhalten wollen, wenn sie diese wünschen und einfordern (Neumann & Smolka, 2016). Auch sehen sich Eltern als wichtigsten Einfluss bei der Erziehung ihrer Kinder (86 %) an; der Kita wird von weniger als einem Viertel ein großer Einfluss bei der Erziehung eingeräumt (21 %, Mühling & Smolka, 2016). Schließlich schätzt circa die Hälfte der Eltern den Kontakt zum pädagogischen Fachpersonal als positiv ein, aber nur ein Drittel gibt an, sehr zufrieden mit den Möglichkeiten der Beratung und Partizipation zu sein (Camehl et al., 2015). Damit wird deutlich, dass Eltern das Primat der Erziehung und Einflussnahme bei sich sehen und nur bei Bedarf Informationen von pädagogischen Fachkräften wünschen.

Somit ist das pädagogische Fachpersonal herausgefordert, Eltern individuell in ihrem Kooperations(gestaltungs)wunsch zu akzeptieren und ihnen gleichzeitig weitere Möglichkeiten zur Kooperation und Partizipation anzubieten.

Pädagogische Fachkräfte in Tageseinrichtungen und Tagespflege haben den gesetzlichen Auftrag, Kinder in ihrer körperlichen, emotionalen, geistigen und sozialen Entwicklung und somit bei der Entwicklung zu eigenverantwortlichen und gemeinschaftsfähigen Persönlichkeiten zu fördern. Hier geht explizit die gesundheitliche Entwicklung mit ein. Darüber hinaus sollen sie Familien bei der Erziehung und Bildung unterstützen und ergänzen (§ 22 Abs. 2 [1], SGB VIII). Um dieses zu gewährleisten, wird die Zusammenarbeit zwischen pädagogischem Fachpersonal mit den Eltern gesetzlich festgelegt (§ 22, 22a, SGB VIII) und in den Bildungsplänen der Länder konkretisiert (Viernickel, 2010).

Wie voraussetzungsvoll die Zusammenarbeit zwischen Eltern und pädagogischem Fachpersonal ist, zeigt die Studie von Viernickel (2010), die anhand der Bildungspläne der Länder 27 Anforderungen identifizierte. Dies wird durch eine inhaltliche Zusammenfassung der Bildungspläne und der Fachliteratur mit Fokus der gesundheitlichen Förderung gestützt. Hier ergeben sich fünf pädagogische Gestaltungsbereiche, die für Erziehungs- und Bildungspartnerschaften beschrieben werden: Kommunikation mit und Haltung gegenüber den Eltern, Begleitung von Übergängen und Transitionen, Zielformulierung und Transparenz in der Kita, die aktive Einbeziehung von Eltern und die Bereitstellung von förderlichen Rahmenbedingungen in Kitas sowie die Kooperation und Vernetzung mit anderen Personen, Institutionen (etc.) im Gemeinwesen. Ausgehend von diesen übergeordneten Gestaltungsbereichen resultieren vielfältige Kompetenzanforderungen an das pädagogische Fachpersonal. Wenn die Kooperation zwischen pädagogischem Personal und Eltern allerdings konstruktiv aufgebaut werden kann, kann dies als große Chance und Bereicherung erlebt werden, was sich auch förderlich auf die Entwicklung des Kindes auswirken kann. Zusätzlich kann sich eine solche gelingende Kooperation entlastend für die Eltern wirken sowie das emotionale Wohlbefinden und die Zufriedenheit aller erhöhen.

Andererseits müssen die von Autoren und Bildungsplänen geforderten Kompetenzen an das pädagogische Fachpersonal auch kritisch diskutiert werden. So wird festgestellt, dass eine Partnerschaft auf »Augenhöhe« faktisch nicht zutrifft (Stange, 2012) und angesichts eines erwarteten fachlichen Wissensvorsprungs des pädagogischen Fachpersonals auch nicht gewünscht wird (Betz, 2015). Im Sinne der Professionalisierung wird eine höhere pädagogische Kompetenz des Fachpersonals im Vergleich zu den in der Regel nicht pädagogisch ausgebildeten Eltern erwartet. Zusätzlich kritisieren Bargsten et al. (2012), dass der Staat bei der Beschreibung der Aufgaben von Tageseinrichtungen seinen Einfluss bei der Erziehung ausdehnen wolle, und es Eltern schwerer falle, sich dieser Einwirkung zu entziehen. Eltern könnten die Rolle der Kita und auch die Kooperation zwischen pädagogischem Fachpersonal anders bewerten und sich Kontakt eher bei Problemanzeigen wünschen, denn als regelmäßige, zusätzliche Alltagsaufgabe bzw. -pflicht. Auch können Eltern Aufträge des pädagogischen Personals, sie im Rahmen der Erziehungs- und Bildungspartnerschaft zur Zusammenarbeit zu motivieren, als Zumutung, selber erzogen zu werden, oder als Einmischung in die Erziehung und das Familienleben empfinden.

Auch von der Seite des pädagogischen Fachpersonals kann die Kooperation mit den Eltern als zeitaufwändig und überfordernd erlebt werden: Gerade wenn es sich um sogenannte »schwer erreichbare Familien« handelt, die es doch »besonders nötig« haben. Wenn die Eltern Angebote des pädagogischen Fachpersonals nicht annehmen, kann das »Vor-Urteile« bestärken und auch zu einer geringeren Wertschätzung elterlicher Leistungen führen. Doch solange das

Wohl der Kinder gewährleistet ist, darf die staatliche Gemeinschaft und somit auch das pädagogische Fachpersonal nicht vorschreiben, wie Eltern ihre Kinder zu erziehen haben.

Das pädagogische Personal kann allerdings vielfältige Angebote machen, die zu einer gelingenden Kooperation beitragen kann: professionelle Beziehungsangebote, Kooperationsangebote bei Erziehung und Bildung sowie zur Förderung der kindlichen und familiären Gesundheitsförderung. Dies kann praktisch u. a. durch Informationen, Tür- und Angelgespräche, Beratung und Schulungs-/Trainingsangebote erfolgen. Um diese Angebote gestalten zu können, ist in der Ausbildung die theoretische und praktische Vermittlung von Kommunikations- und Beratungsansätzen notwendig, ebenso wie die Vermittlung von Kompetenzen, Schulungsprogramme theoretisch-didaktisch fundiert erstellen, durchführen und in ihrer Qualität weiterentwickeln zu können. Zusätzlich regen Jungmann, Koch und Böhm (2017) für pädagogische Fachkräfte die Inanspruchnahme individueller Coachings für die Arbeit mit sozial benachteiligten und belasteten Familien an.

Viernickel (2010) hat als ein Qualitätsziel beschrieben, dass spezielle Angebote für die Familien generiert werden sollen. Dabei kann es sich beispielsweise auch um Gesundheitsförderangebote handeln. In ihrem Überblick über 47 deutschsprachige Gesundheitsförderprogramme in Kitas fanden Walper und Thönnissen (2011), dass in jeweils mehr als 90 % der Programme ein feinfühliges und positiv-zugewandtes Verhalten der Eltern gefördert, elterliche Erziehungsziele reflektiert, Anregungen für die Entwicklungsförderung der Kinder und für die eigene Stressbewältigung gegeben werden. Im Vergleich dazu seltener, bei 57,4 % werden Hinweise zur elterlichen Verhaltenskontrolle und bei 51,1 % zur Schaffung einer sicheren Umgebung gegeben. Diese Übersicht verdeutlicht einerseits, dass damit für die kindliche Entwicklung relevante Themen aufgegriffen und umgesetzt werden, aber gerade bei dem Thema der Verhaltenskontrolle (z. B. beim Setzen und Überprüfen von Grenzen oder Regeln), bei denen sich Eltern teilweise unsicher bezeichnen, ein weiterer Bedarf besteht.

Mittlerweile bestehen auf unterschiedlichen Ebenen vielfältige Angebote für Eltern, und zunehmend werden auch mediale Angebote gemacht, die zwei Drittel der Eltern nutzen (Neumann & Smolka, 2016).

Die Vielfalt von familiären Lebens- und Arbeitsbedingungen sollte sich auch in einer mannigfaltigen Angebotspalette zur Förderung von Erziehung, Bildung und Gesundheit von Kindern (und den Familien) widerspiegeln.

Zusammenfassend besteht Einigkeit über die Bedeutung der Kooperation zwischen Eltern und pädagogischem Fachpersonal. Diese Kooperation bezieht sich auf die vielfältige Förderung von Kindern in ihren Bildungsprozessen und ihrer Gesundheit. Die Kooperation steht in einem Spannungsfeld von elterlicher Beteiligung und Abgrenzung. Von den professionellen Fachkräften gilt es, diese Vorstellungen, Bedürfnisse, Motivationen in einem von Achtung, Würdigung und Anregung getragenen professionellen Beziehungsangebot auszutarieren.

Für die Gestaltung der Kooperation zwischen Eltern und pädagogischem Fachpersonal ergeben sich theoretische Fragen, die in weiteren Studien untersucht werden sollten. Zum Beispiel, wie bestimmte Gruppen der Elternschaft die Kooperation zum pädagogischen Fachpersonal erleben und wie diese produktiv gestaltet werden kann. Zusätzlich ist ungenügend geklärt, wie Kinder sich in Erziehungs-, Gesundheits- und Bildungspartnerschaften sehen und wie diese Perspektive zur Förderung einer gesunden Entwicklung hin zu einer eigenverantwortlichen und gemeinschaftsfähigen Persönlichkeit eingesetzt werden kann.

Abschließend soll nochmals darauf hingewiesen werden, dass bei der Kooperation zwischen Eltern und pädagogischem Fachpersonal neben der Erziehung, Bildung und Betreuung die Förderung der Gesundheit aller ein wichtiges Anliegen darstellt, das bisher zu wenig explizit in den Blick genommen wird. Hier muss diskutiert werden, ob sich dieser Aspekt der Kooperation nicht auch in der Begrifflichkeit spiegeln sollte. Das könnte durch die explizite Bezeichnung als Erziehungs-, Gesundheits- und Bildungspartnerschaft angeregt werden.

# 8 Gesundheit des pädagogischen Fachpersonals

Werden Erwachsene zu ihrem Gesundheitszustand befragt, schätzen laut der Gesundheitsstudie des Robert Koch-Instituts knapp 70 % der Frauen und 72 % der Männer ihre Gesundheit als sehr gut oder gut ein (RKI, 2014). Somit kann die allgemeine Gesundheit in der Bevölkerung als positiv beschrieben werden, allerdings liegt bei knapp einem Drittel ein eingeschränkter Gesundheitszustand vor. Als Risikofaktoren für die Gesundheit werden neben einem ungesunden Lebensstil mit zu wenig Bewegung, einer Ernährung mit zu viel Fett, Fleisch und zu wenig Obst auch Übergewicht und bei ca. 15 % der Bevölkerung ein chronischer Stress genannt (Hapke et al., 2013).

Bei dem chronischen Stresserleben spielen berufliche Anforderungen eine bedeutsame Rolle.

Spätestens seit der Jahrtausendwende und der Veröffentlichung der Ergebnisse der ersten PISA-Studie (Programme for International Student Assessment, OECD, 2001), in der die schulischen Leistungen der Schülerinnen und Schüler in Deutschland (z. B. zur Lesekompetenz, Mathematik und Naturwissenschaften) im internationalen Vergleich ernüchternd im Mittelfeld rangierten, hat das Thema der frühkindlichen Bildung immens an Bedeutung gewonnen. Damit gehen bis heute für das pädagogische Fachpersonal höhere inhaltliche Anforderungen bezüglich der Bildungsförderung (z. B. sprachliche oder naturwissenschaftliche Förderung) einher. Angestiegene inhaltliche Ansprüche sind auch mit der Inklusion in Kitas oder auch mit einer höheren Zahl von Kindern mit Fluchterfahrung verknüpft. Zusätzlich findet seit Jahren ein massiver Ausbau der frühpädagogischen Erziehung, Bildung und Betreuung in Kitas statt, der mit einem häufig berichteten Personalmangel verbunden ist. Neben diesen liegen Belastungen in der täglichen Arbeit durch Lärm, körperliche und emotionale Anstrengungen vor. Es resultieren vielfältige inhaltlich-didaktische, körperlich-emotionale, mentale und soziale sowie strukturell-organisatorische Anforderungen, die sich auf die Gesundheit des pädagogischen Fachpersonals auswirken.

In diesem Buchkapitel wird das Thema der Gesundheit des pädagogischen Personals von verschiedenen Seiten her beleuchtet. Zunächst wird auf rechtliche Rahmenbedingungen der Gesundheitsförderung und Prävention sowie die Bedeutung der Gesundheit vom pädagogischen Fachpersonal eingegangen. Es folgen Abschnitte mit Befunden zu strukturellen und organisatorischen Arbeitsbedingungen, zu Ressourcen und Belastungen sowie zur gesundheitlichen Lage des pädagogischen Fachpersonals. Im Anschluss daran wird auf mögliche Ansätze der Gesundheitsförderung eingegangen. Das Kapitel schließt mit einer zusammenfassenden Diskussion.

## 8.1 Rahmenbedingungen für Gesundheitsförderung im Arbeitsleben und Bedeutung der Gesundheit des pädagogischen Fachpersonals

Im Jahre 1989 wurde von der Europäischen Union eine Direktive verabschiedet, die einen ganzheitlichen Ansatz von Gesundheit im Arbeitsleben propagiert. Neben Maßnahmen zum Arbeitsschutz werden sowohl das psychische als auch das physische Wohlbefinden als Bestandteile der präventiven Gesundheit und des Gesundheitsschutzes angesehen (EU Framework Directive 89/391/EEC).

In der Luxemburg Deklaration zur Gesundheit am Arbeitsplatz in der Europäischen Union von 2007 werden die Gesundheitsförderung und die Förderung des Wohlbefindens am Arbeitsplatz (Workplace Health Promotion, WHP) als gemeinsame Aufgabe von Arbeitgebern, Arbeitnehmern und der Gesellschaft angesehen. Erstmals wurde europaweit ein einheitliches Verständnis von betrieblicher Gesundheitsförderung entwickelt. Damit werden Gesundheitsschutz und -förderung nicht auf einzelne Maßnahmen reduziert, sondern angestrebt ist ein fortlaufender Organisationsentwicklungsprozess.

Folgende sieben Prinzipien werden für Organisationen und Betriebe formuliert:

1. Im Leitbild der Organisation und in betrieblichen Leitlinien sollen Arbeitnehmer*innen als bedeutsame Erfolgsgaranten angesehen werden und nicht nur als Kostenfaktoren,
2. die Betriebskultur und das Management beziehen die Partizipation der Arbeitnehmer*innen ein und unterstützen deren Verantwortungsübernahme,
3. die Arbeitsorganisation unterstützt Arbeitnehmer*innen bei der Ausbalancierung zwischen den Arbeitsanforderungen, der Kontrolle ihrer eigenen Arbeit, den eigenen persönlichen Fertigkeiten und ihrer sozialen Unterstützung durch Kolleginnen und Kollegen,
4. es werden Gesundheitsziele in allen Bereichen des Betriebes einbezogen,
5. Maßnahmen der Arbeitsgesundheit und des Gesundheitsschutzes werden integriert,
6. die Arbeitnehmer*innen werden bei Gesundheitsthemen auf allen betrieblichen Ebenen einbezogen (Partizipation) und auch bei der systematischen Einführung von Maßnahmen und Programmen (Projektmanagement),
7. risikoreduzierenden Strategien werden mit der Entwicklung von Sicherheitsanforderungen und der Förderung des Gesundheitspotentials verknüpft (Europäische Union, Luxemburg Deklaration, 2007).

In der Folgezeit sind auf der Ebene der Europäischen Union weitere Vorschläge zum Gesundheitsschutz und zur Gesundheitsförderung angesichts neuer arbeitsbezogener Veränderungen, Herausforderungen und Belastungen (z. B. Digitalisierung, Auswirkungen des demografischen Wandels, u. a.) erarbeitet worden

## 8 Gesundheit des pädagogischen Fachpersonals

(Mitteilung der europäischen Kommission über einen strategischen Rahmen der EU für Gesundheit und Sicherheit am Arbeitsplatz 2014-2020, EU Kommission, 2014). Es werden Verbesserungen bei der Prävention arbeitsbedingter Erkrankungen angestrebt, und ein besonderes Augenmerk wird auf die mentale Gesundheit gelegt.

Auf der nationalen Ebene wurde das Arbeitsschutzgesetz aus dem Jahre 1996 zum betrieblichen Gesundheitsschutz und der betrieblichen Gesundheitsförderung der Beschäftigten im Sozial- und Erziehungsdienst im Tarifvertrag für den öffentlichen Dienst (TVöD) erlassen. Dabei zielt beides auf die Schaffung gesundheitsgerechter Rahmenbedingungen der Arbeit ab, sodass sie keine Erkrankungen oder Gesundheitsschädigungen verursachen und ein gesundheitsbewusstes Verhalten fördern.

Beide, der Arbeits- und Gesundheitsschutz sowie die betriebliche Gesundheitsförderung, werden als Bestandteile eines Gesundheitsmanagement angesehen. Zusätzlich wird der individuelle Anspruch auf die Durchführung einer Gefährdungsbeurteilung beschrieben ebenso wie die zeitlich befristete Einrichtung eines Gesundheitszirkels zur Gesundheitsförderung. Dieser hat die Aufgaben, Belastungen am Arbeitsplatz und deren Ursachen zu analysieren und Lösungsansätze zur Verbesserung der Arbeitssituation zu erarbeiten (TVÖD, Änderungstarifvertrag Nr. 5 vom 31. März 2009).

Im Rahmen des Arbeitsschutzgesetzes liegen für die Sicherheit und Gesundheit bei der Arbeit weitere Verordnungen vor, beispielsweise die Lärm- und Vibrations-Arbeitsschutzverordnung (LärmVibrationsArbSchV) oder die Lastenhandhabungsverordnung für ein rückengerechtes Arbeiten (LasthandhabV). In weiteren Gesetzen geht es um den Infektionsschutz und hygienische Schutzmaßnahmen (Infektionsschutzgesetz) sowie um den Schutz schwangerer oder stillender Frauen (MuSchG). Zur Vertiefung wird auf das Handbuch zur Gesundheit von pädagogischem Personal verwiesen (Sächsisches Staatsministerium für Soziales und Verbraucherschutz, 2009).

Als die Themen Gesundheit und Gesundheitsförderung Eingang in die Kindertagesstätten fanden, wurden sie zunächst in Bezug auf die Leistungsfähigkeit und die Arbeit mit Kindern gesehen. Es wurde postuliert, dass sich durch gesunde und ausgeglichene pädagogische Fachkräfte die pädagogische Qualität in den Einrichtungen verbessern lässt. Diese Sichtweise wurde erweitert, und so schreibt Rudow (2010):

> »Die Gesundheit der Beschäftigten in Tageseinrichtungen für Kinder ist ein Gewinnfaktor, weil durch sie die Kosten für den Krankenstand reduziert werden können, ein Leistungsfaktor, da durch sie die Leistungs- oder Arbeitsfähigkeit der Mitarbeiter erhöht wird, ein Motivationsfaktor, in dem Arbeitsmotivation und -zufriedenheit gesteigert werden, und ein Rechtsfaktor, weil Maßnahmen zur Gesundheit, insbesondere die Gefährdungsbeurteilung rechtlich vorgeschrieben sind« (S. 27).

All diese genannten Faktoren sind von Bedeutung, und darüber hinaus muss die Gesundheit von pädagogischen Kräften als ein eigenständiges Gut angesehen werden. Laut der Ottawa Charta (1986) soll Gesundheit in allen Lebensbereichen gefördert werden. Es stellt sich somit die Frage, wie die Gesundheit des pädagogischen Personals am Arbeitsplatz und im Arbeitsalltag gesichert und unterstützt werden kann. Diese Fragen werden durch das Betriebliche Gesundheitsmanagement (BGM) aufgegriffen, das nach Neuner (2016) »die bewusste Steuerung und Integration von betrieblichen Prozessen mit dem Ziel der Erhaltung und Förderung der Gesundheit und des Wohlbefindens der Beschäftigten« ist. Und:

> »In diesem Sinne sind alle Maßnahmen zur Gesundheitsförderung, also auch alle Aktivitäten des betriebsmedizinischen Dienstes, des Arbeits- und Gesundheitsschutzes und somit auch die Gefährdungsbeurteilung psychischer Belastung bei der Arbeit Bestandteile des BGM« (S. 23).

Mittlerweile liegt eine Reihe von Modellen vor, die sich mit der Frage beschäftigen, wie sich individuelle, tätigkeits- und organisationsbezogene Schutz- und Risikofaktoren (u. a.) auf den Belastungsgrad und die Gesundheit des pädagogischen Fachpersonals auswirken und welche Wechselwirkungen sich nachweisen lassen. So gehen Viernickel, Voss und Mauz (2017) in ihrem forschungsleitenden Modell davon aus, dass die Gesundheit und das Wohlbefinden des pädagogischen Personals durch ein Zusammenspiel von alltäglichen individuellen und berufsbezogenen Belastungen und Ressourcen beeinflusst werden. Sie beschreiben, dass die strukturellen Rahmenbedingungen der Kita (z. B. Fachkraft-Kind-Schlüssel, finanzielle-räumliche Ausstattung, u. a.) sich auf die individuellen Merkmale der pädagogischen Fachkräfte (gesunde Lebensweise, u. a.) auswirken und beide die Team- und Leitungskultur (z. B. Transparenz) beeinflussen. Alle drei Faktoren wirken sich auf die beruflichen und privaten Anforderungen und Ressourcen der pädagogische Fach- und Leitungskräfte aus, was sich wiederum in deren Wohlbefinden und Gesundheitszustand widerspiegelt. Aus der Analyse der beschrieben Faktoren können organisationsbezogene (Betriebliches Gesundheitsmanagement) und individuumsbezogene Interventionsansätze identifiziert und eingesetzt werden, die in der Folge unter anderem die Rahmenbedingungen und somit auch das Wohlbefinden und die Gesundheit der pädagogischen Fachkräfte beeinflussen.

## 8.2 Daten zum Arbeitsbereich Kita und zur Gesundheit des pädagogischen Fachpersonals

Zwischenzeitlich sind umfassende Studien durchgeführt worden, die sich mit verschiedenen Facetten der Gesundheit des pädagogischen Fachpersonals beschäftigen. Diese Studien unterscheiden sich in ihrem Design mit der Anzahl der Studienteilnehmer*innen, ihrer Reichweite (bezogen auf Regionen, Länder, Bund) und ihren Inhalten.

Aufgrund der Fülle des Materials werden folgend ausschließlich ausgewählte Ergebnisse zu strukturellen und organisatorischen Arbeitsbedingungen, zu Arbeitsressourcen und -belastungen sowie zur Gesundheit des pädagogischen

Fachpersonals präsentiert. Für eine Vertiefung wird unter anderem auf die Arbeiten von Rudow (2004), Schreyer et al. (2014), Viernickel, Voss und Mauz (2017) verwiesen.

### 8.2.1 Strukturelle Arbeitsbedingungen

In der bundesweiten Studie zur Arbeitsplatzqualität (AQUA-Studie) haben Schreyer et al. (2014) 8130 Leitungen und Fachkräfte mithilfe von Fragebögen befragt. Danach arbeiten zwei Drittel der Leitungen, aber nur 37,7 % des weiteren pädagogischen Personals in Vollzeit und circa 16 % haben einen befristeten Vertrag. Etwas mehr als ein Drittel (36 %) der Befragten ist damit zufrieden, ungefähr je ein Drittel möchte gerne mehr oder weniger arbeiten.

In ihrer Studie befragten Viernickel, Voss und Mauz (2016, Viernickel et al., 2013) in den Jahren 2010 bis 2012 insgesamt 2744 pädagogische Fach- und Leitungskräfte in Nordrhein-Westfalen unter anderem zu strukturellen und arbeitsorganisatorischen Rahmenbedingungen mithilfe von Fragebögen (STEGE-Studie). Die Mehrzahl der pädagogischen Fach- und Leitungskräfte ist mit ihrer Wochenarbeitszeit zufrieden (pädagogische Fachkräfte: 77,3 % bzw. Leitungen: 66,6 %). Von denjenigen, die unzufrieden sind, wird häufiger genannt, weniger arbeiten zu wollen.

Viele Leitungen (40,4 %) und circa ein Drittel der pädagogischen Fachkräfte (32,2 %) arbeiten öfter unbezahlt für die Kita oder besuchen Veranstaltungen außerhalb ihrer Arbeitszeit (Schreyer et al., 2014). In der Studie von Viernickel, Voss und Mauz (2017) geben pädagogische Leitungen 2,4 Überstunden und pädagogische Fachkräfte 1,4 Überstunden pro Woche an, wobei diese in der Mehrzahl zeitlich ausgeglichen werden können.

Viernickel, Voss und Mauz (2017) haben einen Index zur Strukturqualität berechnet, der sich aus den vier Indikatoren wie räumlich-finanzielle Ressourcen, Personalschlüssel, zeitliche Ressourcen im Alltag und Arbeitsbesprechungen sowie Teampflege, zusammensetzt. Danach arbeiten 20,1 % unter guten und 61,5 % unter mittleren Rahmenbedingungen. Immerhin 18,3 % der Befragten bewerten die strukturellen Ressourcen an ihrem Arbeitsplatz als nicht ausreichend.

Zu den räumlichen-finanziellen Ressourcen werden der Raumzustand von ungefähr 75 % und die finanzielle Ausstattung von knapp bis mehr als 60 % der Beschäftigten (je nach Träger der Einrichtung) als gut bezeichnet. Es werden jedoch fehlende Pausen- und Rückzugsräume vor allem in kleinen Einrichtungen (49 % fehlende Räume in Kitas mit weniger als 50 Kinder versus 13,3 % in Kitas mit mehr als 50 Kinder) genannt (Viernickel et al., 2013). Bei ungefähr 84 % der Einrichtungen sind Wickelkommoden in geeigneter Höhe, bei 60,8 % erwachsenengerechte Sitzmöglichkeiten und spezielle Stühle für pädagogische Fachkräfte (47,8 %) bzw. Rollhocker für das Personal (37,8 %) vorhanden.

Den Personalschlüssel bewerten circa zwei Drittel der Befragten als gut (Viernickel, Voss & Mauz, 2017). Obwohl sich die Fachkraft-Kind-Relation bei Kindern ab drei Jahren dem wissenschaftlich empfohlenen Standard von

1:7,5 (Bertelsmann-Stiftung, 2012) annähert, wird dieser vor allem in pädagogischen Kernzeiten von mehr als einem Drittel der Einrichtungen nicht gewährleistet.

Seit dem Jahr 2012 werden tendenzielle Verbesserungen der Quantität und auch der Qualität der Kitas im Länderreport der frühkindlichen Bildungssysteme berichtet (Bock-Famulla, Strunz & Löhle, 2017). Verbessert haben sich beispielsweise der Personalschlüssel und die Fachkraft-Kind-Relationen, wobei innerhalb der Bundesländer auf enorme Unterschiede der Bildungschancen von Kindern in Abhängigkeit ihres Wohnortes hingewiesen wird. Die Autorinnen formulieren angesichts von längeren Betreuungszeiten für alle Altersgruppen und steigender Geburtenzahlen (u. a.), dass ein Platzbedarf in Kitas weiter ansteigen wird und bundesweit eine Erfordernis nach einem quantitativen wie qualitativen Ausbau bestehen bleibt (Bock-Famulla, Strunz & Löhle, 2017, S. 6).

### 8.2.2 Organisatorische Rahmenbedingungen

Im Weiteren wurde von Viernickel, Voss und Mauz (2017) für Einflussmöglichkeiten bei der Arbeit ein Index berechnet, der sich auf die Einschätzung einer selbständigen Planung, die Einflussnahme auf die Dienstplangestaltung, die Gestaltung von Veränderungsprozessen und die Einschätzung eines guten Informationsflusses in der Einrichtung stützt. Diese Einflussmöglichkeiten werden von 87,3 % der Fachkräfte und 91,8 % der Leitungskräfte als positiv bewertet. Darüber hinaus beschreiben ungefähr 90 % der Beschäftigten einen verlässlichen, fairen und durch Beteiligung gekennzeichneten Führungsstil der Leitungskräfte und 80 % fühlen sich durch ihre Vorgesetzte anerkannt. Die Mehrzahl der Fach- und Leitungskräfte (97,2) bestätigen regelmäßige Teambesprechungen und eine regelmäßig stattfindende pädagogische Konzeptarbeit in der Einrichtung (ca. 90 %) (Viernickel, Voss & Mauz, 2017).

Auch in der Studie von Schreyer et al. (2014) attestieren 78,5 % der pädagogischen Fachkräfte ihrer Leitung eine gerechte Dienstplangestaltung, 70,4 % sehen sich überwiegend bzw. vollständig bei der Gestaltung der Kita-Konzeption beteiligt und 81,2 % identifizieren sich mit dem pädagogischen Konzept der Kita. Mehr als drei Viertel berichten von einem guten Verhältnis zur Leitung (78,2 %) bzw. zu Kolleg*innen (79,9 %). In dem Rahmen berichten 68,9 % von produktiven Teambesprechungen, 50,9 % von regelmäßigen Teamtagen und 55 % von effizienten Abläufen. Als überwiegend bzw. vollständig erfüllt sehen die Befragten auch mit 90 % die Aussage, selbständig und eigenverantwortlich arbeiten zu können und 85,8 % identifizieren sich mit der Aufgabe.

### 8.2.3 Arbeitsressourcen

Im Zeitraum vom Dezember 2013 bis Februar 2014 haben Doll et al. (2014) das Selbstkompetenzerleben von 981 elementarpädagogischen Fachkräften von Kitas, der Kindertagespflege, von Krippen und Horten mittels Fragebogen erhoben. Danach werden als die wichtigsten Selbstkompetenzen bei der Alltagsbewältigung genannt: aus eigenen Fehlern lernen und Konsequenzen des eigenen Handelns abschätzen zu können, das Wichtige im Auge zu behalten, sich selber motivieren, strukturiert handeln und Dinge zu Ende führen zu können. Als nützliche Ressourcen bei der Alltagsbewältigung werden die eigene Lebenserfahrung, Persönlichkeitsstärke und Berufserfahrung an erster Stelle, zweitens das Sach- und Fachwissen sowie die eigene professionelle Kreativität, darauf folgend das eigene Zeitmanagement und schließlich die Methodenkompetenz genannt.

Insgesamt wird von 96,4 % der Befragten eine hohe berufliche Zufriedenheit angegeben (71,6 % arbeiten sehr und 24,8 % eher gerne in ihrem Beruf, Doll et al., 2014). Als Ressourcen für die Arbeit werden des Weiteren von mehr als 96 % die Bestätigung durch und die emotionale Nähe zu Kindern (97,1 % der Fach- und 89,1 % der Leitungskräfte) genannt (Viernickel, Voss & Mauz, 2017). Zusätzlich werden von jeweils mehr als 90 % der Fachkräfte und Leitungen Äußerungen bestätigt, dass das eigene Wissen und Können angewendet werden können, dass Erfindungsreichtum und Kreativität gefordert werden, dass die Arbeit abwechslungsreich ist und es etwas Neues zu lernen sowie dass es bei der Arbeit viel zu lachen gibt (Letzteres bejahen mit der Ausnahme der Leitung mehr als 80 %) (Viernickel et al., 2013, Viernickel, Voss & Mauz, 2017). Als weitere Ressourcen werden organisatorische Faktoren wie ein pädagogisches Konzept, das bei 45 % der Einrichtungen vorhanden ist, oder eine entsprechende pädagogische Profilierung, die von 89 % der Befragten als gegeben gilt, genannt.

### 8.2.4 Arbeitsbelastungen

In den letzten beiden Jahrzehnten haben sich Ansprüche an frühkindliche Bildung und gezielte Förderung deutlich erhöht. Nach einer Analyse der Bildungsprogramme aller Bundesländer identifizierte Viernickel (2010) folgende fünf Aufgabenbereiche für das pädagogische Personal: Beobachtung und Dokumentation, Sprachförderung, Zusammenarbeit mit Familien und Grundschulen sowie Qualitätssicherung und -entwicklung. Diesen höheren inhaltlichen Anforderungen stehen ein Fachkräftemangel, steigende Geburtenzahlen mit einem Ausbau der Kindertagesbetreuung (u. a.) gegenüber.

Als Belastungsfaktoren werden chronischer Zeitdruck und steigende Arbeitsanforderungen, Lärm, schlechte ergonomische Arbeitsbedingungen und eine körperlich anstrengende Arbeit, häufige Vertretungen bei Krankheiten im Team, eine zu geringe Bezahlung mit geringen Aufstiegsmöglichkeiten sowie eine mangelnde gesellschaftliche Reputation genannt (Viernickel et al., 2013, Viernickel, Voss & Mauz, 2017).

Wie bereits genannt, kann Lärm als bedeutsamer Belastungsfaktor gelten, durch den sich 82 % des pädagogischen Personals subjektiv stark belastet fühlt (Seibt et al., 2005).

Auch ein Zeitmangel bzw. chronischer Zeitdruck werden häufig genannt: nur 42,4 % der freien und 33,4 % der Beschäftigten der öffentlichen Jugendhilfe geben eine ausreichende Zeit für die Arbeit mit den Kindern an (Viernickel, Voss & Mauz, 2017, S. 56). Noch weniger Zeit steht für mittelbare pädagogische Arbeitsaufgaben (wie z. B. Elterngespräche, Vor- und Nachbereitung von Aktivitäten und Projekten) zur Verfügung. Nur circa 27 % der Beschäftigten der freien sowie 22,1 % der Fach- und 15,9 % der Leitungskräfte in der öffentlichen Jugendhilfe haben genügend Zeit für die Vor- und Nachbereitung der pädagogischen Arbeiten. Nach Schreyer et al. (2014) stehen den Fachkräften dafür im Mittel 3,1 Stunden pro Woche zur Verfügung. In ihrer Studie fanden Viernickel, Voss und Mauz (2017), dass Regelungen für die Verfügungszeit bei 55 % der Träger vertraglich festgelegt sind, dies trifft jedoch nur für 39 % der Kitas in Ostdeutschland zu (Schreyer et al., 2014).

Schreyer et al. (2014) haben Differenzen zwischen dem Vorhandensein und der Wichtigkeit von Arbeitsbedingungen berechnet. Dabei liegen die größten Mängel, die auch als Belastungsfaktoren angesehen werden können und einen Handlungsbedarf darstellen, für die folgenden fünf Aussagen vor:

1. eine gerechte und leistungsbezogene Bezahlung,
2. zusätzliche Fachkräfte, die bei Ausfällen einspringen (Springerpool),
3. spezielle Maßnahmen zur Verbesserung der Arbeitsbedingungen älterer pädagogischer Fachkräfte,
4. ausreichende Zeit für gute pädagogische Arbeit,
5. Wertschätzung der Arbeit durch die Gesellschaft und Maßnahmen der Gesundheitsförderung.

Leitungen unterscheiden sich nur in einem Punkt von pädagogischen Fachkräften, so wird statt der Gesundheitsförderung eine Supervision gewünscht.

Angesichts wachsender Anforderungen schätzt sich fast die Hälfte der Befragten in der Studie von Doll et al. (2014) als sehr bzw. eher belastet ein. In ihrer Befragung haben Jungbauer & Ehlen (2013) 834 Erzieher*innen zu ihrer Belastung und darüber hinaus zu ihrer Burnoutgefährdung untersucht. Bei der Einschätzung einer Burnoutgefährdung ergeben sich für 40,1 % in der Skala »Beruf« klinisch auffällige Werte. Bei den einzelnen Belastungs-Items der Skala »Beruf« wurden das Arbeitspensum, Belastung durch lange Arbeitstage, Überforderung und Kontrollneigung von den Befragten am höchsten eingestuft. Des Weiteren wurden Korrelationen zu weiteren Faktoren berechnet: Während die Belastung wenig mit Merkmalen der betreuten Kinder und dem Wohnumfeld zusammenhängen, ergeben sich solche zu der Elternarbeit, die als belastender erlebt wird, und zu den Arbeitsbedingungen sowie zum Betriebsklima.

Des Weiteren wurde das Verhältnis von Anstrengung und Belohnung analysiert (Effort-reward imbalance model, ERI, Siegrist et al., 2004). Wenn die eigene Anstrengung beziehungsweise Verausgabung höher ist als die Belohnung (z. B. Bezahlung, Wertschätzung, Aufstiegschancen, u. a.), kommt es zu einer beruflichen Gratifikationskrise (Siegrist et al., 2004). Dieser in der Regel als negativ erlebte Zustand oder langandauernde Prozess kann mit einem erhöhten gesundheitlichen Risiko (z. B. Herz-Kreislauf-Erkrankungen, Gilbert-Ouimet et al., 2014, muskuloskelettalem Schmerz, Koch et al., 2014, Depressionen, Theorell,

2017, u. a.) einhergehen. Beide Studien, die AQUA-Studie von Schreyer et al. (2014) und die STEGE-Studie von Viernickel, Voss und Mauz (2017), haben für zwei Drittel der pädagogischen Fachkräfte und über 80 % (in der AQUA-Studie 86,7 %) der Leitungskräfte eine berufliche Gratifikationskrise nachgewiesen.

Nach Schreyer et al. (2014) weisen zudem 43,6 % der Fachkräfte mit Gratifikationskrise eine erhöhte Burnout-Gefährdung auf. Die Autor*innen haben Faktoren, die eine Gratifikationskrise begünstigen können, untersucht: während die Größe der Einrichtung keinen Einfluss auf eine Gratifikationskrise hat, gilt dies für eine geringe Unterstützung durch den Träger sowie für fehlende klare Absprachen bezüglich der Aufgabenverteilung zwischen Leitung und Träger. Auch die Qualität der Arbeitsbedingungen spielt eine bedeutsame Rolle. Dazu haben Schreyer et al. (2014) den AQUA-Index gebildet, der sich aus Einschätzungen zu materiellen, vertraglichen und organisationalen Rahmenbedingungen sowie zur Leitung und zum Team zusammensetzt. Bei der Gruppe mit schlechten Arbeitsbedingungen leiden 90,8 % der Fachkräfte, bei der mit mittleren 75,5 % und der mit guten Arbeitsbedingungen 46 % unter einer Gratifikationskrise. Fachkräfte mit hoher Belastung bzw. Gratifikationskrise schätzen sich als weniger zufrieden und engagiert, die Leistungen der Leitung und das Teamklima als wenig positiv ein.

### 8.2.5 Gesundheit und Krankheit vom pädagogischen Fachpersonal

In Anlehnung an internationale und nationale Studien wurde von Viernickel, Voss und Mauz (2017) die subjektive Gesundheit des pädagogischen Fachpersonals erhoben. Dabei geben Leitungskräfte mit 60 % seltener eine sehr gute oder gute subjektive Gesundheit an als pädagogische Fachkräfte (65 %), dies auch im Vergleich zu Frauen in Deutschland mit gleicher Bildung (je nach Alter zwischen 68 % bis 89 %, RKI, 2012). Zusätzlich berichten Viernickel, Voss und Mauz (2017) einen Zusammenhang mit den Arbeitsbedingungen, d. h. je besser die strukturellen Arbeitsbedingungen in der Einrichtung, desto positiver wird die subjektive Gesundheit eingeschätzt.

Die Abbildung 8.1 zeigt die ärztlichen Diagnosen, die in den letzten zwölf Monaten gestellt wurden.

Etwas mehr als die Hälfte der pädagogischen Fachkräfte hatte in den letzten 12 Monaten eine Erkrankung des Muskel-Skelett-Systems. Zwischen einem Viertel bis zu einem Fünftel litten an Erkrankungen der Atemwege, des Verdauungssystems und wiesen hormonelle bzw. Störungen des Stoffwechsels auf. Fast gleichauf wurden bei ungefähr jeder siebten pädagogischen Fachkraft Erkrankungen des Herz-Kreislauf-Systems oder psychische Störungen diagnostiziert. Seltener wurden Erkrankungen der Haut und bei jeder zehnten Fachkraft ein Burnout-Syndrom festgestellt.

Für das Jahr 2014 wurden die Krankheitsdaten von knapp 100.000 bei der Techniker Krankenkasse versicherten Erzieher*innen ausgewertet. Danach ist

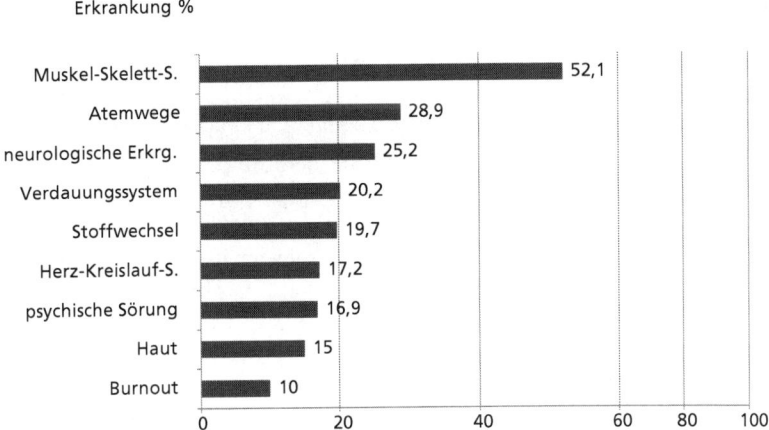

Abb. 8.1: Ärztliche Diagnosen für Erkrankungen/Störungen der letzten 12 Monate (Angaben in Prozent, S.: System, Erkg.: Erkrankung) (Viernickel et. al., 2013, S. 100)

das pädagogische Fachpersonal im Mittel vier Tage mehr krankgeschrieben als der Bundesdurchschnitt. Am häufigsten werden bei den 18,9 Fehltagen pro Kopf psychische Störungen (4,1 Tage) und Krankheiten des Atmungssystems (3,3 Tage) genannt (Techniker Krankenkasse, 2015).

Neben diesen gesundheitlichen Belastungen werden auch gesundheitsbewusste Lebensweisen hervorgehoben: Nach der STEGE-Studie (Viernickel, Voss & Mauz, 2017) bewegen sich die pädagogischen Fachkräfte mehr als gleichaltrige Frauen mit gleicher Bildung, es wird von einem geringeren Anteil von (Ex-)Raucherinnen berichtet. Bezüglich des Gewichtes und Alkoholkonsums sind die Zahlen bei pädagogischen Fachkräften vergleichbar mit denen zur Referenzgruppe in der deutschen Bevölkerung.

## 8.3 Maßnahmen der Gesundheitsförderung

In Studien wurden verschiedene bereits stattfindende Maßnahmen zur Gesundheitsförderung untersucht (Schreyer et al., 2014, Viernickel et al., 2013, Viernickel, Voss & Mauz, 2017).

In den meisten Kitas werden Maßnahmen zur Erhaltung der Ressourcen im Team, hier insbesondere regelmäßige Teambesprechungen (92,2 %), eine (halb-)jährliche pädagogische Konzeptarbeit (90 %) und kollegiale Beratungen sowie Maßnahmen zur Organisationsentwicklung (je ca. 50 %) durchgeführt. Seltener werden (Leitungs-)Coachings (12,7 %, Schreyer et al., 2014, 43 % Viernickel, Voss & Mauz, 2017) und eine Supervision im Team angeboten (25,4 %, Schreyer et al., 2014, 12,5 % Viernickel, Voss & Mauz, 2017).

Auch Maßnahmen zum Lärmschutz und die Bereitstellung von rückenfreundlichem Mobiliar werden in der Mehrzahl der Einrichtungen umgesetzt. Dabei werden eher pädagogisch-organisatorische und kostengünstigere Maßnahmen zum Lärmschutz eingesetzt (z. B. bei 88,4 % Ruhepausen für Kinder, bei >70 % lärmdämpfende Beläge und Baldachine im Kuschelbereich), und nur bei 22 % der Einrichtungen wird eine fachliche Beratung zum Lärmschutz in Anspruch genommen bzw. bei weniger als 15 % bauliche Maßnahmen durchgeführt. Für ein rückenfreundliches Arbeiten werden bei 83,9 % der Einrichtungen Arbeitsplätze und 60,8 % Sitzmöbel in der geeigneten Höhe genannt.

Schließlich werden bei knapp der Hälfte der Einrichtungen Impfungen als Maßnahmen des betrieblichen Gesundheitsmanagements angegeben, seltener sind betriebsärztliche Untersuchungen (<33 %) oder Angebote zur Entspannung und zum Stressmanagement (<25 %). Die Mitarbeit in einem Gesundheitszirkel wird von weniger als einem Drittel der Befragten beschrieben.

## 8.4 Gesundheitsförderung in Kitas

Zur Gesundheitsförderung in Kitas wird ein systematisches und systemisches Vorgehen vorgeschlagen, ein Prozess, der laut Viernickel, Voss und Mauz (2017) vier Ebenen ansprechen soll. Es werden erstens die politische und gesellschaftliche, zweitens die Ebene der Organisation und Träger, drittens die Ebene der Kitaleitung als Einrichtungsleitung sowie viertens die individuelle Ebene der Beschäftigten für Veränderungsprozesse angesprochen.

Generell sollen Maßnahmen des Betrieblichen Gesundheitsmanagements (BGM) zum Ziel haben, Krankheitsrisiken zu senken, gesundheitliche Ressourcen zu stärken und gesundheitsfördernde Strukturen in Betrieben zu entwickeln. Die Initiative Neue Qualität der Arbeit (2016), die von dem Bundesministerium für Arbeit und Soziales initiiert wurde, unterscheidet bei dem Handlungsfeld Gesundheit daher zwischen der Förderung der individuellen physischen und psychischen Gesundheit und einer Gesundheits- und resilienzfördernden Unternehmenskultur.

Bevor in den folgenden beiden Kapiteln auf der Ebene der Verhältnisse strukturbezogene Interventionen und danach auf der Ebene der Verhaltensprävention Individuums bezogene Maßnahmen thematisiert werden, werden Möglichkeiten zur Finanzierung der Maßnahmen aufgegriffen.

Maßnahmen der betrieblichen Gesundheitsförderung können in Kooperation mit Krankenkassen (§ 20a SGB V) erfolgen, Kitas können Sponsoren akquirieren oder sie können mit wissenschaftlichen Instituten von Hochschulen und Universitäten bei der Durchführung von Projekten kooperieren. Projektförderungen beim Gesetzgeber (z. B. Bundes- oder Landesministerien) sowie Landesbehörden (z. B. Gesundheits- und Jugendämter) können beantragt und unter gewissen Voraussetzungen gefördert werden. In der Regel müssen diese Projekte entsprechend von Förderrichtlinien beantragt werden, wobei zumeist nicht alle anfallenden Kosten übernommen werden. Die meisten Projektförderungen sind zudem zeitlich befristet.

### 8.4.1 Strukturbezogene Interventionen

Die Bedeutung von Rahmenbedingungen der Arbeit für das Wohlbefinden und die Gesundheit des pädagogischen Personals verdeutlichen, dass Interventionen zur gesundheitsförderlichen Verhaltensmodifikation nur zusammen mit strukturbezogenen Veränderungen eingeleitet werden sollten. Letzteres setzt Prozesse des Qualitätsmanagements und der Organisationsentwicklung voraus. In der Organisation sollen unter Beteiligung aller (Partizipation), transparent und klar kommuniziert, Ziele formuliert und in der Folge Arbeiten an konkreten Themen und Hilfen zur Selbsthilfe (Empowerment) implementiert und geprüft werden. Dieser Aktionszyklus der Gesundheitsförderung (PDCA-Zyklus – plan-do-check-act, Deming, 1982, Neuner 2016) wurde bereits in Kapitel 3.5 dieses Buches ausführlich beschrieben.

In einzelnen Studien wurden Maßnahmen der Verhältnisprävention untersucht. Khan, Thinschmidt und Seibt (2006) haben die Wirkung von Gesundheitszirkeln bei 54 Erzieherinnen von acht Kitas vor und nach der Intervention erfasst. Pro Einrichtung fanden fünf bis sechs Sitzungen mit den Beschäftigten und zwei Moderatorinnen statt, in denen von elf Belastungsbereichen diejenigen ermittelt wurden, für die ein Handlungsbedarf bestand und für diese wurden Lösungsvorschläge erarbeitet. Bearbeitet wurde mit 80 % in den meisten Einrichtungen die Arbeitsorganisation und in circa drei Viertel die Themen psychische Belastung (75 %), Lärm (73 %) und räumliche Bedingungen (70 %). Verbesserungen nach der Durchführung der Gesundheitszirkel wurden in der Arbeitsorganisation von 67 % der Befragten, bezüglich der Lärmreduktion von 58 %, der finanziellen und personellen Situation von 53 % sowie der psychischen Belastung von 50 % angegeben. Nach weiteren Analysen profitieren laut Khan, Thinschmidt und Seibt (2006) insbesondere Erzieherinnen mit verminderter Arbeitsfähigkeit von der Intervention: bei der Nachmessung wurden weniger Beschwerden berichtet, das eigene Befinden und die subjektive Erholungsfähigkeit haben sich verbessert. Die Gesundheitszirkel wurden von 82 % der Erzieherinnen als produktiv bewertet und werden in der Folge von Khan, Thinschmidt und Seibt (2006) als wirksame verhältnispräventive Intervention in Kitas eingestuft.

In der Qualitätsinitiative für gesundheitsfördernde Kitas (Audit Gesunde KiTa, Landesvereinigung für Gesundheit Sachsen-Anhalt e. V., o. J.) wird angestrebt, dass verschiedene Akteure bereits erfolgreiche gesundheitsförderliche Maßnahmen identifizieren und beibehalten sowie weitere Handlungsalternativen und Lösungsansätze erarbeiten. In dem Audit Gesunde KiTa bewerten Kitas die eigene gesundheitsförderliche Qualität und Kompetenz; zusätzlich findet eine Fremdbewertung durch pädagogische Fachkräfte aus anderen Kitas statt. Inhaltlich werden die Arbeitsbedingungen, organisatorische und inhaltliche Fragestellungen untersucht. In ihrer Studie zur Nutzung des Audit haben Kliche, Knittel und Baltes (2015) alle 208 teilnehmenden Kitas einbezogen. Das Audit wurde inhaltlich bezüglich des Durchführungsprozesses und in seiner Wirkungseinschätzung (z. B. gesundheitsbezogene Struktur-/Prozessverbesserungen) als positiv beurteilt. Zusätzlich werden von circa zwei Drittel der Einrichtungen Verbesserungen im Gesundheitsverhalten der Kinder (z. B. beim Ernährungs-/Getränkeangebot) und von der Hälfte eine verbesserte Zusammenarbeit im Team berichtet. Darüber hinaus wird auf eine größere Bedeutung von Gesundheit als Querschnittsthema der Einrichtung hingewiesen. Als Hindernisse werden ein hoher zeitlicher Aufwand von 34,5 % der Kitas und fehlende finanzielle Mittel genannt.

Kliche, Knittel und Baltes (2015) schließen: »Das Audit kann somit eine hohe Wahrscheinlichkeit beanspruchen, eine Kita nachhaltig gesundheitsbezogen in mehreren Handlungsfeldern weiterzuentwickeln« (S. 6).

### 8.4.2 Individuumsbezogene Maßnahmen

In der Literatur zur verhaltensbezogenen Gesundheitsförderung werden einige Themen, auch in Anlehnung an den Lebenskompetenz-Ansatz (s. Kap. 2.2), regelhaft genannt, die in der folgenden Tabelle 8.2 aufgelistet sind.

Für die Förderung der Lebenskompetenzen, d. h. für einen erfolgreichen Umgang mit Ansprüchen und Herausforderungen des Alltags, sind die Identifikation bzw. Kenntnis von Ressourcen und (subjektiven) Belastungsfaktoren zentral. Es stellt sich dann die Frage, wie an vorhandene Ressourcen angeknüpft werden kann, welche weiteren Bewältigungsmöglichkeiten in den Alltag integrierbar sind und welche Unterstützung dazu notwendig ist. Zum Beispiel können gesundheitsbezogene Themen wie Stress- und Zeitmanagement (Kleinmann & König, 2018), Entspannungsverfahren und Meditation, aber auch Themen wie ein körpergerechtes Arbeiten oder das Umsetzen eines gesunden Lebensstils in Einzelcoachings, im Team selbständig, unter Heranziehung von Fachberatungen oder aber auch durch Fort- und Weiterbildungen aufgegriffen werden.

Hier muss darauf hingewiesen werden, dass es sich für die Mitarbeiter*innen um Angebote handeln sollte, die diese aufgreifen können oder nicht. Im Sinne des »Anstupsens« hin zu einem gesundheitsförderlichen Verhalten (Nudge, Thaler & Sunstein, 2008) können auch gesundheitsförderliche Verhaltensweisen, wie beispielsweise das Fahren mit dem Fahrrad zur Kita, von Arbeitgebern gefördert oder belohnt werden, aber grundsätzlich gilt: Wenn von einem Menschenbild von selbstbestimmten Persönlichkeiten ausgegangen wird, die auf der Basis eigener Erfahrungen und Bezüge begründet eigene Entscheidungen treffen, wenn Gedanken der Partizipation und des Empowerment ernst genommen werden, dann schließt das auch ein, dass sich Menschen in einer bestimmten Situation oder Zeit für ein wenig gesundheitsförderliches Verhalten entscheiden können und dieses zu akzeptieren ist.

Zusätzlich sollte das pädagogische Fachpersonal bezüglich der Themen Gesundheit und Gesundheitsförderung im Alltag sensibilisiert werden. Es stellt sich

**Tab. 8.2:** Themen der verhaltensbezogenen Gesundheitsförderung sowie Ziele und Methoden im Umgang mit den Themen

| Thema der Gesundheitsförderung | Ziele und Methoden des Umgangs mit dem Thema |
| --- | --- |
| Ressourcen und Selbstwirksamkeit | Einsatz von Ressourcenkarten (u. a.) zur Verdeutlichung und Förderung eigener Ressourcen, in der Folge Erhöhung des eigenen Kompetenzerlebens und der Selbstwirksamkeit |
| Belastungen/ Stressoren | Kennenlernen und Identifikation subjektiver Belastungsfaktoren (Stressoren) und von Belastungssituationen; Einsatz von Beobachtungsbögen zur Beschreibung der Belastungssituation, der damit verknüpften Kognitionen, Emotionen und Verhaltensweisen sowie möglicher Alternativen |
| Zeitmanagement | Kennenlernen von Herausforderungen und hilfreichen Strategien im Umgang mit der zeitlichen Strukturierung von Arbeitsaufgaben |
| Stressbewältigung | Durchführung von Stressbewältigungsprogrammen unter Einbeziehung der kognitiven, affektiven und Verhaltens- und Interaktionsebene (z. B. Achtsamkeitsbasierte Stressreduktion von Kabat-Zinn, 2009) |
| Entspannung | Angebote von Entspannungsverfahren, wie z. B. Progressive Muskelentspannung (PMR), Autogenes Training, Meditation, Yoga |
| soziale Interaktion und Umgang mit Konflikten | Vermittlung von Kommunikationstheorien, von Ansätzen der Gesprächsführung und Beratung (z. B. Lösungsorientierte Beratung nach Bamberger, 2015) sowie der Gewaltfreien Kommunikation nach Rosenberg (2016) |
| körpergerechtes Arbeiten | Materialien und Übungen für ein körpergerechtes Arbeiten (z. B. Prima Kita, Hildebrandt, Medjedović & Seibicke, 2014) |
| gesunder Lebensstil | Sensibilisierung für das Thema Gesundheit und Angebote für das Umsetzen eines gesunden Lebensstils (z. B. gesundes Essen in der Kita) |

die Frage, was Gesundheit für die einzelne pädagogische Fachkraft bedeutet und welche Erfahrungen sie aus der eigenen Biografie mitbringt. Außerdem ist auch die Bedeutung von Vorbildern bzw. Modellen im Umgang mit Gesundheitsthemen (wie Ernährung und Bewegung), aber auch im Umgang mit Belastungs- und Konfliktsituationen sowie im Bereich der Selbstfürsorge (z. B. durch Achtsamkeit) zu thematisieren. Das bedeutet zu reflektieren, welche Vorbilder die pädagogischen Fachkräfte hatten und haben und wie sie selber als Rollenmodell in ihrer Arbeit wirken.

Abschließend kann das pädagogische Personal durch regelmäßige Teambesprechungen, Supervision und Fortbildungen im Umgang mit belastenden Situationen mit Eltern, Mitarbeitern oder auch Kindern geschult werden. Fortbildungen zum Konfliktmanagement, zur Gesprächsführung mit und Beratung von Eltern oder Mitarbeitern können ebenso hilfreich sein wie Einzelcoachings. Die pädagogischen Fachkräfte können des Weiteren durch (Kita-interne) Fortbildungen zu arbeitsbezogenen Themen (z. B. Umgang mit Kindern mit Fluchterfahrung, Einschätzung von Entwicklungsverzögerungen, Gestaltung von Inklusion) unterstützt werden.

## 8.5 Zusammenfassung und Diskussion

Die Gesundheit des eigenen Personals zu stärken, ist als Ziel von Einrichtungen und Organisationen deutlich in den Vordergrund gerückt, dies auch angesichts der Frage, wie Fachpersonal in Kitas gesund arbeiten und auch altern kann. Dazu liegen gesetzliche Regeln des Arbeitsschutzes vor, die die Beschäftigten vor krank machenden Arbeitsbedingungen schützen (z. B. Lärm, ergonomische Belastungen, Ansteckungsgefahr) und sie gleichzeitig darin unterstützten sollen, die eigene Gesundheit alltäglich zu stärken. Melzer und Hubrich (2014) plädieren dafür, im Sinne der Primärprävention alle Mitarbeiter*innen, also nicht nur die älteren oder bereits belasteten, sondern auch die gesunden mit gesundheitsbezogenen Maßnahmen anzusprechen.

Es sind differenzierte Modelle für die Gesundheitsförderung und Krankheitsvorbeugung am Arbeitsplatz entwickelt worden. Regelhaft wird ein Ineinandergreifen von verhaltens- und verhältnisbezogenen Maßnahmen empfohlen. Viernickel, Voss und Mauz (2017) unterscheiden Maßnahmen auf vier Ebenen. Neben den verhaltensbezogenen Maßnahmen unterscheiden sie bei den verhältnisbezogenen Maßnahmen die gesellschaftspolitische, die Organisations- und die Team- bzw. Kita-Leitungsebene.

Auf der politischen und gesellschaftlichen Ebene wird oftmals eine fehlende Reputation beklagt. Positiv können hier – auch nach Warnstreiks – im März 2018 vereinbarte Lohnerhöhungen im öffentlichen Dienst bei Bund und Kommunen bewertet werden (TVöD-Tarifergebnis). Gleichzeitig hat die frühkindliche Bildung, Betreuung und Erziehung (FBBE) nach den Autorinnen des Länderreports der frühkindlichen Bildungssysteme »in den letzten zehn Jahren eine enorme Anerkennung als bedeutsames Handlungsfeld von Politik und Verwaltung erlangt« (Bock-Famulla, Strunz & Löhle, 2017, S. 6).

Werden die strukturellen Arbeitsbedingungen genauer analysiert, zeigt sich, dass die Mehrzahl der Fachkräfte einer Teilzeitbeschäftigung nachgeht, während ungefähr zwei Drittel der Leitungen in Vollzeit arbeiten. Außerhalb der Dienstzeit arbeitet knapp ein Drittel der pädagogischen Fachkräfte und 40 % der Leitungen für die Kita, wobei diese Überstunden in der Mehrzahl zeitlich ausgeglichen werden können. Mehr als drei Viertel der pädagogischen Fachkräfte (und 66,6 % der Leitungen) bezeichnet sich als zufrieden mit ihrer Arbeitszeit und auch mit der finanziell-räumlichen Ausstattung. Den Personalschlüssel bewerten ca. zwei Drittel der Befragten als gut, er wird von den verbleibenden Fachkräften allerdings häufig als problematisch angesehen. Flexible Regelungen wie die Einrichtung eines »Springerpools« werden gefordert. Auffällig ist darüber hinaus, dass bei Berechnung eines Indexes zur Strukturqualität immerhin jede fünfte bis sechste pädagogische Fachkraft (18,3 %) die strukturellen Ressourcen an ihrem Arbeitsplatz als nicht ausreichend bewertet (Viernickel, Voss & Mauz, 2017).

Obwohl in den letzten Jahren ein Anstieg der Quantität und der Qualität der Kitas belegt wird, weisen Bock-Famulla, Strunz und Löhle (2017) in ihrem Länderreport der frühkindlichen Bildungssysteme auf massive Unterschiede der Bildungschancen von Kindern in Abhängigkeit ihres Wohnortes hin. Die Autorinnen beschreiben aufgrund dieser enormen regionalen Unterschiede einen Nachholbedarf und fordern zusätzlich vor dem Hintergrund von längeren Betreuungszeiten für alle Altersgruppen und steigender Geburtenzahlen einen weiteren Ausbau der Kitabetreuungsplätze.

Die organisatorischen Rahmenbedingungen, hier vor allem die Einflussmöglichkeiten bei der Arbeit, werden von der Mehrzahl der pädagogischen Fachkräfte (88 %) und von knapp 92 % der Leitungen als positiv wahrgenommen. Das gilt auch in etwas geringerem Umfang für die Beziehung zur und Behandlung durch die Leitung, die pädagogische Konzeptarbeit und Identifikation mit dem Konzept, die Beziehung zu Kolleg*innen, die Teambesprechungen und die selbständige Gestaltung der eigenen Arbeit.

Die gesellschaftspolitischen sowie die strukturellen und organisatorischen Rahmenbedingungen in den Einrichtungen können als Ressource und/oder als Belastungsfaktoren zum Tragen kommen. Als Ressourcen in der Arbeit werden daneben vor allem eigene Fähigkeiten und Kompetenzen in der Arbeit und Alltagsbewältigung gesehen und in großem Maße die Bestätigung durch die Kinder und die emotionale Wärme zu ihnen. Belastend wirken sich im Alltag neben Lärm und ergonomischen Anstrengungen vor allem Zeitmangel bei steigenden Arbeitsanforderungen und bei der eigentlichen pädagogischen Arbeit aus.

Diese Gemengelage zwischen gesellschaftlichen und Organisationsstrukturen, organisatorischen Rahmenbedingungen in der Einrichtung, der Zusammenstellung des und der Zusammenarbeit im Team, den Belastungen und Ressourcen führt dazu, dass bei der Mehrzahl der Fachkräfte eine Gratifikationskrise, eine im Bundesvergleich erhöhte Zahl von Krankheitstagen und eine erhöhte Burnout-Gefahr vorliegt. Eine Gratifikationskrise resultiert für zwei Drittel der pädagogischen Fachkräfte und über 80 % der Leitungskräfte, wobei gerade von Fachkräften mit schlechten Arbeitsbedingungen 90,8 %, bei mittleren 75,5 % und guten Arbeitsbedingungen 46 % eine Gratifikationskrise aufweisen (Schreyer et al., 2014). Hier wird deutlich, welchen hohen Stellenwert materielle, vertragliche und organisationale Rahmenbedingungen sowie die Zusammenarbeit mit der Leitung und im Team bei der Arbeitsbelastung spielen und dass das Vorhandensein individueller und organisatorischer Ressourcen eine Gratifikationskrise zumeist nicht auszugleichen mag. Dies wird auch dadurch gestützt, dass 43,6 % der Fachkräfte mit Gratifikationskrise eine erhöhte Burnout-Gefährdung aufweisen (Schreyer et al., 2014).

Bei den Krankheitsdiagnosen der letzten zwölf Monate dominieren vor allem Erkrankungen des Muskel-Skelett-Systems und der Atemwege, aber auch psychische Störungen wurden bei jeder sechsten und ein Burnout bei jeder zehnten

Fachkraft diagnostiziert. Hinzu kommt eine im Bundesvergleich erhöhte Zahl von Krankheitstagen.

Weiter ist festzuhalten, dass neben dem Kita-Ausbau und der regionalen Zunahme der Qualität in Kitas (Bock-Famulla, Strunz & Löhle, 2017) in den Einrichtungen bisher eher pädagogisch-organisatorische und kostengünstigere Maßnahmen (z. B. beim Lärmschutz) durchgeführt wurden. Diese reichen in der Regel nicht aus, um die Gesundheit der pädagogischen Fachkräfte und Leitungen zu schützen und zu fördern. Vor dem Hintergrund all dieser Befunde sind Maßnahmen des betrieblichen Gesundheitsmanagements (BGM) weiterhin langfristig dringend geboten. Es erscheinen vor allem verhältnisbezogene Maßnahmen, d. h. fortgesetzte strukturbezogene Maßnahmen und solche der Organisationsentwicklung in Anlehnung an den Aktionszyklus für Gesundheitsförderung (PHAC, vgl. Kap. 3.5), in einer Verknüpfung mit verhaltensbezogenen Angeboten notwendig.

Unterstützt wird ein solches Vorgehen auch durch Befunde neuerer Studien, in denen Maßnahmen der Organisationsentwicklung wie die Arbeit in einem Gesundheitszirkel oder die Durchführung eines Audit für gesundheitsfördernde Kitas untersucht wurden. Danach ergeben sich positive Auswirkungen auf das Gesundheitsverhalten der Kinder und die Zusammenarbeit im Team, zusätzlich wird dem Thema Gesundheit mehr Bedeutung in den Einrichtungen zugewiesen. Allerdings sind auch diese Maßnahmen nur mit zeitlichen Ressourcen zu bewerkstelligen, die von Seiten der Einrichtungsleitung zur Verfügung gestellt werden sollten – zum Schutz und zur Förderung der Gesundheit aller in Kitas.

# 9 Abschließende Diskussion und Fazit

Die Kapitel dieses Buches zeigen, dass die Themen Gesundheit und Gesundheitsförderung in Kitas angekommen sind, aber in ihrer Bedeutung unterschiedlich wahrgenommen werden. Zum Beispiel haben Stamm, Hess und Stauffer (2014) in ihrer Längsschnittstudie Erfolgsfaktoren für eine gute Integrations- und Entwicklungsförderung von Kindern in sozial gemischten Gruppen, wie beispielsweise eine »gruppenbezogene Nutzung der Heterogenität«, »alltagsintegrierte Sprachförderung« oder »individualisierte und ganzheitliche Entwicklungsförderung« identifiziert (S. 7). Bei den genannten Erfolgsfaktoren im Rahmen der frühkindlichen Bildung werden Gesundheitsaspekte allerdings nur implizit einbezogen, wenn die Autorinnen beispielsweise von einer Förderung der »kognitiven, sozialen, emotionalen, motorischen, sprachlichen und mathematischen Entwicklung« sprechen (Stamm, Hess & Stauffer, 2014, S. 12).

Dieses Beispiel zeigt, dass in Kitas Maßnahmen zur Gesundheitsförderung mehr oder weniger bewusst und geplant durchgeführt werden. Es wird aber als notwendig angesehen, dass die Themen Gesundheit und Gesundheitsförderung explizit mitgedacht bzw. -bedacht werden sollten. Denn Bildung(sförderung) korreliert mit Gesundheit. Daraus resultieren Forderungen der Weltgesundheitsorganisation (WHO, 2015) nach Maßnahmen, die einerseits den Zugang zur Bildung für alle sicherstellen, weil Bildung eine wichtige Gesundheitsdeterminante darstellt, und andererseits Maßnahmen, die pädagogische Fachkräfte über die Gesundheitsdimensionen ihrer Arbeit informieren, da das pädagogische Fachpersonal dazu beiträgt, dass eine »gesunde und widerstandsfähige Bevölkerung« heranwächst (WHO, 2015, S. 1).

In den Bildungs- und Erziehungsplänen aller 16 Bundesländer werden Ziele der gesundheitlichen Förderung genannt (z. B. zur Ernährung und Bewegung, Hygiene, Unfallvermeidung). Beim Erwerb von Wissen und Kompetenzen sollte mit pädagogischen Fachkräften die Bedeutung des jeweiligen Gesundheitsthemas für die Entwicklung von Kindern im Kontext des sozialen Umfeldes geklärt, Wissensbestände über das jeweilige Gesundheitsthema, was beispielsweise eine gesunde Ernährung oder ein gesundes psychisches Aufwachsen beinhaltet und wie dies in der Kita umgesetzt werden kann, vermittelt werden. Unerlässlich ist eine kritische Reflexion dieser Themen, weil Gesundheitsthemen oftmals normativ (z. B. bei der Ernährung) diskutiert werden. Dies kann Auswirkungen für alle haben: für die Kinder (die etwas nicht essen dürfen, weil es ungesund ist, oder etwas essen müssen, weil es gesund ist), die Eltern und das pädagogische Fachpersonal (die jeweils eine bestimmte Lebensweise praktizieren sollten). Eine gesunde Lebensweise sollte unterstützt und gefördert werden, aber es kann nicht

Aufgabe des pädagogischen Fachpersonals sein, als »Gesundheitsaufsichtsbehörde« zu agieren. Auch unter Beachtung gesetzlicher Vorgaben, zum Beispiel des Rechts auf Persönlichkeitsentfaltung und des Elternrechts auf Erziehung (u. a.), gilt es, die Spannbreite an Entscheidungen für einen Lebensstil (z. B. wenn jemand sehr viel oder sehr wenig Sport macht) zu akzeptieren, solange die Rechte anderer nicht verletzt werden. Ein erweitertes Bewusstsein über den normativen Charakter dieser Gesundheitsthemen sollte angestrebt werden ebenso wie die Reflexion der eigenen Vorbildfunktion. Hierunter ist auch das Bewusstsein darüber zu verstehen, was das pädagogische Personal glaubhaft durch das eigene Verhalten (z. B. Obst als Pausensnack, Umgang mit Stress, etc.) vermittelt.

Neben der theoretischen Auseinandersetzung mit und Reflexion von Gesundheitsthemen sollte eine stärkere Verknüpfung von Bildungs- und Gesundheitsthemen stattfinden. Mehr Forschung ist dazu gefordert, wie Bewegung oder Ernährung (etc.) spielerisch in die Bildung und Lernförderung eingebunden werden können. In der BeKi-Studie (2016) bemängeln die Autor*innen, dass bei der Gesundheitsförderung die spielerische Leichtigkeit, die pädagogische Fachkräfte bei anderen Lernthemen umsetzen können, verloren geht:

> »Allerdings verlieren die Beschreibungen der Lern- und Bildungswege der Kinder und der Unterstützung durch die Pädagog_innen dabei den partizipativen und ›leichten‹ Charakter, wenn es an die offensichtlichen Gesundheitsthemen wie Ernährung, Bewegung und Zahngesundheit geht. Hier betonen die Pädagog_innen eine aktive Rolle und geben auch bestimmte Ziele vor (vgl. Gesundheitsverständnis)« (BeKi, 2016, S. 27).

Bei Gesundheitsthemen sollte von pädagogischen Fachkräften ein Verständnis entwickelt werden, das genau wie bei anderen Bildungsbereichen an dem Tun der Kinder über Beobachtungen anknüpft und gesundheitliche Themen spielerisch fördert.

In den einzelnen Kapiteln zur Ernährung, Bewegung, psychischen Entwicklungsförderung, Zusammenarbeit mit Eltern und Förderung der Gesundheit des pädagogischen Fachpersonals wurde deutlich, dass mittlerweile viele Ideen, Vorgehensweisen und Projekte zur Gesundheitsförderung entwickelt worden sind. Oftmals sind Konzeptionen darüber, wer mit welchen Herangehensweisen gefördert werden soll, vorhanden, aber zum Teil fehlen theoretische Konzepte (z. B. welches Bewegungsprogramm, welche motorischen Fähigkeiten fördert). Die theoretische Fundierung der Präventionsprojekte sollte auf der Basis des aktuellen wissenschaftlichen Wissensstandes verschiedener Disziplinen erfolgen (z. B. entwicklungspsychologischer, neuropsychologischer, kindheitspädagogischer, sportwissenschaftlicher, medizinischer Forschung, u. a.) und sollte transdisziplinär weiter entwickelt werden.

Hinzu kommen mit der Forderung nach Inklusion in Bildungseinrichtungen weitere Anforderungen. Das bedeutet die Gesundheitsförderprogramme müssen für die Bedürfnisse von Kindern aus verschiedenen Familienformen, Kulturen und mit unterschiedlichen Förderbedarfen erweitert werden. Hierzu werden die Sammlung von Erfahrungsberichten sowie die Durchführung von Studien, wie Gesundheitsförderung in Kitas angesichts größer werdender Diversität und der Inklusion von Kindern mit unterschiedlichen Bedarfen geleistet und fortentwickelt werden kann, als hilfreich angesehen.

In dem vorliegenden Buch wird auf wesentliche Entwicklungs- und Gesundheitsbereiche fokussiert. Es gilt jedoch, dass weitere Bereiche der Gesundheitsförderung wie die der sexuellen Gesundheit (vgl. WHO, 2011), der Verkehrsgesundheit (u. a.) oder Fragen, wie eine Medialisierung des Alltags die Gesundheit beeinflusst, mehr Aufmerksamkeit erfahren sollten.

Bei der Durchführung von Gesundheitsförderprogrammen geht es um Inhalte und die Umsetzung. Hierzu zählt auch der Grad der Partizipation aller. Partizipation wird als Entwicklungsprozess angesehen, mit dessen Hilfe die beteiligten Kinder, Eltern und pädagogische Fachkräfte »zunehmend Kompetenzen gewinnen, um immer aktiver Einfluss auf die Entscheidungen nehmen zu können« (Kooperationsverbund Gesundheitliche Chancengleichheit, 2017, S. 31). Partizipation wird somit als wichtiges Element der (Selbst-)Ermächtigung und des eigenen Kontroll- und Kompetenzerlebens angesehen. Bei manchen Angeboten beschränkt sich die Partizipation – gerade von Kindern – auf die Information bzw. die Teilnahme und nicht die Gestaltung des Angebots. Als hilfreich für die theoretische Auseinandersetzung und Erhöhung des Grades der Partizipation werden Beschreibungen zu Stufen der Partizipation angesehen (vgl. Kooperationsverbund Gesundheitliche Chancengleichheit, 2017, S. 31ff.).

Als Mangel früherer Gesundheitsförderprogramme sind die fehlende Sicherung der Nachhaltigkeit und Vernetzung im Gemeinwesen anzusehen. Hinzu kommt, dass einzelne Projekte zum Teil in der Kostenübernahme nur kurzfristig gesichert sind und ein Projekt nach dem anderen folgen kann. In neueren Gesundheitsfördermaßnahmen werden eine langfristige, thematische Durchführung und eine Einbindung in dem Sozialraum durch Kooperationen mit anderen Einrichtungen, Institutionen und Verbänden sowie Krankenkassen (etc.) angestrebt. Gerade durch die Vernetzung können verschiedene Akteure ihre Expertise bei der Gesundheitsförderung einbringen.

Zudem sind Gesundheitsförderprogramme unterschiedlich gründlich auf ihre Qualität und Wirkweise geprüft worden. Anregungen dazu, die Qualität der Projekte zu optimieren, bieten die Kriterien guter Praxis (BZgA, 2011, 2017), die bei der Projektplanung und -durchführung einbezogen werden sollten. Darunter fallen die Festlegung einer Konzeption und Beschreibung des eigenen professionellen Selbstverständnisses. Im Setting der Kita können fast alle Kinder durch eine niedrigschwellige Arbeitsweise erreicht werden. Auch durch die bereits beschriebene partizipative und nachhaltige Einbettung eines Gesundheitsförderprogramms in den Sozialraum, auch unter Einbeziehung von Multiplikator*innen, sowie mit der Vernetzung mit anderen Akteuren soll zur Qualitätsentwicklung beigetragen werden. Dazu gehören auch das Durchführen eines Qualitätsmanagements, eine Dokumentation und Evaluation sowie die Berechnung von Kosten-Nutzen-Relationen. Bei den Evaluationsstudien liegt ein sehr unterschiedliches Niveau vor: es sind Pilotstudien zum Teil ohne Einbeziehung von Kontrollgruppen durchgeführt worden, aber in neueren Arbeiten werden häufiger Studien mit einem randomisierten Kontrollgruppendesign (RCT) oder bei ausreichender Datenlage auch Metaanalysen erarbeitet. Kosten-Nutzen-Rechnungen sind kaum vorhanden. Insgesamt wären nach wie vor mehr Studien wünschenswert, in denen Kontrollgruppen einbezogen werden,

RCT-Studien oder auch Metaanalysen. Auch Mindestforderung an Evaluationsstudien wie Transparenz der Beschreibung und Darstellung der Limitationen der Studie sind gefordert. Dies gewinnt an Bedeutung, wenn pädagogisches Fachpersonal angesichts von wenig Ressourcen eine gesundheitsfördernde Maßnahme durchführen will. Hier kann eine Projektbeschreibung unter Einbeziehung der zwölf Kriterien guter Praxis das pädagogische Personal bei der Entscheidung für die Wahl eines Programms zur Gesundheitsförderung unterstützen.

Aus dem bisher Beschriebenen wird deutlich, dass sich zukünftig vielfältige Forschungsfragen und -anliegen ergeben. Noch nicht erwähnt sind Studien, mit deren Hilfe die Perspektive aller weiter beforscht werden sollte: von Kindern beispielsweise, wie sie die Zusammenarbeit von Eltern und Kita erleben. Oder von Eltern, welchen Grad der Zusammenarbeit sie wünschen und wie dieser jeweilig gestaltet werden kann. Von Fachkräften, wie sie Angebote inhaltlich auf diverse Gruppen mit unterschiedlichen Bedarfen ausweiten und Bildungs- sowie Gesundheitsthemen sinnvoll und partizipativ gestalten können (etc.). Schließlich soll noch auf den Anspruch eingegangen werden, dass eine Kita kompensatorisch wirken soll. Der Anspruch, dass Kitas Auswirkungen sozialer Ungleichheit bei Kindern reduzieren soll, ist bisher kaum untersucht worden. Die wenigen Studien dazu weisen darauf hin, dass Kinder mit Migrationshintergrund von einem (längeren) Kita-Besuch deutlich profitieren, aber dass Kinder aus Familien mit einem niedrigen sozioökonomischen Status weiterhin auch bei der Einschulung benachteiligt sind (Bettge, Oberwöhrmann & Meinlschmidt, 2016). Die sogenannte »Schere« zwischen den visuomotorischen Leistungen von Kindern mit höherem und niedrigerem sozioökonomischen Status konnte nicht geschlossen werden. Hier sind mehr praxisbezogene Forschungsanstrengungen dazu notwendig, wie diese Benachteiligungen für Kinder ausgeglichen werden können.

Abschließend kann festgehalten werden, dass in den letzten Jahren ein Trend besteht, die Themen Gesundheit und Gesundheitsförderung in einem Qualitäts- und Organisationsentwicklungsprozess einzubinden. Entlang des Prozesses können relevante Themen der jeweiligen Kita identifiziert werden, Ziele formuliert, Vorgehensweisen entwickelt, ausgewählt und umgesetzt sowie hinsichtlich ihrer Wirksamkeit geprüft werden. Dieser Zyklus kann sich dann mit neuen Zielen (etc.) wiederholen. Die Stiftung Kindergesundheit (2015) fordert einen »Paradigmenwechsel zu guten gesunden Kita«. Damit ist gemeint, dass nicht nur einzelne Gesundheitsfördermaßnahmen durchgeführt werden sollten, sondern die gesamte Kita mit allen Beteiligten einen Prozess zu einer gesunden Kita anstreben sollte, in der das Thema Gesundheit bei allen Prozessen mitgedacht wird. Diese Forderung mit einem Hin zu einer guten gesunden Kita für alle als Ziel erscheint erstrebenswert, auch wenn damit eine zusätzliche Arbeit einhergeht.

Und hier sind Träger der Einrichtungen und die Gesellschaft gefordert, dass diese anspruchsvolle Tätigkeit langfristig gesund geleistet werden kann. Angesichts zunehmender Diversität der Herkunft und Lebensbedingungen der Kinder und ihrer Familien, dem Auftrag zur Inklusion und der zu erwartenden Zunahme an Kindern, die eine Kita besuchen, müssen Rahmenbedingungen geschaffen werden, die das Recht auf Gesundheit für alle und eine gesunde Arbeit in der Kita ermöglichen.

# Literatur

Ahn, S. & Fedewa, A.L. (2011). A Meta-analysis of the Relationship Between Children's Physical Activity and Mental Health. *Journal of Pediatric Psychology, 36 (4)*, 385–397.
Ahnert, L. & Spangler, G. (2014). Die Bindungstheorie. In L. Ahnert (Hrsg.), *Theorien in der Entwicklungspsychologie* (S. 404–435). Berlin Heidelberg: Springer Verlag.
Ainsworth, M. D. S., Blehar, M. C., Waters, E. & Wall, S. (1978). *Patterns of attachment: A psychological study of the strange situation*. Hillsdale, NJ: Erlbaum.
Albrecht, C., Hanssen-Doose, A., Bös, K., Schlenker, L., Schmidt, S., Wagner, M., Will, N. & Worth, A. (2016). Motorische Leistungsfähigkeit von Kindern und Jugendlichen in Deutschland. Eine 6-Jahres-Kohortenstudie im Rahmen des Motorik-Moduls (MoMo). *Sportwissenschaft, 46*, 294–304.
Aldao, A., Nolen-Hoeksema, S. & Schweizer, S. (2010). Emotionregulation strategies across psychopathology: A meta-analytic review. *Clinical Psychology Review, 30*, 217–237.
Alexy, U., Clemens, K. & Kersting, M. (2008). Die Ernährung gesunder Kinder und Jugendlicher nach dem Konzept der Optimierten Mischkost. *Ernährungsumschau, 3*, 168–177.
Antonovsky, A. (1979). *Health, stress, and coping. New perspectives on mental and physical well-being*. San Francisco: Jossey-Bass.
Antonovsky, A. (1997). *Salutogenese. Zur Entmystifizierung der Gesundheit* (Dt. erweiterte Ausgabe von A. Franke). Tübingen: DGVT. (Original erschienen 1987: Unraveling the Mystery of Health. How People Manage Stress and Stay Well. San Francisco: Jossey-Bass).
AOK (o. J.) JolinchenKids. Verfügbar unter https://www.aok.de/inhalt/jolinchenkids-1/.
AOK-Familienstudie (2007). *»Was fördert das gesunde Aufwachsen von Kindern in der Familie?«* Berlin: AOK-Bundesverband. Verfügbar unter www.aok-bv.de
AOK-Familienstudie (2010). *Routinen und Rituale fördern die Gesundheit der Kinder*. Berlin: AOK-Bundesverband. Verfügbar unter http://aok-bv.de/imperia/md/aokbv/presse/veranstaltungen/2010/familienstudie_2010_web.pdf
AOK-Familienstudie (2014). *Teil 1: Repräsentativbefragung von Eltern mit Kindern von 4 bis 14 Jahren*. Berlin: AOK-Bundesverband. Verfügbar unter http://aok-bv.de/imperia/md/aokbv/presse/pressemitteilungen/archiv/2014/aok_familienstudie_2014_gesamtbericht_band_1.pdfrki
AOK-Familienstudie (2018). *Eine quantitative und qualitative Befragung von Eltern mit Kindern im Alter von 4 bis 14 Jahren*. Berlin: AOK-Bundesverband. Verfügbar unter http://aok-bv.de/imperia/md/aokbv/hintergrund/dossier/praevention/aok_familienstudie_wb.pdf
Arens-Azevêdo, U., Bölts, M., Fahmy, S., Girbardt, R., Hoffmann, C., Oberritter, H., Pfefferle, H. & Schnur, E. (2009, 2015). *»DGE-Qualitätsstandard für die Verpflegung in Tageseinrichtungen für Kinder«*. Bonn: Deutsche Gesellschaft für Ernährung (DGE).
Asendorpf, J. B. & Teubel, T. (2009). Motorische Entwicklung vom frühen Kindes- bis zum frühen Erwachsenenalter im Kontext der Persönlichkeitsentwicklung. *Zeitschrift für Sportpsychologie, 16 (19)*, 2–16.
Baden-Württemberg Stiftung (o. J.). *Das gesunde Boot-Kindergarten*. Verfügbar unter https://www.gesundes-boot.de/kindergarten/

Bahr, S. & Fischer, K. (2016). Zum Stellenwert von Bewegung in der frühpädagogischen Ausbildung. Eine qualitative Analyse der Bedeutungsfelder von Bewegung in den Bildungs- und Orientierungsplänen sowie den Fachschulcurricula aller Bundesländer. In K. Fischer et al. (Hrsg.), *Bewegung in der frühen Kindheit* (S. 86–103). Wiesbaden: Springer Fachmedien.

Bailey, N. (2006). *Bayley Scales of Infant and Toddler Development, Third Edition (Bayley III)*. San Antonio: Psychological Corporation.

Bamberger, G.G. (2015). *Lösungsorientierte Beratung. 5. Aufl.* Weinheim, Basel: Beltz Verlag.

Bandura, A. (1977). Self-Efficacy: Toward a Unifying Theory of Behavioral Change. In: *Psychological Review, 84 (2)*, 191–215.

Bandura, A. (1997). *Self-efficacy: The exercise of control.* New York: Freeman.

Bandura, A. (2001). Social cognitive theory: an agentic perspective. *AnnualRevPsychol, 52*, 1–26.

Bargsten, A. (2012). Ziele von Erziehungs- und Bildungspartnerschaften. In W. Stange, R., Krüger, A. Henschel & C. Schmitt (Hrsg.). Erziehungs- und Bildungspartnerschaften. Grundlagen und Strukturen von Elternarbeit (S. 391–397). Wiesbaden: Springer VS.

Baron-Cohen, S., Golan, O., Wheelwright, S., Granader, Y. & Hill, J. (2010). Emotion word comprehension from 4 to 16 years old: A developmental survey. *Frontiers in Evolutionary Neuroscience, 2.* doi:10.3389/fnevo.2010.00109.

Bartholomew, L.K., Parcel, G.S., Kok, G. et al. (2006). Planning health promotion programs: an intervention mapping approach. SanFrancisco: Jossey-Bass.

Bartsch, S., Büning-Fesel, M., Cremer, M., Heindl, I., Lambeck, A., Lührmann, P., Oepping, A., Rademacher, C. & Schulz-Greve, S. für die DGE-Fachgruppe Ernährungsbildung (2013). Ernährungsbildung – Standort und Perspektiven. *ErnährungsUmschau, 60*, M84-M95.

BAT-Freizeitforschungsinstitut (2006). Zukunftsstudie. Vertrauen. Verlässlichkeit. Verantwortung. Die Sehnsucht der Deutschen nach Sinn und Sicherheit. *Forschung aktuell*, 193 (27), 1–5.

BAuA (2017). Psychische Gesundheit in der Arbeitswelt – Wissenschaftliche Standortbestimmung. Dortmund: Bundesanstalt für Arbeitsschutz und Arbeitsmedizin.

Baumgarten, F., Klipker, K., Göbel, K., Janitza, S., Hölling, H. (2018). Der Verlauf psychischer Auffälligkeiten bei Kindern und Jugendlichen – Ergebnisse der KiGGS-Kohorte. *Journal of Health Monitoring, 3(1)*, 60–65. DOI 10.17886/RKI-GBE-2018-011

Bayer, O., von Kries, R., Strauss, A., Mitschek, C., Toschke, A.M., Hose, A. & Koletzko, B. (2009). Short- and mid-term effects of a setting based prevention program to reduce obesity risk factors in children: A cluster-randomized trial. *Clinical Nutrition, 28 (2)*, 122–128.

Beetz, A. (2014). Zur Problematik unsicherer Bindung bei Lehrern und Erziehern in der Sonderpädagogik mit dem Förderschwerpunkt soziale und emotionale Entwicklung. *Heilpädagogische Forschung, 40 (2)*, 77–86.

Bengel, J., Strittmatter, R. & Willmann, H. (2001). *Was erhält Menschen gesund? Antonovskys Modell der Salutogenese – Diskussionsstand und Stellenwert.* Köln: Bundeszentrale für gesundheitliche Aufklärung.

Bengel, J., Meinders-Lücking, F. & Rottmann, N. (2009). *Schutzfaktoren bei Kindern und Jugendlichen- Stand der Forschung bei psychosozialen Schutzfaktoren für Gesundheit.* Köln: BZgA.

Bengel, J. & Lyssenko, L. (2012). *Resilienz und psychologische Schutzfaktoren im Erwachsenenalter.* Köln: Bundeszentrale für gesundheitliche Aufklärung (BZgA).

Bergler, R. (2009). Psychologie der Hygiene. Heidelberg: Steinkopff-Springer Verlag.

Berk, L. (2005). *Entwicklungspsychologie.* München: Pearson Studium.

Berliner Kita-Institut für Qualitätsentwicklung (BeKi, 2016). *Was heißt hier eigentlich gesund? Und wie können Kinder in ihrem Gesundsein gestärkt werden? Ergebnisse der »Pilot-Wirkungsstudie zur Förderung von Gesundheits- und Bildungszielen für Kinder im Aktionsraum Plus Neukölln Nord«.* Verfügbar unter http://www.beki-qualitaet.de/images/beki/downloads/BerichtGesNN_final.pdf

Bermejo, I. & von Wolff, A. (2009). *Gesundheitliche Versorgung von MigrantInnen und transkulturelle Psychologie*. Berlin: Heinrich Böll-Stiftung. Verfügbar unterrichter http://heimatkunde.boell.de/2009/04/18/gesundheitliche-versorgung-von-migrantinnen-und-transkulturelle-psychologie

Bertelsmann Stiftung (2012). *Die gute gesunde Kita gestalten. Stärken entdecken, Ziele setzen, Maßnahmen festlegen.* Verfügbar unter https://www.bertelsmann-stiftung.de/file admin/files/BSt/Publikationen/GrauePublikationen/guteGesundeKita_Heft3_Staerken_Ziele__Massnahmen.pdf

Bertelsmann-Stiftung (2017). *Kinderarmut ist in Deutschland oft Dauerzustand.* Verfügbar unter https://www.bertelsmann-stiftung.de/de/themen/aktuelle-meldungen/2017/oktober/kinderarmut-ist-in-deutschland-oft-ein-dauerzustand/

Bertelsmann-Stiftung (2018). *Ländermonitor Frühkindliche Bildungssysteme.* Verfügbar unter https://blog.laendermonitor.de/

Bettge, S. (2004). *Schutzfaktoren für die psychische Gesundheit von Kindern und Jugendlichen. Charakterisierung, Klassifizierung und Operationalisierung.* Unveröff. Dissertation. Berlin: Technische Universität. Verfügbar unter: https://www.depositonce.tu-berlin.de/bitstream/11303/1317/1/Dokument_27.pdf

Bettge, S., Oberwöhrmann, S. & Meinlschmidt, G. (2016). Kindergesundheitsziele Berlin: Warum lässt sich die soziale Schere nicht schließen? *Gesundheitswesen, 78*, A103.

Betz, T. (2015). *Das Ideal der Bildungs- und Erziehungspartnerschaft. Kritische Fragen an eine verstärkte Zusammenarbeit zwischen Kindertageseinrichtungen, Grundschulen und Familien. Im Auftrag der Bertelsmann-Stiftung.* Gütersloh. Bertelsmann-Stiftung. Verfügbar unter: https://www.bertelsmann-stiftung.de/fileadmin/files/BSt/Publikationen/GrauePublikationen/Studie_WB__Bildungs-_und_Erziehungspartnerschaft_2015.pdf

Betz, T. & Eunicke, N. (2017). Kinder als Akteure in der Zusammenarbeit von Bildungsinstitutionen und Familien? Eine Analyse der Bildungs- und Erziehungspläne. *Frühe Bildung, 6 (1)*, 3–9.

Biddle, S.J.H. & Asare, M. (2011). Physical activity and mental health in children and adolescents: a review of reviews. *British Journal of Sports Medicine, 45*, 886–895.

Birkner, G. (2016). *Lebensziele 2016. Zukunft planen, Vermögen aufbauen, Risiken abdecken.* In Gothaer Versicherungsbank VVaG & Frankfurt Business Media GmbH. Der F.A.Z.-Fachverlag (Hrsg.). Risiko & Vorsorge im Fokus. Verfügbar unter: https://www.gothaer.de/ueber-uns/presse/publikationen/studien/lebensziele2016.htm

Bittmann, F. (2007). *»Pfiffikus durch Bewegungsfluss«. Integrative Förderung von Kognition und Motorik im Vorschulalter. Universität Potsdam. Projektbericht Teil 1 und 2.* Verfügbar unter: https://www.uni-potsdam.de/de/regphys/publikationen/bewegung-in-der-kita/pfiffikusdurchbewegungsfluss.html

Bock-Famulla, K., Strunz, E. & Löhle, A. (2017). *Länderreport Frühkindliche Bildungssysteme 2017. Transparenz schaffen – Governance stärken.* Gütersloh: Verlag Bertelsmann Stiftung.

Böcker-Giannini, N. & Stahl-von-Zabern, J. (2016). Die eigene Bewegungsbiografie verstehen. Bewegungsbiografien frühpädagogischer Fachkräfte als Ausgangspunkte für professionelles Handeln im bewegten Kindergarten. In K. Fischer, G. Hölter, W. Beudels, C. Jasmund, A. Krus, S. Kuhlenkamp (Hrsg.). *Bewegung in der frühen Kindheit. Fachanalyse und Ergebnisse zur Aus- und Weiterbildung von Fach- und Lehrkräften* (S. 189–201). Wiesbaden: Springer.

Bös, K., Worth, A., Opper, E., Oberger, J., Romahn, N., Wagner, M., Jekauc, D., Mess, F. & Woll, A. (2009). *Motorik Modul: Eine Studie zur motorischen Leistungsfähigkeit und körperlich-sportlichen Aktivität von Kindern und Jugendlichen in Deutschland.* Verfügbar unter: https://www.bmfsfj.de/blob/94390/dc4ceb29b7415827c48a6a313b224602/motorik-modul-data.pdf

Bora e. V. (2008). *PIKITA. Stark sein gegen häusliche Gewalt. Bildungsbausteine für die Präventionsarbeit zu häuslicher Gewalt in Kindertagesstätten.* Berlin. Verfügbar unter http://www.frauenprojekte-bora.de/de/praeventionsarbeit/uebersicht6/pikita.html

Borg-Laufs, M. (2012). *Die Befriedigung psychischer Grundbedürfnisse als Weg und Ziel der Kinder- und Jugendlichenpsychotherapie. Forum für Kinder- und Jugendpsychia-

*trie, Psychosomatik und Psychotherapie 1*. Verfügbar unter http://www.kinderpsychiater.org/fileadmin/downloads/forum/Weisse_Seiten_1-2012/Die%20Befriedigung%20psychischer%20Grundbed%C3%85rfnisse_1-12.pdf

Borg-Laufs, M. & Dittrich, K. (2011). *Psychische Grundbedürfnisse in Kindheit und Jugend*. Tübingen: dgvt-Verlag.

Borrmann, A., Mensink, G.B.M. & KiGGS Study Group (2015). Obst- und Gemüsekonsum von Kindern und Jugendlichen in Deutschland. Ergebnisse der KiGGS Welle 1. *Bundesgesundheitsblatt, 58*, 1005-1014.

Bolwby, J. (1958). The nature of the child's tie to his mother. *International Journal of Psycho-Analysis, 39*, 350–373.

Bowlby, J. (1969). *Attachment and loss. Vol. I: Attachment*. London: Hogarth Press. (deutsch 1975: Bindung. München: Kindler.)

Bowlby, J. (1987/2003). Bindung. In K. E. Grossmann & K. Grossmann (Hrsg.), *Bindung und menschliche Entwicklung. John Bowlby, Mary Ainsworth und die Grundlagen der Bindungstheorie und Forschung* (S. 22–26). Stuttgart: Klett-Cotta.

Bretherton, I., Fritz, J., Ridgeway, D. & Zahn-Waxler, C. (1986). Learning to talk about emotions: A functionalist perspective. *Child Development, 57*, 529–547.

Brisch, K. H. (2007). Prävention von Bindungsstörungen. In: W. von Suchodoletz (Hrsg.), *Prävention von Entwicklungsstörungen* (S. 167–182). Göttingen: Hogrefe.

Bronfenbrenner, U. (1979). *The ecology of human development: experiments by nature and design* (3–44). Cambridge: HarvardUP.

Broocks, A. (2005). Körperliches Training in der Behandlung psychischer Erkrankungen. *Bundesgesundheitsblatt, 48*, 914–921.

Brown, H.E., Pearson, N., Braithwaite, R.E., Brown, W.J. & Biddle, S.J. (2013). Physical activity interventions and depression in children and adolescents: a systematic review and meta-analysis. *Sports Medicine, 43 (3)*, 195–206.

Brüggemann, E. & Franzen, H. (2016). Ergebnisse der Analyse der Perspektive der Kinder: Was darf ich und was darf ich nicht? – Handlungsspielräume von fünf- und sechsjährigen Kindern in Bezug auf Gesundheit in der Kita. In Berliner Kita-Institut für Qualitätsentwicklung (Hrsg), Was heißt hier eigentlich gesund? Und wie können Kinder in ihrem Gesundsein gestärkt werden? Ergebnisse der »Pilot-Wirkungsstudie zur Förderung von Gesundheits- und Bildungszielen für Kinder im Aktionsraum Plus Neukölln Nord« (S. 38–42). Verfügbar unter http://www.beki-qualitaet.de/images/beki/downloads/BerichtGesNN_final.pdf

Bühler, A. & Heppekausen, K. (2005). Gesundheitsförderung durch Lebenskompetenzprogramme in Deutschland. Gesundheitsförderung konkret Band 6. Köln: BZgA. Verfügbar unter https://www.bzga.de/infomaterialien/fachpublikationen/fachpublikationen/band-6-gesundheitsfoerderung-durch-lebenskompetenzprogramme-in-deutschland/

Bühler, A., Kötter, C., Stemmler, M., Jaursch, S. & Lösel, F. (2015). EFFEKT-E: Wirksamkeit eines Präventionsprogramms für Kinder emotional belasteter Mütter. *Gesundheitswesen, 77 (Suppl 1)*, 64–65.

Büsching, U. & Riedel, R. (2017). *BLIKK-Medien: Kinder und Jugendliche im Umgang mit elektronischen Medien*. Verfügbar unter https://www.drogenbeauftragte.de/fileadmin/Dateien/5_Publikationen/Praevention/Berichte/Abschlussbericht_BLIKK_Medien.pdf

Burkart, S.A., Roberts, J., Davidson, M. & Alhassan, S. (2017). Behavioral Effects of a Locomotor-Based Physical Activity Intervention on Preschoolers. *Journal Physical Activity and Health, 3*, 1–24.

Bundesinstitut für Bevölkerungsforschung (2017). *Familienleitbilder. Alles wie gehabt? Partnerschaft und Elternschaft in Deutschland*. Wiesbaden: Bundesinstitut für Bevölkerungsforschung.

Bundesministerium für Ernährung und Landwirtschaft (BMEL) (2013). *Kinderleicht-Regionen. Besser essen. Mehr bewegen. Abschlussbroschüre 24 Modellregionen weisen den Weg*. Verfügbar unter https://www.bmel.de/SharedDocs/Downloads/Ernaehrung/Kita-Schule/Kinderleicht_Regionen_Abschlussbroschuere.pdf?__blob=publicationFile

Bundesministerium Ernährung und Landwirtschaft (BMEL) (2016). *Verpflegung in Kindertageseinrichtungen Ergebnisse einer bundesweiten Studie*. Verfügbar unter https://

www.macht-dampf.de/fileadmin/user_upload/Downloads/INFORM_Monitor_Verpflegung_in_Kitas.pdf

Bundesministerium für Ernährung, Landwirtschaft und Verbraucherschutz (BMELV) (2013). *Kinderleicht-Regionen. Besser essen. Mehr bewegen. Abschlussbroschüre. 24 Modellregionen weisen den Weg.* Verfügbar unter: https://www.in-form.de/fileadmin/Dokumente/Materialien/IN_FORM_Kinderleicht_Abschluss_bf_01.pdf

Bundesministerium für Familie, Senioren, Frauen und Jugend (BMFSFJ) (2005). *Stärkung familialer Beziehungs- und Erziehungskompetenzen.* Verfügbar unter https://www.bmfsfj.de/bmfsfj/service/publikationen/staerkung-familialer-beziehungs--und-erziehungskompetenzen/76518?view=DEFAULT

Bundesministerium für Familie, Senioren, Frauen und Jugend (BMFSFJ) (2008). *Alleinerziehende: Lebens- und Arbeitssituation sowie Lebenspläne. Ergebnisse einer Repräsentativumfrage im Herbst 2008.* Verfügbar unter https://www.ifd-allensbach.de/uploads/tx_studies/7373_Alleinerziehende.pdf

Bundesministerium für Gesundheit (BMG) (2010). *Nationales Gesundheitsziel Gesund aufwachsen: Lebenskompetenz, Bewegung, Ernährung.* Verfügbar unter https://www.bundesgesundheitsministerium.de/fileadmin/Dateien/3_Downloads/G/Gesundheitsziele/Broschuere_Nationales_Gesundheitsziel_-_Gesund_aufwachsen_Lebenskompetenz__Bewegung__Ernaehrung.pdf

Bundesministerium für Gesundheit (BMG) (2015). *Prävention.* Verfügbar unter https://www.bundesgesundheitsministerium.de/service/begriffe-von-a-z/p/praevention.html

Bundesministerium für Gesundheit (BMG) (2017). *Förderschwerpunkt Prävention von Übergewicht bei Kindern und Jugendlichen.* Verfügbar unter https://www.bundesgesundheitsministerium.de/themen/praevention/kindergesundheit/praevention-von-kinderuebergewicht.html, Zugriff

Bundeszentrale für gesundheitliche Aufklärung (BZgA) (2007, 2010). *Gesundheitliche Chancen verbessern. Der Kooperationsverband »Gesundheitsförderung bei sozial Benachteiligten«.* Verfügbar unter http://www.gesundheitliche-chancengleichheit.de

Bundeszentrale für gesundheitliche Aufklärung (BZgA) (2011). *Kriterien guter Praxis in der Gesundheitsförderung bei sozial Benachteiligten* (5. erweiterte und überarbeitete Aufl.). Köln: BZgA. Verfügbar unter http://www.bzga.de.

Bundeszentrale für gesundheitliche Aufklärung (BZgA) (2013). *Expertise gesundheitsfördernde Elternkompetenzen für das frühe Kindesalter.* Köln: BZgA. Verfügbar unter: www.bzga.de

Bundeszentrale für gesundheitliche Aufklärung (BZgA) (2017). *»Rauchen bei Jugendlichen und jungen Erwachsenen in Deutschland«. Ergebnisse zum Rauchverhalten aus dem Alkoholsurvey 2016.* Verfügbar unter https://www.bzga.de/fileadmin/user_upload/PDF/pressemitteilungen/daten_und_fakten/infoblatt_rauchen_alkoholsurvey_2016-cc747e298f3a09b7e7a77c02d132a34e.pdf

Bundeszentrale für gesundheitliche Aufklärung (BZgA) (2017). *Kriterien für gute Praxis der soziallagenbezogenen Gesundheitsförderung des Kooperationsverbundes Gesundheitliche Chancengleichheit* (2. Auflage). Verfügbar unter www.gesundheitliche-chancengleichheit.de

Bundeszentrale für gesundheitliche Aufklärung (BZgA) (2017). *Kindergesundheit-Info.* Verfügbar unter https://www.kindergesundheit-info.de/themen/

Cabiwazi (2018). *»ChAotisch BUnter WAnderZIrkus«* Verfügbar unter http://www.cabuwazi.de/

Camehl, G.F., Stahl, J.F., Schober, P.S. & Spieß, C.K. (2015). Höhere Qualität und geringere Kosten von Kindertageseinrichtungen – zufriedenere Eltern? Deutsches Institut für Wirtschaftsforschung. *DIW-Wochenbericht, 82 (46)*, 1105–1113.

Camerona, C.F., Brock, L.L., Murraha, W.M., Bell, L.H., Worzallac, S.L., Grissmera, D. & Morrisonc, F.J. (2012). Fine motor skills and executive function both contribute to kindergarten achievement. *Child Development, 83(4)*, 1229-1244. doi:10.1111/j.1467-8624.2012.01768.x.

Carsona, V., Hunter, S., Kuzika, N., Wiebe, S.A., Spence, J.C., Friedman, A., Tremblay, M.S., Slater, L. & Hinkleyg, T. (2016). Systematic review of physical activity and cog-

nitive development in early childhood. *Journal of Science and Medicine in Sport, 19*, 573–578.
Caspersen, C.J., Powell, K.E. & Christensen, G.M. (1985). Physical activity, exercise and physical fitness: definitions and distinctions for health-related research. *Public Health Rep 100*,126–131.
Chan, M. (2016). *The relevance and importance of promoting health in national SDG responses, Keynote address at the 9th Global conference on health promotion in Shangai, WHO*. Verfügbar unter http://www.who.int/dg/speeches/2016/shanghai-health-promotion/en/
Chang, Y.K., Tsai, Y.J., Chen, T.T. & Hung, T.M. (2013). The impacts of coordinative exercise on executive function in kindergarten children: an ERP study. *Experimental Brain Research, 225*, 187–196.
Chen, X., Rubin, K. H., Li, B.-S. & Li, D. (1999). Adolescent outcomes of social functioning in Chinese children. *International Journal of Behavioral Development, 23*, 199–223.
Cohen, O. & Savaya, R. (2003). Sense of coherence and adjustment to divorce among Muslim Arab citizens of Israel. *European Journal of Personality 17 (4)*, 309–326.
Cologon, J., Schweitzer, R.D., King, R. & Nolte, T. (2017). Therapist Reflective Functioning, Therapist Attachment Style and Therapist Effectiveness. *Administration and Policy in Mental Health, 44 (5)*, 614–625
Csíkszentmihályi, M (2000). *Das Flow-Erlebnis. Jenseits von Angst und Langeweile im Tun aufgehen* (8. Auflage). (Originaltitel: Beyond Boredom and Anxiety. The Experience of Play in Work and Games. 1975). Stuttgart: Klett-Cotta.
Crick, N. R. & Dodge, K. A. (1994). A review and reformulation of social information-processing mechanisms in children's social adjustment. Psychological Bulletin, 115, 74–101.
Czermak-Loges, D. & Singer, (2009). *TigerKids – Kindergarten aktiv in Bayern. Ein Projekt für mehr Bewegung und gesunde Ernährung in Kindertageseinrichtungen. Ergebnisse einer Befragung in 50 bayerischen Kindertageseinrichtungen*. München: LZG.
Czolbe, A. B. (1994). *Rückenschule in Kindergarten und Schule*. Hamburg: Verlag Dr. Kovač.
Dahlgren, G. & Whitehead, M. (1991). *Policies and strategies to promote social equity in health*. Stockholm: Institute for Future Studies.
Darwin, C. R. (1872/1965). *The Expression of the emotions in man and animals*. London: Albemarle.
Davis, E.E., Pitchford, N.J., Jaspan, T. et al. (2010). Development of cognitive and motor function following cerebellar tumour injury sustained in early childhood. *Cortex, 46 (7)*, 919–932.
De Bock, F. & Fischer, J.E. (2011). *Gesundheitsförderung im Kindergarten*. Schriftenreihe der Baden-Württemberg Stiftung, Soziale Verantwortung: Nr. 59. Stuttgart: Baden-Württemberg Stiftung. Verfügbar unter https://www.bwstiftung.de/uploads/tx_news/Gesundheitsfoerderung_Kindergarten.pdf
Deming, W. E. (1982). *Out of the Crisis*. Cambridge: Massachusetts Institute of Technology.
Deutsche Gesellschaft für Ernährung (DGE, 2017). *Vollwertig essen und trinken nach den 10 Regeln der DGE – Infoblatt*. Verfügbar unter https://www.dge-medienservice.de/allgemeine-ernaehrungsempfehlungen/10-regeln-der-dge-infoblatt.html
Deutsche Gesellschaft für Ernährung (DGE, 2018). *Vollwertig essen und trinken nach den 10 Regeln der DGE*. Verfügbar unter https://www.dge.de/ernaehrungspraxis/vollwertige-ernaehrung/10-regeln-der-dge/
Deutsche Gesellschaft für Ernährung (DGE, o. J.). FIT KID – Die Gesund-Essen-Aktion für Kitas. Verfügbar unter http://www.fitkid-aktion.de/startseite.html
Deutsche Gesellschaft für Ernährung (DGE), Österreichische Gesellschaft für Ernährung, Schweizerische Gesellschaft für Ernährungsforschung, Schweizerische Vereinigung für Ernährung (2016). *Referenzwerte für die Nährstoffzufuhr*. Bonn: DGE-Medienservice.

Deutscher LandFrauenverband (dlv, 2013). *GartenKinder: Lernen, was gesund ist.* Verfügbar unter https //www.landfrauen.info/themen/kompetent-im-alltag/artikel/projektgartenkinderlernen-was-gesund-ist/?cHash=8dc929fee50465c65078220d4ca381cd&L=0

Dishman, R.K., Dunn, A.L., Sallis, J.F., Vandenberg, R.J. & Pratt, C.A. (2009). Social-cognitive correlates of physical activity in a muti-ethnic cohort of middle-school girls: two-year prospective study. *Journal of Pediatric Psychology, 34 (4),* 441–451.

Doll, I., Sauerhering, M., Kruse-Heine, M. & Lotze, M. (2014). *Im Alltag Hürden nehmen Selbstkompetenzerleben von elementarpädagogischen Fachkräften.* Hannover: Forschungsstelle Begabungsförderung des Niedersächsischen Instituts für frühkindliche Bildung und Entwicklung (nifbe). Verfügbar unter: https://www.nifbe.de/images/nifbe/Infoservice/Downloads/Online-Texte/selbstkompetenzen.pdf

Donnelly, J.E., Hillman, C.H., Castelli, D., Etnier, J.L., Lee, S., Tomporowski, P., Lambourne, K. & Szabo-Reed, A.N. (2016). Physical Activity, Fitness, Cognitive Function, and Academic Achievement in Children: A Systematic Review. *Medical Science Sports Exercise, 48 (6),* 1197–1222.

Doran, G. T. (1981). There's a S.M.A.R.T. way to write management's goals and objectives. *Management Review, 70 (11),* 35–36.

Ekman, P. (1988). *Gesichtsausdruck und Gefühl. 20 Jahre Forschung.* Paderborn: Jungferman.

Enzmann. H. & Broich, K. (2013). Therapie der Folgeerkrankungen kindlicher Adipositas. *Bundesgesundheitsblatt, 56,* 485–486.

Erikson, E. H. (1968). *Identity, Youth and Crisis.* New York: Norton. Deutsche Übersetzung von Marianne von Eckardt-Jaffé (2003). Jugend und Krise. Stuttgart: Klett-Cotta.

Eriksson, M. & Lindström, B. (2006). Antonovsky's sense of coherence scale and the relation with health: A systematic review. *Journal of Epidemiology & Community Health, 60 (5),* 376–381.

Eriksson, M. & Lindström, B. (2007). Antonovsky's sense of coherence scale and its relation with quality of life: A systematic review. *Journal of Epidemiology & Community Health, 61 (11),* 938–944.

Esser, G. & Schmidt, M.H. (2017). Die Mannheimer Risikokinderstudie. Idee, Ziele und Design. *Kindheit und Entwicklung, 26 (4),* 198–202.

Etnier, J.L., Salazar, W., Landers, D.M., Petruzzello, S.J., Han, M. & Nowell, P. (1997). The influence of physical fitness and exercise upon cognitive functioning: A meta-analysis. *Journal of Sport & Exercise Psychology, 19,* 249–277.

Eugster, G. (2007). *Kinderernährung gesund und richtig. Essen am Familientisch genießen.* München: Urban & Fischer Verlag.

Europäische Kommission (2007). *WEISSBUCH. Ernährung, Übergewicht, Adipositas: Eine Strategie für Europa.* Verfügbar unter http://eur-lex.europa.eu/legal-content/DE/TXT/PDF/?uri=CELEX:52007DC0279&from=DE

Europäische Kommission (2014). *Mitteilung der Kommission an das Europäische Parlament, den Rat, den Europäischen Wirtschafts- und Sozialausschuss und den Ausschuss der Regionen über einen strategischen Rahmen der EU für Gesundheit und Sicherheit am Arbeitsplatz 2014-2020.* COM(2014) 332 final. Verfügbar unter: https://ec.europa.eu/social/main.jsp?catId=151&langId=de

Europäische Union (2007). *Luxembourg Declaration on Workplace Health Promotion.* Verfügbar unter http://www.enwhp.org/fileadmin/downloads/free/Luxembourg_Declaration_June2005_final.pdf

Everke, J. (2009). *Die CoMiK-Studie. Cognition and Motor activity in Kindergarten Entwicklung und Evaluation eines Bewegungsförderungsprogramms zur Verbesserung motorischer und kognitiver Fähigkeiten bei Kindergartenkindern.* Unver. Dissertation Universität Konstanz. Verfügbar unter: http://kops.uni-konstanz.de/handle/123456789/5388

Faltermaier, T. (2016). *Gesundheitspsychologie.* Stuttgart: Kohlhammer.

Faltermaier, T. & Kühnlein, I. (2000). Subjektive Gesundheitskonzepte im Kontext: Dynamische Konstruktionen von Gesundheit in einer qualitativen Untersuchung von Berufstätigen. *Zeitschrift für Gesundheitspsychologie, 8,* 137–154.

Faltermaier, T., Kühnlein, I., Burda-Viering, M. (1998). *Gesundheit im Alltag. Laienkompetenz in Gesundheitshandeln und Gesundheitsförderung.* Weinheim: Juventa.
Finger, J.D., Tylleskar, T., Lampert, T. et al. (2013). Dietary behavior and socioeconomic position: the role of physical activity patterns. *PloS One 8 (11)*, e78390
Finger, J.D., Varnaccia, G., Borrmann, A., Lange, C. & Mensink, G.B.M. (2018). Körperliche Aktivität von Kindern und Jugendlichen in Deutschland – Querschnittergebnisse aus KiGGS Welle 2 und Trends. *Journal of Health Monitoring, 3 (1)*, 24–31. DOI 10.17886/RKI-GBE-2018-006.2
Fisher, A., Boyle, J.M.E., Paton, J.Y., Tomporowski, P., Watson, C., McColl, J.H. & Reilly, J.J. (2011). Effects of physical education intervention on cognition function in young children: a randomized controlled pilot study. *BMC Pediatrics, 11*, 97. Verfügbar unter http://www.biomedcentral.com/1471-2431/11/97
Flehmig, I., Schloon, M., Uhde, J. & von Bernuth, H. (1973). *Denver-Entwicklungsskalen.* Hamburg: Zentrum für Kindesentwicklung.
Flensborg-Madsen, T., Ventegodt, S. & Merrick, J. (2005). Why is Antonovsky's sense of coherence not correlated to physical health? Analysing Antonovsky's 29-item sense of coherence scale (SOC 29). *TheScientificWorldJournal, 5*, 767–776.
Forschungsinstitut für Kinderernährung (2005). *Empfehlungen für die Ernährung von Kindern und Jugendlichen.* Dortmund: FKE.
Forsa (2014). *Ansprüche ans Elternsein. Eine repräsentative forsa-Studie im Auftrag von ELTERN.* Verfügbar unter https://s1.eltern.de/public/mediabrowserplus_root_folder/PDFs/studie2015.pdf
Franke, A. (2012). *Modelle von Gesundheit und Krankheit.* Bern: Hans Huber.
Franz, M. (2014). *wir2 Bindungstraining für Alleinerziehende.* Göttingen: Vandenhoeck & Ruprecht.
Franz, M., Weihrauch, L., Buddenberg, T., Güttgemanns, J. Haubold, S. & Schäfer, R. (2010). Effekte eines bindungstheoretisch fundierten Gruppenprogramms für alleinerziehende Mütter und ihre Kinder: PALME. *Kindheit und Entwicklung, 19 (2)*, 90–101.
Franz, M., Weihrauch, L. & Schäfer, R. (2015). PALME – Ankunft in der Wirklichkeit. *Gesundheitswesen, 77 (Suppl. 1)*, 131–132.
Franzke, A. & Schultz, A. (2016). *Früh übt sich ... Bedingungen und Formen der Inanspruchnahme präventiver Angebote von Familien mit dreijährigen Kindern.* Schriftenreihe Materialien zur Prävention, Band 5. Gütersloh: Bertelsmann-Stiftung. Verfügbar unter: https://www.bertelsmann-stiftung.de/fileadmin/files/BSt/Publikationen/GrauePublikationen/Werkstattbericht_Bd._5_Orange_R_KeKiz_Frueh_uebt_sich.pdf
Franzkowiak, P., Homfeldt, H. G. & Mühlum, A. (2011). *Lehrbuch Gesundheit.* Weinheim: Juventa.
Freud, S. (1920). *Jenseits des Lustprinzips.* Leipzig, Wien und Zürich: Internationaler Psychoanalytischer Verlag. Verfügbar unter: http://gutenberg.spiegel.de/buch/jenseits-des-lustprinzips-8092/1
Frey, A. & Mengelkamp, C. (2007). Auswirkungen von Sport und Bewegung auf die Entwicklung von Kindergartenkindern. *Bildungsforschung, 4 (1)*, 19.
Fröhlich-Gildhoff, K. (2006). *Gewalt begegnen.* Stuttgart: Kohlhammer.
Fröhlich-Gildhoff, K., Dörner, T. & Rönnau-Böse, M. (2012). *Prävention und Resilienzförderung in Kindertageseinrichtungen – PRiK. Ein Förderprogramm.* München: Ernst Reinhardt-Verlag.
Fröhlich-Gildhoff, K. & Rönnau-Böse, M. (2013). Förderung der Lebenskompetenz und Resilienz in Kindertageseinrichtung und Grundschule. *Frühe Bildung, 2 (4)*, 172–184.
Fröhlich-Gildhoff, K. & Rönnau-Böse, M. (2015). Förderung der seelischen Gesundheit in Kitas in Quartieren mit besonderen Problemlagen. *Gesundheitswesen, 7 (Suppl. 1)*, 62–63.
GBD 2015 Obesity Collaborators (2017). Health effects of overweight and obesity in 195 countries over 25 years. *New England Journal of Medicine, 377*, 13–27.
Geene, R., Kliche, T. & Borkowski, S. (2016). *Gesund aufwachsen: Lebenskompetenz, Bewegung, Ernährung im Setting Kita. Erfolgsabschätzung und Ableitung eines Eva-*

luationskonzepts. *Eine Expertise im Auftrag des Kooperationsverbundes gesundheitsziele.de*. Verfügbar unter http://www.gesundheitsziele.de

Geene, R. & Reese, M. (2016). *Handbuch Präventionsgesetz*. Frankfurt am Main: Mabuse Verlag.

Gerlinger, T. (2016). Präventionsgesetz. In: Bundeszentrale für gesundheitliche Aufklärung (BZgA) (Hrsg), *Leitbegriffe der Gesundheitsförderung und Prävention. Glossar zu Konzepten, Strategien und Methoden* (S. 798–808). Köln: BZgA. doi10.17623/BZGA:224-E-Book-2018

Gibson, E.L., Kreichauf, S., Wildgruber, A., Vögele, C., Summerbell, C.D., Nixon, C., Moore, H., Douthwaite, W. & Manios, Y. (2012). A narrative review of psychological and educational strategies applied to young children's eating behaviours aimed at reducing obesity risk. *Obesity Reviews, 13 (Suppl 1)*, 85–95.

Gies, M., Bomba, F. (2013). Schatzsuche« – das Hamburger Projekt zur Förderung des seelischen Wohlbefindens von Kindern in Kindertagesstätten. Verhaltenstherapie & psychosoziale Praxis, 1, Förderung der seelischen Gesundheit in Kindertageseinrichtungen und Schulen.

Gilbert-Ouimet, M., Trudel, X., Brisson, C., Milot, A. & Vézina, M. (2014). Adverse effects of psychosocial work factors on blood pressure: systematic review of studies on demand-control-support and effort-reward imbalance models. *Scandinavian Journal of Work and Environmental Health 40 (2)*, 109–132.

Giskes, K., Avendano, M., Brug, J. et al. (2010). A systematic review of studies on socioeconomic inequalities in dietary intakes associated with weight gain and overweight/obesity conducted among European adults. *Obesity Reviews, 11 (6)*, 413–429.

Glaesmer. H., Wittig, U., Brähler, E., Martin, A., Mewes, R. & Rief, W. (2009). Sind Migranten häufiger von psychischen Störungen betroffen? *Psychiatrische Praxis, 36 (1)*, 16–22.

Gosselin, D., Gagnon, S., Stinchcombe, A. & Joanisse, M. (2010). Comparative optimism among drivers: An intergenerational portrait. *Accident Analysis & Prevention, 42 (2)*, 734–740.

Goodman, R. (1997). The Strengths and Difficulties Questionnaire: a research note. *Journal of Child Psychological Psychiatry, 38 (5)*, 581–586.

Gosch, A. (2018). Sicher gebunden und empathisch? Studie zur Empathie Studierender in Abhängigkeit von ihrem Bindungsstatus. In J. Hartig & H. Horz (Hrsg.), *Psychologie gestaltet. 51. Kongress der Deutschen Gesellschaft für Psychologie*. Lengerich: Pabst.

Gosch, A. & Pankau, R. (2012). *Einflussfaktoren für die familiäre Gesundheitsförderung bei Kindern*. Abstractband des 48. Kongresses der Deutschen Gesellschaft für Psychologie. Bielefeld.

Graf, C. & Dordel, S. (2010). Bewegungsförderung im Kindergarten am Beispiel von »Ball und Birne«. *Praxis der Psychomotorik, 35 (11)*, 215–219.

Graf, C., Cuptova, O., Klein, D. & Manz, K. (2011). *Evaluationsbericht »Anerkannter Bewegungskindergarten mit dem Pluspunkt Ernährung« (2007–2010). Deutsche Sporthochschule Köln, Institut für Bewegungs- und Neurowissenschaft*. Verfügbar unter: http://www.bewegungskindergarten-nrw.de/wp-content/uploads/2017/01/Evaluationsbericht_ABmPE_2007_2010.pdf, Zugriff am 28.8.2018.

Grawe, K. (2002). *Psychologische Therapie*. Göttingen: Hogrefe.

Grawe, K. (2004). *Neuropsychotherapie*. Göttingen: Hogrefe.

Graziano, P.A. (2015). How well do preschoolers identify healthy foods? Development and preliminary validation of the Dietary Interview Assessing Nutritional Awareness (DIANA). *Appetite, 92*, 110–117.

Greiner, W., Batram, M., Damm, O., Scholz, S. & Witte, J. (2018). *Kinder- und Jugendreport 2018. Gesundheitsversorgung von Kindern und Jugendlichen in Deutschland Schwerpunkt: Familiengesundheit. Beiträge zur Gesundheitsökonomie und Versorgungsforschung (Band 23)*. Verfügbar unter https://www.dak.de/dak/download/kinder-und-jugendreport-2004290.pdf

Grimm, H. & Doll, H. (2006). *ELFRA Elternfragebögen für die Früherkennung von Risikokindern*. Göttingen: Hogrefe.

Grossmann K, Grossmann K.E. (2004) Bindungen – das Gefüge psychischer Sicherheit. Klett-Cotta, Stuttgart.

Grossmann, K.E. & Grossmann, K. (2013). Sichere Bindungen – Grundlage einer psychisch gesunden Entwicklung zu verbindlicher Selbstbestimmung. In: J. Liechti & M. Liechti-Darbellay (Hrsg). *Null Bock auf Therapie. Die Bedeutung familiärer Ressourcen in der Therapie mit Jugendlichen.* Heidelberg: Karl-Auer Verlag.

Gün, A.K. (2011). Berücksichtigung von Familienstrukturen bei der präventiven und therapeutischen Arbeit am Beispiel türkisch-islamischer Familien. In Tagungsband zur Tagung: Förderung der gesunden psychischen Entwicklung von Kindern und Jugendlichen mit Migrationshintergrund (S. 4–21). Köln: BZgA.

Gust, N., von Fintel, R. & Petermann, F. (2017). Emotionsregulationsstrategien im Vorschulalter. *Kindheit und Entwicklung, 26,* 157–165. https://doi.org/10.1026/0942-5403/a000227.

Hallmann, J. (2015). Lebenskompetenzen und Kompetenzförderung. In: Bundeszentrale für gesundheitliche Aufklärung (BZgA) (Hrsg), *Leitbegriffe der Gesundheitsförderung und Prävention. Glossar zu Konzepten, Strategien und Methoden* (S. 617–623). Köln: BZgA. doi10.17623/BZGA:224-E-Book-2018

Hamburgische Arbeitsgemeinschaft für Gesundheitsförderung e.V. (HAG). *Eltern-Programm Schatzsuche.* Verfügbar unter http://www.schatzsuche-kita.de/

Hamer, M., Aggio, D., Knock, G., Kipps, C., Shankar, A. & Smith, L. (2017). Effect of major school playground reconstruction on physical activity and sedentary behaviour: Camden active spaces. *BMC Public Health, 17,* 552–560.

Hanisch, C., Plueck, J., Meyer, N., Brix, G., Freund-Braier, I., Hautmann, C., et al. (2006). Kurzzeiteffekte des indizierten Praeventionsprogramms für Expansives Problemverhalten (PEP) auf das elterliche Erziehungsverhalten und auf das kindliche Problemverhalten. *Zeitschrift für Klinische Psychologie und Psychotherapie, 35,* 117–126.

Hanisch, C., Freund-Braier, I., Hautmann, C., Jänen, N., Plück, J., Brix, G. & Döpfner, M. (2010). Detecting Effects of the Indicated Prevention Programme for Externalizing Problem Behaviour (PEP) on Child Symptoms, Parenting, and Parental Quality of Life in a Randomized Controlled Trial. *Behavioural and Cognitive Psychotherapy, 38 (1),* 95–112. doi:10.1017/S1352465809990440

Hapke, U., Maske, U.E., Scheidt-Nave, C., Bode, L., Schlack, R. & Busch, M.A. (2013). Chronischer Stress bei Erwachsenen in Deutschland. Ergebnisse der Studie zur Gesundheit Erwachsener in Deutschland (DEGS1). *Bundesgesundheitsblatt, 56,* 749–754.

Hauke, M., Becker, S., Brüggemann-Prieshoff, H. (2017). Haus der kleinen Forscher. Kinder forschen zu Prävention. *DGUV Forum, 1 (2),* 36–37.

Herbert, B. & Koletzko, B. (2011). Gesund aufwachsen mit dem Tiger. *Kindergarten Praxis, 2,* 5–6.

Hildebrandt, Ä., Medjedović, I. & Seibicke, N. (2014). *Prima-Kita. Methoden und Instrumente für einen präventiven und beteiligungsorientieren Arbeits- und Gesundheitsschutz.* Verfügbar unter: www.prima-kita

Hilbig, A., Drossard, C., Kersting, M. & Alexy, U. (2015). Nutrient adequacy and associated factors in a nationwide sample of toddlers. *Journal of Pediatric Gastroenterology and Nutrition, 61 (1),* 130–7. doi: 10.1097/MPG.0000000000000733

Hinz, A., Hübscher, A., Brähler, E. & Berth, H. (2010). Ist Gesundheit das höchste Gut? – Ergebnisse einer bevölkerungsrepräsentativen Umfrage zur subjektiven Bedeutung von Gesundheit. *Gesundheitswesen, 72,* 897–903.

Hohm, E., Laucht, M., Zohsel, K., Schmidt, M.H., Esser, G., Brandeis, D. & Banaschewski, T. (2017). Resilienz und Ressourcen im Verlauf der Entwicklung. Von der frühen Kindheit bis zum Erwachsenenalter. *Kindheit und Entwicklung, 26 (4),* 230–239.

Hölling, H., Erhart, M., Ravens-Sieberer, U. & Schlack, R. (2007). Verhaltensauffälligkeiten bei Kindern und Jugendlichen. Erste Ergebnisse aus dem Kinder- und Jugendsurvey (KiGGS). *Bundesgesundheitsblatt – Gesundheitsforschung – Gesundheitsschutz, 50,* 784–793.

Hölling, H. (2013). Einführung. Die Epidemiologin Heike Hölling über die Bedeutung der KiGGS-Studie. In Robert Koch-Institut (Hrsg.). *KIGGS. Die Gesundheit von Kindern und Jugendlichen in Deutschland* (S. 4–6). Berlin: RKI.

Hölling, H., Schlack, R., Petermann, F., Ravens-Sieberer, U., Mauz, E. & KiGGS Study Group (2014). Psychische Auffälligkeiten und psychosoziale Beeinträchtigungen bei Kindern und Jugendlichen im Alter von 3 bis 17 Jahren in Deutschland – Prävalenz und zeitliche Trends zu 2 Erhebungszeitpunkten (2003–2006 und 2009–2012). Ergebnisse der KiGGS-Studie – Erste Folgebefragung (KiGGS Welle 1). *Bundesgesundheitsblatt, 57,* 807–819.

Hoghughi, M. (1998). The importance of parenting in child health. *British Medical Journal 316 (7144),* 1545–1550.

Hoghughi, M. (2004). Parenting – An Introduction. In M. Hoghughi & N. Long (Hrsg.), *Handbook of Parenting. Theory and research practice* (p.1–18). London: Sage Publications, Inc.

Holodynski, M. (2014). Die Erforschung menschlicher Emotionen. In L. Ahnert (Hrsg.), *Theorien in der Entwicklungspsychologie* (S. 436–485). Berlin: Springer.

Hurrelmann, K. & Bründel, H. (2003). *Einführung in die Kindheitsforschung.* Weinheim: Beltz.

Hurrelmann, K. & Richter, M. (2013). *Gesundheits- und Medizinsoziologie.* Weinheim: Beltz.

Hurrelmann, K., McDonald's Deutschland Inc. (2015). *McDonald's Ausbildungsstudie 2015.* Verfügbar unter: https://karriere.mcdonalds.de/docroot/jobboerse-mcd-career-blossom/assets/documents/McD_Ausbildungsstudie_2015.pdf

Initiative Neue Qualität der Arbeit (INQA) (2016). *«Innovationschance Arbeit. Gemeinsam erfolgreich im digitalen Zeitalter.» Selbstverständnis der Initiative Neue Qualität der Arbeit.* Verfügbar unter https://www.inqa.de/SharedDocs/PDFs/DE/Presse/inqa-selbstverstaendnis.pdf?__blob=publicationFile&v=1

IN FORM (o. J.). *Deutschlands Initiative für gesunde Ernährung und mehr Bewegung.* Verfügbar unter https://www.in-form.de/

IN FORM (o. J.). *Handlungsfelder.* Verfügbar unter https://www.in-form.de/in-form/handlungsfelder/

Institut für Demoskopie Allensbach (2015). *Was Eltern wollen. Informations- und Unterstützungswünsche zu Bildung und Erziehung. Eine Befragung des Instituts für Demoskopie Allensbach im Auftrag der Vodafone Stiftung Deutschland.* Verfügbar unter https://www.vodafone-stiftung.de/uploads/tx_newsjson/Vodafone_Stiftung_Was_Eltern_wollen_2015_03.pdf

Jerusalem, M. & Meixner, S. (2009). Lebenskompetenzen. In: A. Lohaus & H. Domsch (Hrsg.). *Psychologische Förder- und Interventionsprogramme für das Kindes- und Jugendalter (S. 141–157).* Heidelberg: Springer.

Jungbauer, J. & Ehlen, S. (2013). *Berufsbezogene Stressbelastungen und Burnout-Risiko bei Erzieherinnen und Erziehern.* Aachen: KatHO NRW. Verfügbar unter http://bit.ly/1OP1nAv

Jungbauer J. & Ehlen, S. (2015). Stressbelastungen und Burnout-Risiko bei Erzieherinnen in Kindertagesstätten: Ergebnisse einer Fragebogenstudie. *Gesundheitswesen 77,* 418–423.

Jungmann, T., Koch, K. & Böhm, J. (2017). Verhaltensauffälligkeiten in Kindertagesstätten aus Eltern- und Fachkraftperspektive im KOMPASS-Projekt. *Frühe Bildung, 6 (1),* 25–32.

Kaba-Schönstein, L. & Trojan, (2018). Gesundheitsförderung 5 Deutschland. In: Bundeszentrale für gesundheitliche Aufklärung (BZgA) (Hrsg), *Leitbegriffe der Gesundheitsförderung und Prävention. Glossar zu Konzepten, Strategien und Methoden* (S. 308–343). Köln: BZgA. doi10.17623/BZGA:224-E-Book-2018.

Kabat-Zinn, J. (2009). *Gesund durch Meditation. Das große Buch der Selbstheilung. Das grundlegende Übungsprogramm zur Entspannung, Stressreduktion und Aktivierung des Immunsystems.* Frankfurt a. M.: Fischer.

Kalicki, B. (2010). Spielräume einer Erziehungspartnerschaft von Kindertageseinrichtung und Familie. *Zeitschrift für Pädagogik, 56 (2)*, 193–205.

Karger, C. (2015). *Wirksamkeit von bewegungsfördernden Maßnahmen bei Kindern im Alter von 3 bis 10 Jahren. Eine empirische Bestandsanalyse im Zeitraum von 2000 bis 2012*. Karlsruher Institut für Technologie (KIT). Unveröffentlichte Dissertation. Verfügbar unter: https://d-nb.info/1079594884/34

Kauschke, C. (2007). Sprache im Spannungsfeld von Erbe und Umwelt. *Die Spracheilarbeit, 52/1*, 4–16.

Kauschke, C. (2012). Sprechen über Inneres – die Versprachlichung von Emotionen im Kindesalter. *SAL-Bulletin, 145*, 1–12.

Keil, S. (2012). Stärkung familialer Beziehungs- und Erziehungskompetenzen durch Förderung von Erziehungspartnerschaften. In W. Stange, R. Krüger, A. Henschel & C. Schmitt (Hrsg.). *Erziehungs- und Bildungspartnerschaften. Grundlagen und Strukturen von Elternarbeit* (S. 114–121). Wiesbaden: Springer VS.

Keller, H. (2007). *Cultures of infancy*. Mahwah, NJ: Erlbaum.

Keller, H. & Kärtner, J. (2014). Die untrennbare Allianz von Entwicklung und Kultur. In L. Ahnert (Hrsg.). *Theorien in der Entwicklungspsychologie* (S. 502–521). Berlin Heidelberg: Springer-Verlag.

Kempf, H.-D. (2004). Rückenschule für Kinder am Beispiel eines Pilotprojektes im Kindergarten St. Michael. *Die Säule, 14*, 158–166. Verfügbar unter http://www.dierueckenschule.de/Hans-Dieter-Kempf/buch-und-zeitschriftenbeitrage/RSfKiSaeule.pdf

Kersting, M., Alexy, U., Kroke, A & Lentze, A.J. (2004). Kinderernährung in Deutschland. Ergebnisse der DONALD Studie. *Bundesgesundheitsblatt, 47*, 213–218.

Kersting, M. & Hilbig, A. (2012). Ernährung bei Kleinkindern: Empfehlungen und Ernährungspraxis. *Journal für Ernährungsmedizin 14 (2)*, 24–29.

Keltelhut, K., Mohasseb, I., Gericke, C.A., Scheffler, C., Ketelhut, R.G. (2005). Verbesserung der Motorik und des kardiovaskulären Risikos durch Sport im frühen Kindesalter. *Deutsches Ärzteblatt, 102 (16)*, A1128–1135.

Keupp, H. (2007). *Mut zum Aufrechten Gang. Was bieten Beteiligung und Empowerment für Psychiatrie und Selbsthilfe? Online-Texte der Evangelischen Akademie Bad Boll*. Verfügbar unter: http://www.ev-akademie-boll.de/fileadmin/res/otg/400707-Keupp

Kesztyüs, D., Lauer, R., Kesztyüs, T., Kilian, R., Steinacker, J.M., on behalf of the »Join the Healthy Boat« Study Group (2017). Costs and effects of a state-wide health promotion program in primary schools in Germany – The Baden-Wuerttemberg Study: A cluster-randomized, controlled trial. *PLoS ONE 12 (2)*, e0172332. doi:10.1371/journal.pone.0172332.

Khan, A., Thinschmidt, M. & Seibt, R. (2006). Betriebliche Gesundheitsförderung für Erzieherinnen. *Prävention und Gesundheitsförderung, 1*, 88–93.

Kirk, S. & Schröder, H. (2013). Projektauswertung: Erziehungs- und Bildungspartnerschaft –der ungehobene Schatz für Kindertageseinrichtungen, Schule und Eltern. In W. Stange, R. Krüger, A. Henschel & C. Schmitt (Hrsg.). *Erziehungs- und Bildungspartnerschaften. Grundlagen und Strukturen von Elternarbeit* (S. 169–175). Wiesbaden: Springer VS.

Kleinmann, M. & König, K. J. (2018). *Selbst- und Zeitmanagement*. Göttingen: Hogrefe.

Kleiser, C., Mensink, G., Neuhauser, H., Schenk, L. & Kurth, B.M. (2009). Food intake of young people with a migration background living in Germany. *Public Health Nutrition, 13 (3)*, 324–330.

Kliche, T., Gesell, S., Nyenhuis, N. & Bodansky, A. (2008). *Prävention und Gesundheitsförderung in Kindertagesstätten: Eine Studie zu Determinanten, Verbreitung und Methoden für Kinder und Mitarbeiterinnen*. Weinheim: Juventa.

Kliche, T., Knittel, A. & Baltes, S. (2015). *Wirkmechanismen gesundheitsbezogener Qualitätsentwicklung im Setting KiTa – das Audit Gesunde KiTa*. Magdeburg: Landesvereinigung für Gesundheit Sachsen-Anhalt e.V. Vefügbar unter: http://www.lv-gesundheit-sachsen-anhalt.de/o.red/uploads/dateien/1490787166-EF_Broschur_Wirkmechanismen.pdf

Kliche, T., Mayer, H. & Scheithauer, H. (2016). Prävention in Kitas: Ansätze, Nutzen und Programme am Beispiel von Papilio. In H.J. Kerner & E. Marks (Hrsg.), Internetdokumentation des Deutschen Präventionstages Hannover 2016. Verfügbar unter www.praeventionstag.de/dokumentation.cms/3379

Klinkhammer, J. (2013). *Evaluation des Präventionsprogrammes »Kindergarten plus« zur Förderung der sozialen und emotionalen Kompetenzen*. Unveröffentlichte Dissertation, Leuphana Universität Lüneburg. Verfügbar unter http://opus.uni-lueneburg.de/opus/volltexte/2013/14276/pdf/Dissertation_Klinkhammer_Gesamt.pdf

Klotter (2009). *Warum wir es nicht schaffen, gesund zu bleiben. Eine Streitschrift zur Gesundheitsförderung*. München: Ernst Reinhardt Verlag.

Kobel, S., Wartha, O., Wirt, T., Dreyhaupt, J., Lämmle, C., Friedemann, E., Kelso, A., Kutzner, C., Hermeling, L. & Steinacker, J.M. (2017). Design, implementation and study protocol of a kindergarten-based health promotion intervention. *BioMed Research International*, 4347675, 1–9. Verfügbar unter: http://dx.doi.org/10.1155/2017/4347675

Koch, M., Böcker-Giannini, N., Bremser, S., Graul-Mayr, P. & Kuhlenkamp, S. (2016). Motive zur Bewegung im Elementarbereich. In K. Fischer, G. Hölter, W. Beudels, C. Jasmund, A. Krus & S. Kuhlenkamp (Hrsg.), *Bewegung in der frühen Kindheit. Fachanalyse und Ergebnisse zur Aus- und Weiterbildung von Fach- und Lehrkräften* (S. 151–188). Wiesbaden: Springer.

Koch, P., Schablon, A., Latza, U. & Nienhaus, A. (2014). Musculoskeletal pain and effort-reward imbalance – a systematic review. *BMC Public Health, 14*, 37–47.

Köcher, R., Hurrelmann, K. & Sommer, M. (2015). *Die McDonald's Ausbildungsstudie. Entschlossen Unentschlossen. AZUBIS im Land der (zu vielen) Möglichkeiten. Eine Repräsentativbefragung junger Menschen im Altern von 15 bis unter 25 Jahren*. München: McDonald's Deutschland Inc. und Institut für Demoskopie Allensbach. Verfügbar unter https://www.ifd-allensbach.de/fileadmin/IfD/sonstige_pdfs/McDonald_s_Ausbildungsstudie_2015.pdf

Köckenberger, K. (2013). *Zirkus Macht Stark*. Berlin: Zirkus macht stark/Zirkus für alle e. V. Verfügbar unter: http://www.zirkus-macht-stark.de

Köhler, G. & Egelkraut (1984). Münchener Funktionelle Entwicklungsdiagnostik im 2. und 3. Lebensjahr. München: Verlag der Aktion Sonnenschein.

Kötter, C., Stemmler, M., Lösel, F., Bühler, A. & Jaursch, S. (2011). Mittelfristige Effekte des Präventionsprogramms EFFEKT-E für emotional belastete Mütter und ihre Kinder unter besonderer Berücksichtigung psychosozialer Risikofaktoren. *Zeitschrift für Gesundheitspsychologie, 19 (3)*, 122–133.

Koglin, U. & Petermann, F. (2006). Verhaltenstherapeutisches Förderprogramm im Kindergarten. *Verhaltenstherapie mit Kindern und Jugendlichen – Zeitschrift für die psychosoziale Praxis, 2 (1)*, 5–12.

Kooperationsverband gesundheitliche Chancengleichheit (2013). *Kindergesundheit – Gesundheit sozial benachteiligter Kinder und Jugendlicher Handreichung*. Stand 2013. Verfügbar unter https://www.gesundheitliche-chancengleichheit.de/gesundheitsfoerderung-bei-kindern-und-jugendlichen/hintergruende-daten-materialien/

Kooperationsverband Gesundheitliche Chancengleichheit (2017). *Kriterien für gute Praxis der soziallagenbezogenen Gesundheitsförderung* (2. Aufl.). Berlin: Kooperationsverbund Gesundheitliche Chancengleichheit Geschäftsstelle Gesundheit Berlin-Brandenburg e. V. Verfügbar unter https://www.bzga.de/infomaterialien/fachpublikationen/kriterien-fuer-gute-praxis-der-soziallagenbezogenen-gesundheitsfoerderung/

Kooperationsverband gesundheitliche Chancengleichheit (o. J.). *Praxisdatenbank Gesundheitliche Chancengleichheit*. Verfügbar unter https://www.gesundheitliche-chancengleichheit.de/praxisdatenbank/

Kooperationsverband Gesundheitsziele.de (o. J.). *Gemeinsame Ziele für mehr Gesundheit*. Verfügbar unter http://www.gesundheitsziele.de

Krack-Roberg, E., Rübenach, S., Sommer, B. & Weinmann, J. (2016). Lebensformen in der Bevölkerung, Kinder und Kindertagesbetreuung (S. 43–59). In Destatis (Hrsg.). *Familie, Lebensformen und Kinder. Auszug aus dem Datenreport 2016*. Verfügbar unter https://www.destatis.de/DE/Publikationen/Datenreport/Downloads/Datenreport2016-Kap2.pdf?__blob=publicationFile

Krause, C. M., & Saarnio, D. A. (1993). Deciding what is safe to eat: Young children's understanding of appearance, reality, and edibleness. *Journal of Applied Developmental Psychology, 14*, 231–244.

Krombholz, H. (2015). Untersuchung der Entwicklung und Förderung von Kindern mit unterschiedlichem motorischem Leistungsstand im Vorschulalter. *Zeitschrift für Sportpsychologie, 22 (2)*, 63–76.

Kromeyer-Hauschild, K., Wabitsch, M., Kunze, D. et al (2001). Perzentile für den Body-Mass-Index für das Kindes- und Jugendalter unter Heranziehung verschiedener deutscher Stichproben. *Monatsschrift Kinderheilkunde, 149*, 807–818.

Krug, S., Finger, J.D., Lange, C., Richter, A. & Mensink, G.M.B. (2018). Sport- und Ernährungsverhalten bei Kindern und Jugendlichen in Deutschland – Querschnittergebnisse aus KiGGS Welle 2 und Trends. *Journal of Health Monitoring, 3 (2)*, 3–22. DOI 10.17886/RKI-GBE-2018-065

Kühne, A., Fiebig, L., Jansen, K., Koschollek, C. & Santos-Hövener, C. (2015). Migrationshintergrund in der infektionsepidemiologischen Surveillance in Deutschland. *Bundesgesundheitsblatt, 58*, 560–568.

Kuntz, B, Mauz, E. & Lampert, T. (2018). Die KiGGS-Studie des Robert Koch-Instituts: Studiendesign, Erhebungsinhalte und Ergebnisse zur gesundheitlichen Ungleichheit im Kindes- und Jugendalter (s. 131–146). In A. Storm (Hrsg.). *Kinder- und Jugendreport 2018*. Verfügbar unter https://www.dak.de/dak/download/kinder-und-jugendreport-2004290.pdf

Kurth, B.M. (2007). Der Kinder- und Jugendgesundheitssurvey (KiGGS): Ein Überblick über Planung, Durchführung und Ergebnisse unter Berücksichtigung von Aspekten eines Qualitätsmanagements. *Bundesgesundheitsblatt, 50*, 533–546.

Kurth, B.M. (2018). Editorial: Neues von und über KiGGS. *Journal of Health Monitoring, 1*, 3–7.

Kurth, B.M. & Schaffrath-Rosario, A. (2007). Die Verbreitung von Übergewicht und Adipositas bei Kindern und Jugendlichen in Deutschland. Erste Ergebnisse des bundesweiten Kinder-und Jugendgesundheitssurveys (KiGGS). *Bundesgesundheitsblatt, 50*, 736–743.

Kurth, B.M. & Schaffrath-Rosario, A. (2010). Übergewicht und Adipositas bei Kindern und Jugendlichen in Deutschland. *Bundesgesundheitsblatt, 53*, 643–652.

Laezer, K.L., Leuzinger-Bohleber, M., Rüger, B. & Fischmann, T. (2013). Evaluation of two prevention programs ‹Early Steps› and ‹Faustlos› in daycare centers with children at risk: the study protocol of a cluster randomized controlled trial. *Trials, 14*, 268–277. Verfügbar unter http://www.trialsjournal.com/content/14/1/268

Lampert, T. (2016). Soziale Ungleichheit und Gesundheit. In M. Richter & K. Hurrelmann, K. (Hrsg.), *Soziologie von Gesundheit und Krankheit* (S. 121–134). Wiesbaden: Springer VS.

Lampert, T., Kroll, L.E. & Dunkelberg, A. (2007). Soziale Ungleichheit der Lebenserwartung in Deutschland. *APuZ, 42*, 11–18.

Lampert, T., Kroll, L.E., Müters, S. & Stolzenberg, H. (2013). Messung des sozioökonomischen Status in der Studie zur Gesundheit Erwachsener in Deutschland (DEGS1). *Bundesgesundheitsblatt, 56*, 631–636.

Lampert, T., Kuntz, B., Hoebel, J., Müters, S. & Kroll, L.R. (2016). Soziale Ungleichheit und Gesundheit. In Statistisches Bundesamt (Destatis) & Wissenschaftszentrum Berlin für Sozialforschung (WZB) (Hrsg.), *Datenreport 2016. Ein Sozialbericht für die Bundesrepublik Deutschland* (S. 302-315). Verfügbar unter https://www.destatis.de/DE/Publikationen/Datenreport/Downloads/Datenreport2016.pdf?__blob=publicationFile

Lampert, T., Kuntz, B., Hoebel, J., Müters, S. & Kroll, L.R. (2016). Soziale Ungleichheit und Gesundheit. In Statistisches Bundesamt (Destatis), Wissenschaftszentrum Berlin für Sozialforschung (WZB) (Hrsg.), *Datenreport 2016. Ein Sozialbericht für die Bundesrepublik Deutschland* (S. 302-315). Verfügbar unter https://www.destatis.de/DE/Publikationen/Datenreport/Downloads/Datenreport2016.pdf?__blob=publicationFile

Landesvereinigung für Gesundheit Sachsen-Anhalt e. V. (o. J.). *Audit Gesunde KiTa*. Verfügbar unter http://www.lvg-lsa.de/o.red.c/arbeitsfelder-kita2.php
Lange, M., Kamtsiuris, P., Lange, C., Schaffrath Rosario, A., Stolzenberg, H., & Lampert, T. (2007). Messung soziodemographischer Merkmale im Kinder- und Jugendgesundheitssurvey (KiGGS) und ihre Bedeutung am Beispiel der Einschätzung des allgemeinen Gesundheitszustands. *Bundesgesundheitsblatt, 50*, 578–589.
Larun, L., Nordheim, L.V., Ekeland, E., Hagen, K.B. & Heian, F. (2006). Exercise in prevention and treatment of anxiety and depression among children and young people. *Cochrane Database Syst Rev. 19 (3)*, CD004691.
Laucht, M., Esser, G. & Schmidt, M.H. (1998). Risiko- und Schutzfaktoren der kindlichen Entwicklung – Empirische Befunde. *Zeitschrift für Kinder- und Jugendpsychiatrie und Psychotherapie, 26*, 6–20.
Lazarus, R.S. (1966). *Psychological stress and the coping process*. New York: McGraw-Hill.
Lazarus, R.S. & Folkman, S. (1984). *Stress, appraisal and coping*. New York: Springer.
Lees, C. & Hopkins, J. (2013). Effect of Aerobic Exercise on Cognition, Academic Achievement, and Psychosocial Function in Children: A Systematic Review of Randomiced Control Trials. *Prevention of Chronic Disease, 10*, 1–8.
LeVine, R.A. (1974). Parental goals: A cross-cultural view. *Teachers College Record, 76*, 226–239.
Leuzinger-Bohleber, M. (2010). Psychoanalytic preventions/interventions and playing »rough-and-tumble« games: Alternatives to medical treatments of children suffering from ADHD. *International Journal of Applied Psychoanalytic Studies, 7*, 332–338.
Leuzinger-Bohleber, M., Fischmann, T., Läzer, K. L., Pfenning- Meerkötter, N., Wolff, A. & Green, J. (2011). Frühprävention psychosozialer Störungen bei Kindern mit belasteten Kindheiten. *Psyche – Zeitschrift für Psychoanalyse, 65*, 989–1022.
Leuzinger-Bohleber, M., Laezer, K.L., Neubert, V., Pfenning-Meerkötter, N. & Fischmann, T. (2013). »Aufsuchende Psychoanalyse« in der Frühprävention Klinische und extraklinisch-empirische Studien. *Frühe Bildung, 2 (2)*, 72–83.
Leuzinger-Bohleber, M., Laezer, K.L., Pfenning-Meerkötter, N., Neubert, V., Rüger, B. & Fischmann, T. (2013). Preventing socio-emotional disturbances in children at risk. The EVA study. *Journal for Educational Research Online, 8 (1)*, 110–131.
Libuda, L., Alexy, U. & Kersting, M. (2014). Time trends in dietary fat intake in a sample of German children and adolescents between 2000 and 2010: Not quantity, but quality is the issue. *British Journal of Nutrition, 111(1)*, 141–150. doi:10.1017/S000 7114513002031
Lindert, J., von Ehrenstein, O.S, Priebe, S., Mielck, A. & Brähler, E. (2009). Depression and anxiety in labor migrants and refugees – A systematic review and meta-analysis. *Social Science & Medicine, 69*, 246–257.
Livesey, D., Keen, J., Rouse, J. & White, F. (2006). The relationship between measures of executive function, motor performance and externalising behaviour in 5- and 6-year-old children. *Human Movement Science, 25 (1)*, 50–64.
Lohaus, A. & Vierhaus, M. (2015). *Entwicklungspsychologie des Kindes- und Jugendalters für Bachelor* (3. Aufl.). Berlin, Heidelberg: Springer.
Lösel, F., Jaursch, S., Beelmann, A. & Wenig, J. (2013). Praxisportrait: Das EFFEKT®-Elterntraining. In W. Stange, R. Krüger, A. Henschel & C. Schmitt (Hrsg.). *Erziehungs- und Bildungspartnerschaften Praxisbuch zur Elternarbeit* (S. 384-390). Wiesbaden: Springer Verlag.
Lubans, D., Richards, J., Hillman, C., Faulkner, G., Beauchamp, M., Nilsson, M., Kelly, P., Smith, J., Raine, L. & Biddle, S. (2016). Physical Activity for Cognitive and Mental Health in Youth: A Systematic Review of Mechanisms. *Pediatrics, 138 (3)*. doi: 10.1542/peds.2016-1642.
Main, M. & Solomon, J. (1990). Procedures for identifying infants as disorganized/disoriented during the Ainsworth Strange Situation. In M. T. Greenberg, D. Cicchetti, & E. M. Cummings (Eds.), The John D. and Catherine T. MacArthur Foundation series

on mental health and development. *Attachment in the preschool years: Theory, research, and intervention* (pp. 121–160). Chicago, IL, US: University of Chicago Press.

Mammen, G. & Faulkner, G. (2013). Physical activity and the prevention of depression: a systematic review of prospective studies. *American Journal of Preventin and Medicine, 45 (5)*, 649–657.

Manz, K., Schlack, R., Poethko-Müller, C., Mensink, G., Finger, J., Lampert, T. & KiGGS Study Group (2014). Körperlich-sportliche Aktivität und Nutzung elektronischer Medien im Kindes- und Jugendalter Ergebnisse der KiGGS-Studie – Erste Folgebefragung (KiGGS Welle 1). *Bundesgesundheitsblatt, 57*, 840–848.

Maslow, A. H. (1970). *Motivation and personality (2nd ed.)*. New York: Harper & Row.

Mayr, T. (2012). KOMPIK – Kompetenzen und Interessen von Kindern in Kindertageseinrichtungen. Ein neues Verfahren für Kindertageseinrichtungen. *Frühe Bildung, 1 (3)*, 163–167.

Mayer, H., Heim, P., Scheithauer, H. & Barquero, B. (2005). PAPILIO – ein Programm im Kindergarten zur Primärprävention von Verhaltensproblemen und zur Förderung sozial-emotionaler Kompetenz – Ein Beitrag zur Sucht- und Gewaltprävention. *KiTa aktuell, spezial Sonderausgabe 3/2005*, 53–56.

Mayer, H., Heim, P., Peter, C. & Scheithauer, H. (2016). *Papilio®. Ein Programm für Kindergärten zur Prävention von Verhaltens-problemen und zur Förderung sozial-emotionaler Kompetenz. Ein Beitrag zur Sucht- und Gewaltprävention. Theorie und Grundlagen* (4. überarb. und ergänzte Aufl.). Augsburg: Papilio Verlag.

Maywald, J. & Valentien, S. (2009). *Kindergarten plus: Ein Programm der Deutschen Liga für das Kind. Handbuch für Erzieherinnen und Erzieher mit CD ROM* (2. Aufl.). Berlin: Deutsche Liga für das Kind.

Max Rubner-Institut (MRI, 2013). *Evaluation des Modellvorhabens »Besser essen. Mehr bewegen. KINDERLEICHT-Regionen«*. Verfügbar unter https://www.in-form.de/file admin/Dokumente/Materialien/Evaluationsabschlussbericht_KINDERLEICHT-Regio nen_01.pdf

Mensink, G.B.M., Kleiser, C. & Richter, A. (2007). Lebensmittelverzehr von Kindern und Jugendlichen in Deutschland. Ergebnisse des Kinder- und Jugendsurveys (KiGGS). *Bundesgesundheitsblatt, 50*, 609–623.

Mensink, G.B.M., Kurth, B.M. & Kleiser, C. (2007). ENDBERICHT-*»Ernährungsverhalten von Kindern und Jugendlichen mit Migrationshintergrund – KiGGS-Migrantenauswertung«*. Berlin: Robert Koch-Institut. Verfügbar unter http://www.rki.de/DE/ Content/Gesundheitsmonitoring/Themen/Ernaehrung/Ernaehrung_node.html,

Mhplus (o. J.). *MINIFIT Das gesunde Netzwerk für Kinder*. Verfügbar unter https://www. mhplus-krankenkasse.de/minifit/

Mielck, A. (2005). *Soziale Ungleichheit und Gesundheit. Einführung in die aktuelle Diskussion*. Bern: Hans Huber.

Mielck, A. & Helmert, U. (2012). Soziale Ungleichheit und Gesundheit. In: K. Hurrelmann & O. Razum (Hrsg.). *Handbuch Gesundheitswissenschaften* (S. 493–514). Weinheim: Beltz.

Ministerium für Familie, Kinder, Jugend, Kultur und Sport des Landes Nordrhein-Westfalen (2016). *Bildungsgrundsätze für Kinder im Alter von 0 bis 10 Jahren in Kindertagesbetreuung und in Schulen im Primarbereich in Nordrhein-Westfalen*. Freiburg im Breisgau: Herder Verlag.

Moss, A., Klenk, J., Simon, K., Thaiss, H., Reinehr, T. & Wabitsch, M. (2011). Declining prevalence rates for overweight and obesity in German children starting school. *European Journal of Pediatrics*. DOI 10.1007/s00431-011-1531-5.

Mühling, T. & Smolka, A. (2007). *Wie informieren sich bayerische Eltern über erziehungs- und familienbezogene Themen? Ergebnisse der ifb-Elternbefragung zur Familienbildung 2006*. Bamberg: Staatsinstitut für Familienforschung an der Universität Bamberg, Ifb-Materialien. Verfügbar unter: https://www.ifb.bayern.de/imperia/md/content/stmas/ ifb/materialien/mat_2016_3.pdf

Müller, C. (2015). *Bewegter Kindergarten* (2. Aufl.). Meißen: Unfallkasse Sachsen.

Naschgarten in Holzminden. Verfügbar unter: https://www.holzminden.de/naschgarten.html
Nestle Studie (2011). *So i(s)st Deutschland 2011*. Verfügbar unter: http://www.nestle.de/verantwortung/nestle-studie/2011
Netzwerk Gesunde Kita (2010). *Stichworte: Leitbild und Qualitätsentwicklung/Zertifizierung*. Verfügbar unter: http://www.gesunde-kita.net
Neuhauser, H., Poethko-Müller, C. & KiGGS Study Group (2014). Chronische Erkrankungen und impfpräventable Infektionserkrankungen bei Kindern und Jugendlichen in Deutschland. Ergebnisse der KiGGS-Studie – Erste Folgebefragung (KiGGS Welle 1). *Bundesgesundheitsblatt, 57*, 779–788.
Neumann, R. & Smolka, A. (2016). *Familienbildung aus Sicht bayerischer Mütter und Väter. Ergebnisse der dritten ifb-Elternbefragung zur Familienbildung*. Bamberg: Staatsinstitut für Familienforschung an der Universität Bamberg, Ifb-Materialien. Verfügbar unter: https://www.ifb.bayern.de/imperia/md/content/stmas/ifb/materialien/mat_2016_3.pdf
Nguyen, S. (2007). An apple a day keeps the doctor away: Children's evaluative categories of food. *Appetite, 48*, 114e118.
Niedersächsische Koordinierungsstelle Gesundheitliche Chancengleichheit – LVG & AFS & BZgA, (2013) Werkbuch Präventionskette. Verfügbar unter: https://www.gesundheitliche-chancengleichheit.de/lvg-afs-niedersachsen/werkbuch-praeventionskette/
Nigatu, Y.T. & Wang, J. (2017). The combined effects of job demand and control, effort-reward imbalance and work-family conflicts on the risk of major depressive episode: a 4-year longitudinal study. *Occupational and Environmental Medicine*. pii: oemed-2016-104114. doi: 10.1136/oemed-2016-104114.
Nixon, C., Douthwaite, W., Summerbell, C.D. & Moore, H. (o. J.). *A systematic review to identify behavioural models underpinning school-based interventions in pre-primary and primary settings for the prevention of obesity in children aged 4-6 years*. Report/Toybox. Verfügbar unter http://www.toybox-study.eu/?q=public-reports
Noecker, M. & Petermann, F. (2008). Resilienz: Funktionale Adaptation an widrige Umgebungsbedingungen. *Zeitschrift für Psychiatrie, Psychologie und Psychotherapie, 56 (4)*, 255–263.
Nordt, T. & Kugler, S. (2018). *Sexuelle und geschlechtliche Vielfalt als Themen frühkindlicher Inklusionspädagogik. Handreichung für pädagogische Fachkräfte der Kindertagesbetreuung*. Berlin: Sozialpädagogisches Fortbildungsinstitut Berlin-Brandenburg – SFBB. Verfügbar unter: http://www.queerformat.de/material/QF-Kita-Handreichung-2018.pdf
Nussbaum, M. (2003). Capabilities as fundamental entitlements: Sen and social justice. In: *Feminist Economics, 2/3*, 33–60.
Oberer, N., Gashaj, V. & Roebers, C.M. (2017). Motor skills in kindergarten: Internal structure, cognitive correlates and relationships to background variables. *Human Movement Science, 52*, 170–180.
Oberwöhrmann, S. & Bettge, S. (2017). *Grundauswertung der Einschulungsdaten in Berlin 2016*. Senatsverwaltung für Gesundheit und Soziales Referat I A. Verfügbar unter http://www.berlin.de/sen/gessoz/gesundheits-und-sozialberichterstattung/
OECD (2001). *Lernen für das Leben. Erste Ergebnisse der internationalen Schulleistungsstudie PISA 2000*. Paris: OECD.
Okan, O., Lopes, E., Bollweg, T.M., Bröder, J., Messer, M., Bruland, D. et al. (2015). Generic health literacy measurement instruments for children and adolescents: a systematic review of the literature. *BMC Public Health, 18*, 166. DOI 10.1186/s12889-018-5054-0
Okan, O., Pinheiro, P., Zamora, P. & Bauer, U. (2015). Health Literacy bei Kindern und Jugendlichen. Ein Überblick über den aktuellen Forschungsstand. *Bundesgesundheitsblatt, 58 (9)*, 930–941.
Opper, E., Worth, A. & Bös, K. (2005). Kinderfitness – Kindergesundheit. *Bundesgesundheitsblatt, 48*, 854–862.

Pace, C.S., Zavattini, G.C. & D'Alessio, M. (2012). Continuity and discontinuity of attachment patterns: A short-term longitudinal pilot study using a sample of late-adopted children and their adoptive mothers. *Attachment & Human Development, 14 (1)*, 45–61.
Palfrey, J. S. (1994). *Community Child Health. An action plan for today*. Westport, CT: Praeger.
Papousek, H. & Papousek, M. (1987). Intuitive parenting: A dialectic counterpart to the infant's integrative competence. In J. D. Osofsky (Hrsg.), *Handbook of infant development* (2. ed.) (S. 669–720). New York: Wiley.
Papoušek, M. (1994). *Vom ersten Schrei zum ersten Wort. Anfänge der sprachlichen Entwicklung in der vorsprachlichen Kommunikation*. Bern: Huber.
Pauen, S., Frey, B. & Ganser, L. (2012). Entwicklungspsychologie in den ersten drei Lebensjahren. In M. Cierpka (Hrsg.). *Frühe Kindheit 0–3. Beratung und Psychotherapie für Eltern mit Säuglingen und Kleinkindern* (S. 21–38). Berlin, Heidelberg: Springer-Verlag.
Pauen, S., Heilig, L., Danner, D., Haffner, J., Tettenborn, A. & Roos, J. (2012). Milestones of Normal Development in Early Years (MONDEY): Konzeption und Überprüfung eines Programms zur Beobachtung und Dokumentation der frühkindlichen Entwicklung von 0–3 Jahren. *Frühe Bildung, 1*, 64–70.
Pawils, S. & Atabaki, A. (2012). Evaluation des Modellprojekts »Schatzsuche« Förderung des seelischen Wohlbefindens von Kindern in Kindertageseinrichtungen. Endbericht. Verfügbar unter https://lvgfsh.de/wp-content/uploads/2017/11/Evaluationsbericht-Schatzsuche-HAG-HH.pdf
Petermann, F. (2017). Emotionsregulation. *Kindheit und Entwicklung, 26 (3)*, 129–132.
Petermann, F. & Gust, N. (2016). *Emotionale Kompetenzen im Vorschulalter fördern. Das EMK-Förderprogramm*. Göttingen: Hogrefe.
Petermann, F. & Kullik, A. (2011). Frühe Emotionsdysregulation: Ein Indikator für psychische Störungen im Kindesalter? *Kindheit und Entwicklung, 20 (3)*, 186–196.
Petermann, F. & Resch, F. (2013). Entwicklungspsychopathologie. In F. Petermann (Hrsg.). *Lehrbuch der Klinischen Kinderpsychologie (S. 57–76)*. Göttingen: Hogrefe.
Petermann, U. & Petermann, F. (2006). Erziehungskompetenz. *Kindheit und Entwicklung, 15 (1)*, 1–8.
Petermann, U., Petermann, F. & Koglin, U. (2008). *Entwicklungsbeobachtung und -dokumentation (EBD 3-48)*. Berlin: Cornelsen Scriptor.
Petermann, F. & Schmidt, M.H. (2006). Ressourcen – ein Grundbegriff der Entwicklungspsychologie und Entwicklungspsychopathologie? *Kindheit und Entwicklung 15 (2)*, 118–127.
Piaget, J. (1978). *Das Weltbild des Kindes*. Stuttgart: Klett-Cotta.
Piek, J.P., Dawson, L., Smith, L.M. & Gasson, N. (2008). The role of early fine and gross motor development on later motor and cognitive ability. *Human Movement Science, 27 (5)*, 668–681. doi: 10.1016/j.humov.2007.11.002.
Pinquart, M., Feußner, C. & Ahnert, L. (2913). Meta-analytic evidence for stability in attachments from infancy to early adulthood. *Attachment & Human Development, 15 (2)*, 189–218.
Planinsec, J. (2002). Developmental changes of relations between motor performance and FI. *Studia Psychologica, 44 (2)*, 85–94.
Plattform Ernährung und Bewegung e.V (peb, o. J.). *Peb-Themen*. Verfügbar unter http://www.pebonline.de/peb-themen/
Plück, J., Wieczorrek, E., Wolff Metternich, T. & Döpfner, M. (2006). *Präventionsprogramm für Expansives Problemverhalten (PEP). Ein Manual für Eltern- und Erziehergruppen*. Göttingen: Hogrefe.
Plück, J., Eichelberger, I., Hautmann, C., Hanisch, C., Jaenen, N. & Döpfner, M. (2015). Effectiveness of a Teacher-Based Indicated Prevention Program for Preschool Children with Externalizing Problem Behavior. *Prevention Science, 16*, 233–241.
Poethko-Müller, C., Kuntz, B., Lampert, T., Neuhauser, H. (2018). Die allgemeine Gesundheit von Kindern und Jugendlichen in Deutschland – Querschnittergebnisse aus

KiGGS Welle 2 und Trends. *Journal of Health Monitoring 3 (1)*, 8–15. DOI 10.17886/RKI-GBE-2018-004

Pokorny, S. (2017). *Gesundheit und Familie vor Arbeit und Einkommen – Studie zum sozialen Aufstieg in Deutschland.* Berlin: Konrad-Adenauer-Stiftung.

Poulain, T., Vogel, M., Neef, M., Abicht, F., Hilbert, A., Genuneit, J., Körner, A. & Kiess, W. (2018). Reciprocal Associations between Electronic Media Use and Behavioral Difficulties in Preschoolers. *International Journal of Environmental Research and Public Health, 15*, 1–13. doi:10.3390/ijerph15040814

Rabenberg, M. & Mensink, G.B.M. (2011). Obst- und Gemüsekonsum heute. Robert Koch-Institut (Hrsg), *GBE kompakt 2 (6)*, 1–9.

Rattay, P., von der Lippe, E., Lampert, T. & KiGGS Study Group (2014). Gesundheit von Kindern und Jugendlichen in Eineltern-, Stief- und Kernfamilien Ergebnisse der KiGGS-Studie – Erste Folgebefragung (KiGGS Welle 1). *Bundesgesundheitsblatt, 57*, 860–868.

Ravens-Sieberer U., Gosch, A., Erhart, et al. (2006). *The KIDSCREEN Questionnaires. Quality of life questionnaires for children and adolescents.* Handbook. Lengerich: Pabst Verlag.

Ravens-Sieberer, U., Wille, N., Bettge, S. & Erhart, M. (2007). Psychische Gesundheit von Kindern und Jugendlichen in Deutschland. *Bundesgesundheitsblatt – Gesundheitsforschung- Gesundheitsschutz, 50*, 871-878.

Reinehr, T., Kersting, M., Wollenhaupt, A., Pawlitschko, V., Andler, W. (2004). Einflußfaktoren auf das Ernährungswissen von Kindern und ihren Müttern. *Journal für Ernährungsmedizin, 6 (1)* (Ausgabe für Österreich), 17–20.

Reutlinger, M., Ballmann, A., Vialle, W., Zhang, Z. & Ziegler, A. (2015). Parental goal orientations for their kindergarten children: Introducing the Nuremberg Parental Goal Orientation Scales (NuPaGOS). *Psychological Test and Assessment Modeling, 57 (2)*, 163—78.

Richter, M. & Hurrelmann, K. (2018). Determinanten von Gesundheit. In Bundeszentrale für gesundheitliche Aufklärung (BZgA) (Hrsg), *Leitbegriffe der Gesundheitsförderung und Prävention. Glossar zu Konzepten, Strategien und Methoden* (50–55). Köln: BZgA. doi10.17623/BZGA:224-E-Book-2018. Verfügbar unter www.bzga.de

Richter, M. & Hurrelmann, K. (2016). *Soziologie von Gesundheit und Krankheit.* Wiesbaden: Springer VS.

Richter-Kornweitz, A. & Altgeld, T. (2015). *Gesunde Kita für alle! Leitfaden zur Gesundheitsförderung im Setting Kindertagesstätte* (3. Auflage). Hannover: Unidruck. Verfügbar unter http://www.gesundheit-nds.de/CMS/images/stories/PDFs/Leitfaden_Gesunde_Kita_fuer_alle_web.pdf

Richter-Kornweitz, A., Holz, G. & Kilian, H. (2017). Präventionskette/Integrierte kommunale Gesundheitsstrategie. In BZgA (Hrsg.), *Leitbegriffe der Gesundheitsförderung.* Verfügbar unter https://www.leitbegriffe.bzga.de/alphabetisches-verzeichnis/praeventionskette-integrierte-kommunale-gesundheitsstrategie/?marksuchwort=1

Riedl, R. & Büsching, U. (2017). BLIKK-Medien – Bewältigung, Lernverhalten, Intelligenz, Kompetenz und Kommunikation – Kinder und Jugendliche im Umgang mit elektronischen Medien. Verfügbar unter https://www.drogenbeauftragte.de/fileadmin/Dateien/5_Publikationen/Praevention/Berichte/Kurzbericht_BLIKK_Medien.pdf

Robert Koch-Institut (RKI) (2003). *Gesundheit alleinerziehender Mütter und Väter – Heft 14.* Berlin: Robert Koch-Institut. Verfügbar unter https://www.rki.de/DE/Content/Gesundheitsmonitoring/Gesundheitsberichterstattung/GBEDownloadsT/alleinerziehende.pdf?__blob=publicationFile

Robert Koch-Institut (RKI) (2008). *Lebensphasenspezifische Gesundheit von Kindern und Jugendlichen in Deutschland Ergebnisse des Nationalen Kinder- und Jugendgesundheitssurveys (KiGGS).* Berlin: RKI. Verfügbar unter https://www.rki.de/DE/Content/Gesundheitsmonitoring/Gesundheitsberichterstattung/GBEDownloadsB/KiGGS_SVR.pdf?__blob=publicationFile

Robert Koch-Institut (RKI) (2008). *Migration und Gesundheit. Gesundheitsberichterstattung.* Berlin: Robert Koch-Institut.

Robert Koch-Institut (RKI) (2013). *Die Gesundheit von Kindern und Jugendlichen in Deutschland 2013*. Verfügbar unter http://www.rki.de/DE/Content/Gesundheitsmonitoring/Studien/Kiggs/Kiggs_w1/kiggs_welle1_broschuere.pdf?__blob=publicationFile

Robert Koch-Institut (RKI) (2014). *Subjektive Gesundheit. Faktenblatt zu KiGGS Welle 1: Studie zur Gesundheit von Kindern und Jugendlichen in Deutschland – Erste Folgebefragung 2009 – 2012*. Berlin: RKI. Verfügbar unter: www.kiggs-studie.de

Robert Koch-Institut (RKI) (2014). *Subjektive Gesundheit. Faktenblatt zu GEDA 2012: Ergebnisse der Studie »Gesundheit in Deutschland aktuell 2012«*. RKI, Berlin. www.rki.de/geda

Robert Koch-Institut (RKI) (2017). *Gesundheitliche Ungleichheit in verschiedenen Lebensphasen. Gesundheitsberichterstattung des Bundes. Gemeinsam getragen von RKI und Destatis*. Berlin: Robert Koch-Institut DOI: 10.17886/RKI-GBE-2017-003

Röthlisberger, M., Neuenschwander, R., Michel, E. & Roebers, C.M. (2010). Exekutive Funktionen: Zugrundeliegende kognitive Prozesse und deren Korrelate bei Kindern im späten Vorschulalter. *Zeitschrift für Entwicklungspsychologie und Pädagogische Psychologie, 42 (2)*, 99–110.

Rohrmann, T. & Wanzeck-Sielert, C. (2014). *Mädchen und Jungen in der Kita. Körper, Gender, Sexualität*. Stuttgart: Kohlhammer.

Rogers, C.R. (1961). On Becoming a Person. A Therapist View of Psychotherapy. Deutsche Übersetzung von J. Giere (2016). *Entwicklung der Persönlichkeit*. Stuttgart: Klett-Cotta.

Rommel, A., Saß, A.C., Born, S. & Ellert, U. (2016). Die gesundheitliche Lage von Menschen mit Migrationshintergrund und die Bedeutung des sozioökonomischen Status. Erste Ergebnisse der Studie zur Gesundheit Erwachsener in Deutschland (DEGS1). *Bundesgesundheitsblatt, 58*, 543–552.

Rosenbaum, S., Tiedemann, A., Sherrington, C., Curtis, J. & Ward, P.B. (2014). Physical activity interventions for people with mental illness: a systematic review and meta-analysis. *Journal of Clinical Psychiatry, 75 (9)*, 964–974.

Rosenberg, M. (2016). *Gewaltfreie Kommunikation. Eine Sprache des Lebens*. 12. Auflage. Paderborn: Jungfermann.

Rosenbrock. R. (1995). Public Health als Soziale Innovation. *Das Gesundheitswesen, 57*, 140–144.

Rosenbrock, R. (2004). Evidenzbasierung und Qualitätssicherung in der gesundheitsbezogenen Primärprävention. *Zeitschrift für Evaluation, 1*, 71–80.

Rosenbrock, R. & Hartung, S. (2015). Public Health Action Cycle/Gesundheitspolitischer Aktionszyklus. In: Bundeszentrale für gesundheitliche Aufklärung (BZgA) (Hrsg), *Leitbegriffe der Gesundheitsförderung und Prävention. Glossar zu Konzepten, Strategien und Methoden* (S. 833–835), Köln. doi10.17623/BZGA:224-E-Book-2018

Roth, K., Mauer, S., Obinger, M., Lenz, D. & Hebestreit, H. (2010). Prevention through Activity in Kindergarten Trial (PAKT): a cluster randomised controlled trial to assess the effects of an activity intervention in preschool children. *BMC public health, 10*, 410.

Roth, K., Mauer, S., Obinger, M., Lenz, D. & Hebestreit, H. (2011). Activity and health prevention in preschools – contents of an activity-based intervention programme (PAKT – Prevention through Activity in Kindergarten Trial. *Journal of Public Health, 19*, 293–03.

Roth, K. & Hebestreit, (2012). Ein PAKT für gesunde Entwicklung von Kindergartenkindern – Prävention durch Aktivität im Kindergarten (Prevention through Acticity in Kindergarten Trial). In BZgA (Hrsg.). *Gesund aufwachsen in Kita, Schule, Familie und Quartier. Forschung und Praxis der Gesundheitsförderung* (Bd. 41) (S. 48–51). Köln: BZgA.

Rothe, I., Adolph, L., Beermann, B., Schütte, M., Windel, A., Grewer, A., Lenhardt, U., Michel, J., Thomson, B. & Formazin, M. (2017). *Psychische Gesundheit in der Arbeitswelt. Wissenschaftliche Standortbestimmung*.

Rotter, J. B. (1966). »Generalized expectancies for internal versus external control of reinforcement«. *Psychological Monographs: General & Applied, 80 (1)*, 1–28.

Rozin, P., Fallon, A. & Augustoni-Ziskind, M. (1985). The child's conception of food: The development of contamination sensitivity to »disgusting« substances. *Developmental Psychology, 21 (6)*, 1075.

Ruckstuhl, B., Somaini, B. & Twisselmann, W. (1997). *Förderung der Qualität in Gesundheitsprojekten. Der Public Health Action Cycle als Arbeitsinstrument*. Bern: Radix Gesundheitsförderung.

Rütten, A. & Pfeifer, K. (2016). *Nationale Empfehlungen für Bewegung und Bewegungsförderung*. FAU Erlangen-Nürnberg. Verfügbar unter: https://www.bundesgesundheitsministerium.de/fileadmin/Dateien/3_Downloads/B/Bewegung/Nationale-Empfehlungen-fuer-Bewegung-und-Bewegungsfoerderung-2016.pdf

Rudow, B. (2004). *Belastungen und der Arbeits- und Gesundheitsschutz bei Erzieherinnen*. Verfügbar unter: https://www.gew-berlin.de/4498.php

Rudow, B. (2010). Instrumente der Prävention und Gesundheitsförderung In Gewerkschaft Erziehung und Wissenschaft (Hrsg.). *Ratgeber Betriebliche Gesundheitsförderung im Sozial- und Erziehungsdienst* (S. 27–33). Frankfurt am Main: GEW.

Rutter, M. (1990). Psychosocial resilience and protective mechanisms. In J. Rolf, A.S. Masten, D. Cicchetti, K.H. Nuechterlein & S. Weintraub (ed). *Risk and protective factors in the development of psychopathology* (pp. 181–214). Cambridge; New York: University Press.

Saarni, C. (2002). Die Entwicklung von emotionaler Kompetenz in Beziehungen. In: M. von Salisch (Hrsg.), *Emotionale Kompetenz entwickeln. Grundlagen in der Kindheit und Jugend* (S. 3–30). Stuttgart: Kohlhammer.

Sachverständigenrat zur Begutachtung der Entwicklung im Gesundheitswesen (2009). *Koordination und Integration – Gesundheitsversorgung in einer Gesellschaft des längeren Lebens. Sondergutachten 2009*. Verfügbar unter www.svr-gesundheit.de

Sächsisches Staatsministerium für Soziales und Verbraucherschutz (2009). *Erzieherinnengesundheit. Handbuch für Kita-Träger und Kita-Leitungen*. Verfügbar unter: https://publikationen.sachsen.de/bdb/artikel/13701

Saß, A. et al. (2015). *Gesundheit in Deutschland*. Berlin: Robert Koch-Institut. Verfügbar unter https://www.rki.de/DE/Content/Gesundheitsmonitoring/Gesundheitsberichterstattung/GBEDownloadsT/alleinerziehende.pdf?__blob=publicationFile

Saunders, M., Barr, B., McHale, P. & Hamelmann, C. (2017). *Key policies for addressing the social determinants of health and health inequities*. Copenhagen: WHO Regional Office for Europe (Health Evidence Network (HEN) synthesis report 52).

Schär., M. & Steinebach, C. (2015). *Resilienzfördernde Psychotherapie mit Kindern und Jugendlichen*. Weinheim, Basel: Beltz.

Scheid, V. (1994). Motorische Entwicklung in der mittleren Kindheit. Vom Schuleintritt bis zum Beginn der Pubertät. In J. Baur, K. Bös & R. Singer (Hrsg.), *Motorische Entwicklung – Ein Handbuch* (S. 276–290). Schorndorf: Hofmann.

Scheithauer, H. & Barquero, B. (2005). *Zwischenbericht zur Evaluation des Projektes Papilio. Primärprävention von Verhaltensproblemen und Förderung sozial-emotionaler Kompetenz im Kindergarten. Ein Beitrag zur entwicklungsorientierten Sucht- und Gewaltprävention*. Freie Universität Berlin/betaInstitut Augsburg. Verfügbar unter: http://www.papilio.de/download/papilio-ergebnisse.pdf

Scheithauer, H., & Mayer, H. (2008). Papilio®: Ein Programm zur entwicklungsorientierten Primärprävention von Verhaltensproblemen und Förderung sozial-emotionaler Kompetenzen im Kindergarten. In Bundesministerium des Innern (Hrsg.), *Theorie und Praxis gesellschaftlichen Zusammenhalts – aktuelle Aspekte der Präventionsdiskussion um Gewalt und Extremismus. Reihe Texte zur Inneren Sicherheit – Gesellschaftlicher Zusammenhalt* (S. 221-240). Berlin: BMI.

Schick, A. & Cierpka, M. (2003). FAUSTLOS – Aufbau und Evaluation eines Curriculums zur Förderung sozialer und emotionaler Kompetenzen in der Grundschule. In M. Dörr & R. Göppel, Bildung der Gefühle. Innovation? Illusion? Intrusion? (S. 146-162). Gießen: Psychosozial-Verlag.

Schick, A. & Cierpka, M. (2004). *Evaluation des Faustlos-Curriculums für den Kindergarten*. Stuttgart: Landesstiftung Baden-Württemberg.

Schick, A. & Cierpka, M. (2005): Faustlos – Förderung sozialer und emotionaler Kompetenzen in Grundschule und Kindergarten. *Psychotherapie, Psychosomatik, Medizinische Psychologie, 55*, 462–469.

Schick, A. & Cierpka, M. (2006). Evaluation des Faustlos-Curriculums für den Kindergarten. *Praxis der Kinderpsychologie und Kinderpsychiatrie, 55 (6)*, 459–474.

Schienkiewitz, A., Brettschneider, A.-K., Damerow, S. & Schaffrath-Rosario, A. (2018). Übergewicht und Adipositas im Kindes- und Jugendalter in Deutschland – Querschnittergebnisse aus KiGGS Welle 2 und Trends. *Journal of Health Monitoring, 3 (1)*, 16–23. DOI 10.17886/RKI-GBE-2018-005.2

Schneider, (2010). Das veränderte Selbstverständnis von Eltern heute und die veränderte Rolle des Kindes. In C. Henry-Huthmacher & E. Hoffmann (Hrsg.), *Wenn Eltern nur das Beste wollen...Ergebnisse einer Expertenrunde der Konrad-Adenauer-Stiftung*. Verfügbar unter https://www.kas.de/c/document_library/get_file?uuid=e3ece404-f16e-efa2-b915-b85f5c7eb9e8&groupId=252038

Schouler-Ocak, M., Aichberger, M.C., Penka, S., Kluge, S. & Heinz, A. (2015). Psychische Störungen bei Menschen mit Migrationshintergrund in Deutschland. *Bundesgesundheitsblatt, 58*, 527–532.

Schreyer, I., Krause, M., Brandl, M. & Nicko, O (2014). *AQUA – Arbeitsplatz und Qualität in Kitas. Ergebnisse einer bundesweiten Befragung*. München: Staatsinstitut für Frühpädagogik. Verfügbar unter: http://www.aqua-studie.de/Dokumente/AQUA_Endbericht.pdf

Schultz, C. & Danford, C. (2016). Children's knowledge of eating: An integrative review of the literature. *Appetite, 107*, 534e548. http://dx.doi.org/10.1016/j.appet.2016.08.120

Schulz, K.H., Meyer, A. & Langguth, N. (2012). Körperliche Aktivität und psychische Gesundheit. *Bundesgesundheitsblatt, 55*, 55–65.

Schwarz, R. (2013). Zusammenhang von motorischen Fähigkeiten, Intelligenz und sozialemotionalem Verhalten bei 3–6jährigen – eine Pilotstudie. *Frühe Bildung, 2 (4)*, 196–202.

Seligman, M., Maier, S. (1967). Failure to escape traumatic shock. *Journal of Experimental Psychology, 74*, 1–9.

Seibt, R., Khan, A., Thinschmidt, M., Dutschke, D. & Weidhaas, J. (2005). *Gesundheitsförderung und Arbeitsfähigkeit in Kindertagesstätten*. Bremerhaven: Wirtschaftsverlag NW.

Sen, A. (2000). *Ökonomie für den Menschen. Wege zur Gerechtigkeit und Solidarität in der Marktwirtschaft*. München: Hanser.

Sibley, B.A. & Etnier, J.L. (2003). The relationship between physical activity and cognition in children: a meta-analysis. *Pediatric Exercise Science, 15 (3)*, 243–256.

Siegal, M. & Share, D. L. (1990). Contamination sensitivity in young children. *Developmental Psychology, 26 (3)*, 455–458.

Siegrist, J., Starke, D., Chandola, T., Godin, I., Marmot, M., Niedhammer, I. & Peter, R. (2004). The measurement of effort-reward imbalance at work: European comparisons. *Social Science and Medicine, 58 (8)*, 1483–1499.

Siegrist, J. & Wahrendorf, M. (2016). *Work Stress and Health in a Globalized Economy. The Model of Effort-Reward Imbalance*. Berlin: Springer.

Skinner, B. F. (1982). *Was ist Behaviorismus?* Reinbek: Rowohlt.

Slaughter, V. & Ting, C. (2010). Development of ideas about food and nutrition from preschool to university. *Appetite, 55*, 556–564.

Smolka, A. (2002). *Beratungsbedarf und Informationsstrategien im Erziehungsalltag. Die Ergebnisse einer Elternbefragung*. Verfügbar unter https://www.ifb.bayern.de/imperia/md/content/stmas/ifb/materialien/mat_2002_4.pdf

Spallek, J., Zeeb, H. & Razum, O. (2011). What do we have to know from migrants' past exposures to understand their health status? A life course approach. *Emerging Themes in Epidemiology, 8*, 6–12. Verfügbar unter http://www.ete-online.com/content/8/1/6

Spangler, G., Grossmann, K.E. & Schieche, M. (2002). Psychobiologische Grundlagen der Organisation des Bindungsverhaltenssystems im Kleinkindalter. *Psychologie in Erziehung und Unterricht, 49 (2)*, 102–120.

Southwick, S.M., Bonanno, G.A., Masten, A.S., Panter-Brick, C. & Yehuda, R. (2014). Resilience definitions, theory, and challenges: interdisciplinary perspectives. *European Journal of Psychotraumatology, 5*. doi: 10.3402/ejpt.v5.25338

Sroufe, L. A. (1998). Forward. In M. Mascolo & S. Griffin (Eds.), *What develops in emotional development?* New York: Plenum.

Stahl-von-Zabern, J., Beudels, W., von Zabern, L., Kopic, A. & Klein, J. (2016). Vom Bewegungsverständnis zur Bewegungspraxis. Empirische Befunde zur Ausbildung frühpädagogischer Fachkräfte und zur Umsetzung bewegungspädagogischer Angebote. In K. Fischer, G. Hölter, W. Beudels, C. Jasmund, A. Krus & S. Kuhlenkamp (Hrsg.), *Bewegung in der frühen Kindheit. Fachanalyse und Ergebnisse zur Aus- und Weiterbildung von Fach- und Lehrkräften* (S. 105-129). Wiesbaden: Springer.

Stamm, M., Hess, J. & Stauffer, M. (2014). *Best Practice in Kindertagesstätten und Kindergärten. Wege in die Zukunft. Eine Studie zu Kita-Fachkräften und Kindergartenlehrpersonen, die sich besonders erfolgreich um Integration bemühen und Kinder individuell fördern*. Verfügbar unter http://margritstamm.ch/images/schlussbericht%20PRINZ%20def.pdf

Stange, W. (2012). Erziehungs- und Bildungspartnerschaften – Grundlagen, Strukturen, Begründungen. In W. Stange, R. Krüger, A. Henschel & C. Schmitt (Hrsg.), *Erziehungs- und Bildungspartnerschaften. Grundlagen und Strukturen von Elternarbeit* (S. 12–39). Wiesbaden: Springer VS.

Stange, W., Krüger, R., Henschel, A. & Schmitt, C. (2012). *Erziehungs- und Bildungspartnerschaften. Grundlagen und Strukturen von Elternarbeit*. Wiesbaden: Springer VS.

Stange, W. (2013). Präventions- und Bildungsketten – Elternarbeit als Netzwerkaufgabe. In W. Stange, R. Krüger, A. Henschel & C. Schmitt (Hrsg.), *Erziehungs- und Bildungspartnerschaften. Praxisbuch zur Elternarbeit* (S. 17–69). Wiesbaden: Springer VS.

Stange, W., Krüger, R., Henschel, A. & Schmitt, C. (2013). *Erziehungs- und Bildungspartnerschaften. Praxishandbuch der Elternarbeit*. Wiesbaden: Springer VS.

Statista (2017). *Welche der folgenden Erziehungsziele halten Sie als Eltern für wichtig?* Verfügbar unter https://de.statista.com/statistik/daten/studie/39028/umfrage/wichtige-erziehungsziele-fuer-eltern/

Statistisches Bundesamt (Destatis) (2017). *Kinderbetreuung*. Verfügbar unter: https://www.destatis.de/DE/ZahlenFakten/GesellschaftStaat/Soziales/Sozialleistungen/Kindertagesbetreuung/Kindertagesbetreuung.html

Statistisches Bundesamt (Destatis) (2017). *Pressemitteilung Nr. 261: Bevölkerung mit Migrationshintergrund um 8,5 % gestiegen*. Verfügbar unter: www.destatis.de

Statistisches Bundesamt (Destatis) (2018). *Alleinerziehende in Deutschland 2017*. Verfügbar unter www.destatis.de

Steenbock, B., Pischke, C.R., Schönbach, J., Pöttgen, S. & Brand, T. (2015). Wie wirksam sind ernährungs- und bewegungsbezogene primärpräventive Interventionen im Setting Kita? *Bundesgesundheitsblatt, 58*, 609–619.

Steenbock, B., Zeeb, H., Liedtke, S. & Pischke, C.R. (2015). Ergebnisse der Prozessevaluation eines Programms zur Gesundheitsförderung von 3- bis 6-jährigen Kita-Kindern: »JolinchenKids – Fit und gesund in der Kita«. *Prävention und Gesundheitsförderung online*, DOI 10.1007/s11553-015-0520-3.

Stein, M., Auerswald, M. & Ebersbach, M. (2017). Relationships between Motor and Executive Functions and the Effect of an Acute Coordinative Intervention in Executive Functions in Kindergartners. *Frontiers in Psychology, 8*, Article 859.

Stern, E. & Grabner, R. H. (2014). Die Erforschung menschlicher Intelligenz. In L. Ahnert (Hrsg.), *Theorien in der Entwicklungspsychologie* (S. 174–201). Berlin Heidelberg: Springer-Verlag.

Stöckel, T. & Hughes, C.M.L. (2016). The relation between measures of cognitive and motor functioning in 5- to 6-year-old children. *Psychological Research, 80*, 543–554.

Strauß, A., Herbert, B., Mitschek, C., Duvinage, K. & Koletzko, B. (2011). TigerKids Erfolgreiche Gesundheitsförderung in Kindertageseinrichtungen. *Bundesgesundheitsblatt, 54*, 322–329.

Summerbell, C.D., Moore, H.J., Vögele, C., Kreichauf, S., Wildgruber, A., Manios, Y., Douthwaite, W., Nixon, C.A., Gibson, E.L. & ToyBox-study group (2012). Evidence-based recommendations for the development of obesity prevention programs targeted at preschool children. *Obesity Research, 13 (Suppl.1)*, 129–132.

Tandon, P.S., Tovar, A., Jayasuriya, A.T., Welker, E., Schober, D.J., Copeland, K., Dev, D.A., Murriel, A.L., Amso, D. & Ward, D.S. (2016). The relationship between physical activity and diet and young children's cognitive development: A systematic review. *Preventive Medicine Reports, 3*, 379–390.

Thaler, R. & Sunstein, C. (2008). *Nudging. Wie man kluge Entscheidungen anstößt* (5. Aufl.). Berlin: Econ.

Techniker Krankenkasse (TK) (2015). TK-Studie: Erzieher überdurchschnittlich häufig krank. Verfügbar unter https://www.krankenkassenzentrale.de/magazin/tk-studie-erzieher-ueberdurchschnittlich-haeufig-krank-42416#

Teixeira, F. M. (2000). What happens to the food we eat? Children's conceptions of the structure and function of the digestive system. *International Journal of Science Education, 22 (5)*, 507–520.

Textor, M.R. (1997). Erziehungspartnerschaft – eine neue Qualität in der Beziehung zwischen Kindertageseinrichtungen und Familien. *Unsere Jugend, 49*, 113–119.

Textor, M.R. (2010). *Elternarbeit in Kita und Schule*. Verfügbar unter: http://www.elternarbeit.info/index.html

Textor, M.R. (2017). Sind Eltern Kunden, Erziehungspartner oder »unbekannte Wesen«? Fachzeitschrift für Leitungen, Fachkräfte und Träger der Kindertagesbetreuung *KiTa MO, 26 (2)*, 42–44.

Theorell, T. (2017). On effort-reward imbalance and depression. *Scandinavian Journal of Work and Environmental Health, 43 (4)*, 291–293.

Tophoven, S., Lietzmann, T., Reiter, S. & Wenzig, C. (2017). *Armutsmuster in Kindheit und Jugend. Längsschnittbetrachtungen von Kinderarmut*. Gütersloh: Bertelsmann Stiftung. Verfügbar unter https://www.bertelsmann-stiftung.de/fileadmin/files/Projekte/Familie_und_Bildung/Studie_WB_Armutsmuster_in_Kindheit_und_Jugend_2017.pdf

Toyama, N. (2000a). What are food and air like inside our bodies? Children's thinking about digestion and respiration. *International Journal of Behavioral Development, 24 (2)*, 222–230.

Toyama, N. (2000b). Young children's awareness of socially mediated rejection of food: Why is food dropped at the table »dirty«? *Cognitive Development, 15*, 523–541.

UN-Vereinigte Nationen (1989). *UN-Kinderrechtskonvention – Übereinkommen über die Rechte des Kindes* (Convention on the Rights of the Child, CRC). Verfügbar unter: https://www.kinderrechtskonvention.info/

Valentien, S. (2016). *Sozialemotionale Förderung in der Kita. Vom Projektleitfaden zum Qualitätsmerkmal*. Verfügbar unter https://www.kita-fachtexte.de/uploads/media/KiTaFT_Valentien_2016-SozialemotionaleFoerderungKita.pdf

van der Fels, I.M.J., te Wierikea, S.C.M., Hartmana, E., Elferink-Gemsera, M.T., Smitha, J. & Visschera, C. (2015). The relationship between motor skills and cognitive skills in 4–16 year old typically developing children: A systematic review. *Journal of Science and Medicine in Sport, 18*, 697–703.

Venetsanou, F., Kambas, A. & Giannakidou, D. (2015). Organized Physical Activity and Health in Preschool Age: A Review. *Central European Journal of Public Health, 23 (3)*, 200–207.

Viernickel, S. (2010). Anforderungen an die pädagogische Arbeit von Erzieherinnen in Tageseinrichtungen für Kinder In Gewerkschaft Erziehung und Wissenschaft (Hrsg.). *Ratgeber Betriebliche Gesundheitsförderung im Sozial- und Erziehungsdienst* (S. 7–16).. Frankfurt am Main: GEW. Verfügbar unter: https://www.kita-bildungsserver.de/downloads/download-starten/?did=1029

Viernickel, S., Voss, A., Mauz, E., Schumann, M. (2013). *STEGE – Strukturqualität und Erzieher_innengesundheit in Kindertageseinrichtungen. Wissenschaftlicher Abschlussbericht*. Im Auftrag der Unfallkasse Nordrhein-Westfalen. Berlin: Alice Salomon Hochschule.

Viernickel, S., Voss, A. & Mauz, E. (2017). *Arbeitsplatz Kita. Belastungen erkennen, Gesundheit fördern*. Weinheim Basel: Beltz Juventa.

Villalonga-Olives, E., von Steinbüchel, N., Witte, C., Kasten, E., Kawachi, I. & Kiese-Himmel, C. (2014). Health related quality of life of immigrant children: towards a new pattern in Germany? *BMC Public Health, 14,* 790–795.

Voelcker-Rehage, C. (2005). Der Zusammenhang zwischen motorischer und kognitiver Entwicklung im frühen Kindesalter – Ein Teilergebnis der MODALIS-Studie. *Deutsche Zeitschrift für Sportmedizin, 56 (10),* 358–363.

von Grebmer, K., Bernstein, J., Nabarro, D., Prasai, N., Amin, S., Yohannes, Y., Sonntag, A., Patterson, F., Towey, O. & Thompson, J. (2016). *Welthunger-Index 2016: Die Verpflichtung, den Hunger zu beenden*. Washington. D.C.: Internationales Forschungsinstitut für Ernährungs- und Entwicklungspolitik, Bonn: Welthungerhilfe und Dublin: Concern Worldwide.

Walper, S. & Thönnissen, C. (2011). Systematischer Überblick über evaluierte und wirkungsvolle Ansätze zur Förderung von Kompetenzen junger Eltern mit Kindern von 0 bis 6 Jahren im internationalen Vergleich: ein Fokus auf die Gesundheitsförderung von Kindern. In BZgA (Hrsg.) *Gesundheitsfördernde Elternkompetenzen. Expertise zu wissenschaftlichen Grundlagen und evaluierten Programmen für die Förderung elterlicher Kompetenzen bei Kindern im Alter von 0 bis 6 Jahren* (S. 77–231). Köln: BZgA. [Verfügbar: https://www.fruehehilfen.de/fileadmin/user_upload/fruehehilfen.de/pdf/Publikation_BZgA_Expertise_Gesundheitsfoerdernde_Elternk.pdf

Walter Blüchert Stiftung (Hrsg.) (2017). *wir2 Social Franchise-Handbuch*. Verfügbar unter https://www.wir2-bindungstraining.de/fileadmin/user_upload/Dokumente/wir2_Social_Franchisehandbuch__c_2017.pdf

Walter, S. (2017). *Stellenwert der gesunden Ernährung in Kindertageseinrichtungen – Befragung von pädagogischen Fachkräften*. Hochschule München: Unveröffentlichte BA-Arbeit.

Walter, U., Kliche, T., Pawils, S., Nöcker, G., Trenker, M., Finck, S., Linden, S., Plaumann, M. (2015). Prävention und Gesundheitsförderung wissenschaftsbasierte stärken – Ergebnisse und Erfahrungen des BMBF-Förderschwerpunkts Präventionsforschung. *Gesundheitswesen, 77(S 01),* S2-S11.

Walter, U., Minne, S. & Borutta, B (2011). Elternkompetenz: Verständnis und Operationalisierung in multidisziplinärer Perspektive. Kompetenzen und Kriterien zur Bestimmung bzw. Messung von elterlichen Kompetenzen bei Kindern im Alter von 0 bis 6 Jahren. In BZgA (Hrsg). *Expertise Gesundheitsfördernde Elternkompetenzen für das frühe Kindesalter* (S. 13–76). Köln: BZgA. Verfügbar unter: https://www.fruehehilfen.de/fileadmin/user_upload/fruehehilfen.de/pdf/Publikation_BZgA_Expertise_Gesundheitsfoerdernde_Elternk.pdf

Wartha, O., Kobel, S., Lämmle, O., Mosler, S. & Steinacker, J.M. (2016). Entwicklung eines settingspezifischen Gesundheitsförderprogramms durch die Verwendung des Intervention-Mapping-Ansatzes: »Komm mit in das gesunde Boot – Kindergarten«. *Prävention und Gesundheitsförderung*, DOI 10.1007/s11553-016-0531-8.

Webster-Stratton, C. & Taylor, T. (2001). Nipping early risk factors in the bud: preventing substance abuse, delinquency, and violence in adolescence through interventions targeted at young children (0-8 years). *Prevention Science, 2 (3),* 165–192.

Wehinger, U. (2016). *Eltern beraten, begeistern, einbeziehen. Erziehungspartnerschaft in der Kita*. Freiburg, Basel, Wien: Herder.

Wellman, H. M., & Johnson, C. N. (1982). Children's understanding of food and its functions: A preliminary study of the development of concepts of nutrition. *Journal of Applied Developmental Psychology, 3,* 135–148.

Weick, S. (2016). Einstellungen zu Familie und Lebensformen. In Destatis (Hrsg.), *Familie, Lebensformen und Kinder. Auszug aus dem Datenreport 2016* (S. 75–77). Verfügbar unter https://www.destatis.de/DE/Publikationen/Datenreport/Downloads/Datenreport2016Kap2.pdf?__blob=publicationFile

Weltgesundheitsorganisation (WHO) (1946). *Verfassung der Weltgesundheitsorganisation*. Genf: WHO.

Weltgesundheitsorganisation (WHO) (1986). *Ottawa-Charta zur Gesundheitsförderung.* http://www.euro.who.int/__data/assets/pdf_file/0006/129534/Ottawa_Charter_G.pdf

Weltgesundheitsorganisation (WHO) (1994). *Life skills education in schools.* Genf: WHO, Divisions of Mental Health.

Weltgesundheitsorganisation (WHO) (1997). *Die Jakarta Erklärung zur Gesundheitsförderung im 21. Jahrhundert.* Verfügbar unter http://www.who.int/healthpromotion/conferences/previous/jakarta/en/hpr_jakarta_declaration_german.pdf

Weltgesundheitsorganisation (WHO) (2005). Mental Health Policy and Service Guidance Package: Child and Adolescent. Mental Health Policies and Plans. Verfügbar unter http://www.who.int/mental_health/policy/Childado_mh_module.pdf

Weltgesundheitsorganisation (WHO) (2009). *Interventions on Diet and Physical Activity: What Works: Summary Report.* Genf: WHO. Verfügbar unter http://apps.who.int/iris/bitstream/handle/10665/44140/9789241598248_eng.pdf;jsessionid=AFC7A85B3F1CE7E110E062B827F011E6?sequence=1

Weltgesundheitsorganisation (WHO) (2014). *Europäischer Aktionsplan Nahrung und Ernährung (2015–2020).* Kopenhagen: WHO-Regionalbüro für Europa. Verfügbar unter http://www.euro.who.int/__data/assets/pdf_file/0019/255502/64wd14g_FoodNutAP_1_140426.pdf?ua=1

Weltgesundheitsorganisation (WHO) (2015). Gesundheit 2020: Bildung und Gesundheit durch frühe Entwicklung. Verfügbar unter www.euro.who.int

Weltgesundheitsorganisation (WHO) (2017). *Physical activity. Fact sheet.* Verfügbar unter http://www.who.int/mediacentre/factsheets/fs385/en/

Weltgesundheitsorganisation (WHO) (2018). Mental health: strengthening our response. Fact sheet. Verfügbar unter http://www.who.int/news-room/fact-sheets/detail/mental-health-strengthening-our-response

Weltgesundheitsorganisation (WHO) und BZgA (2011). Standards für die Sexualaufklärung in Europa. Rahmenkonzept für politische Entscheidungsträger, Bildungseinrichtungen, Gesundheitsbehörden, Expertinnen und Experten. Verfügbar unter https://www.bzga-whocc.de/fileadmin/user_upload/WHO_BZgA_Standards_deutsch.pdf

Weltzien, D. & Lorenzen, A. (2016). *Kinder Stärken! Förderung von Resilienz und seelischer Gesundheit in Kindertageseinrichtungen. Wissenschaftlicher Abschlussbericht.* Freiburg: FEL Verlag Forschung – Entwicklung – Lehre FIVE – Forschungs- und Innovationsverbund an der Evangelischen Hochschule Freiburg e.V. Verfügbar unter: http://www.zfkj.de/images/Kinder_Staerken_Online-Download.pdf

Wernberger, A. & Dill, H. (2010). *Qualitative Studie: Einelternfamilien im Landkreis Rosenheim.* Verfügbar unter https://www.landkreis-rosenheim.de/jugendamt/Dokumente/Studie%20Einelternfamilien.pdf

Werner, E.E. (1993). Risk, resilience and recovery: Perspectives from the Kauai Longitudinal Study. *Development and Psychopathology, 5,* 503–515.

Werner, E. (1999). Entwicklung zwischen Risiko und Resilienz. In G. Opp, M. Fingerle & A. Freytag (Hrsg). *Was Kinder stärkt. Erziehung zwischen Risiko und Resilienz* (S. 25–36). München: Ernst Reinhardt.

Werner, E. (2007). Resilienz: Ein Überblick über internationale Längsschnittstudien. In G. Opp & M. Fingerle (Hrsg.). *Was Kinder stärkt: Erziehung zwischen Risiko und Resilienz* (S. 311–326). München: Ernst Reinhardt.

Werner, E.E. & Smith, R.S. (1982). *Vulnerable but Invincible: A Study of Resilient Children.* New York.

Westphal, M. & Kämpfe, K. (2012). Elternarbeit im Bereich Kita: empirische Forschungsergebnisse. In W. Stange, R. Krüger, A. Henschel & C. Schmitt (Hrsg.). *Erziehungs- und Bildungspartnerschaften. Grundlagen und Strukturen von Elternarbeit* (S. 244–254). Wiesbaden: Springer VS.

Widen, S. C. & Russell, J. A. (2008). Children acquire emotion categories gradually. *Cognitive Development, 23,* 291–312.

Wissenschaftlicher Beirat für Familienfragen (2005). *Familiale Erziehungskompetenzen. Beziehungsklima und Erziehungsleistungen in der Familie als Problem und Aufgabe.* Weinheim, München: Juventa.

Woll, A., Everke, J., Dreher, M., Nemeckova, E. & Schrödel, K. (2006). *Die CoMiK-Studie. Cognition and Motor activity in Kindergarten. Interventionsprogramm.* Verfügbar unter: URL: http://kops.ub.uni-konstanz.de/volltexte/2009/8902/

Wustmann, C. (2004). *Resilienz: Widerstandsfähigkeit von Kindern in Tageseinrichtungen fördern. Beiträge zur Bildungsqualität.* Weinheim, Basel: Beltz.

Zamora, P., Pinheiro, P., Okan, O., Bitzer, E.M., Jordan, S. et al. (2015). »Health Literacy« im Kindes- und Jugendalter. *Prävention und Gesundheitsförderung.* DOI10.1007/s11553-015-0492-3

Zentner, M. (2000). Das Temperament als Risikofaktor in der frühkindlichen Entwicklung. In F. Petermann et al. (Hrsg.), *Risiken in der frühkindlichen Entwicklung* (S. 258–265, 270–277). Göttingen: Hogrefe.

Ziegenhain, U. (2008). Entwicklungs- und Erziehungsberatung für die frühe Kindheit. In F. Petermann & W. Schneider (Hrsg.), *Angewandte Entwicklungspsychologie* (Bd. 7, S. 163–204). Göttingen: Hogrefe.

Zimmer, R. (2002). *Bewegungsförderung im Kindergarten: Kommentierte Medienübersicht.* Im Auftrag der Bundeszentrale für gesundheitliche Aufklärung (BZgA). Gesundheitsförderung konkret (Bd. 1). Köln: BZgA.

Zimmer, R. (2013). *Alles über den Bewegungskindergarten* (3. Aufl.). Freiburg im Breisgau: Herder.